新时期高校财务管理

创新探索与发展

高新亮◎著

中国水利水电出版社
www.waterpub.com.cn
·北京·

内 容 提 要

高校会计是政府会计的重要组成部分，高校的财务管理是公共财政管理的重要组成部分。本书主要内容包括高校财务、理财环境的变化及应对、高校财务风险及预警、高校预算管理、高校效益与成本管理、会计人员管理和高校内部审计监督控制系统等方面。本书从系统论的角度，较全面地审视和思考了高校财务内部控制的基础理论问题，层次分明，内容完整。本书适用于高校财务管理人员参阅。

图书在版编目 (CIP) 数据

新时期高校财务管理创新探索与发展 / 高新亮著
. — 北京：中国水利水电出版社，2018.9（2025.6 重印）
ISBN 978-7-5170-6938-6

Ⅰ．①新… Ⅱ．①高… Ⅲ．①高等学校－财务管理－研究－中国 Ⅳ．① G647.5

中国版本图书馆 CIP 数据核字（2018）第 220573 号

书　　名	新时期高校财务管理创新探索与发展 XINSHIQI GAOXIAO CAIWU GUANLI CHUANGXIN TANSUO YU FAZHAN
作　　者	高新亮　著
出版发行	中国水利水电出版社
	（北京市海淀区玉渊潭南路 1 号 D 座　100038）
	网址：www.waterpub.com.cn
	E-mail：sales@waterpub.com.cn
	电话：（010）68367658（营销中心）
经　　售	北京科水图书销售中心（零售）
	电话：（010）88383994、63202643、68545874
	全国各地新华书店和相关出版物销售网点
排　　版	北京亚吉飞数码科技有限公司
印　　刷	三河市元兴印务有限公司
规　　格	170mm×240mm　16 开本　17.5 印张　227 千字
版　　次	2019 年 2 月第 1 版　2025 年 6 月第 2 次印刷
印　　数	0001—2000 册
定　　价	76.00 元

前　言

随着金融危机的爆发,我国高校毕业生就业难的问题进一步加剧,人们对教育的要求进一步提高。在市场和经济发展的双重需求下,担负着培养高素质人才的高等教育在各国教育系统中将占有更加重要的位置。当前,大多数国家已经进入了高等教育大众化阶段,很多西方发达国家通过走高等教育大众化之路实现了经济的快速发展,形成了强大的综合国力和国际竞争力。我国也不例外,为解决高等教育供给不能满足人们对高等教育需求的矛盾,我国从1999年开始实施高等教育扩招政策,短短几年时间内实现了高等教育规模、数量以及发展速度上的重大突破。

党的十八大报告在阐述全面深化经济体制改革时提出:经济体制改革的核心问题是处理好政府和市场的关系,必须更加尊重市场规律,更好地发挥政府作用。而财政体制改革则是政府职能改革的突破口,1998年我国正式提出建立公共财政制度框架,拉开了我国公共财政管理改革的序幕。经过长期的大胆探索和不断创新,我国公共财政管理改革取得了丰硕的成果,部门预算、收支两条线制度、国库集中支付制度、政府采购制度和绩效评价等改革已经初见成效。

然而,我国政府会计改革却相对滞后,使得现行政府会计制度与新时期公共财政管理的目标不相适应,无法为公共财政管理的继续深化改革提供技术支持,亟待完善与创新。高校会计是政府会计的重要组成部分,高校的财务管理是公共财政管理的重要组成部分。

本书主要内容分为七章,分别对高校财务、理财环境的变化及应对,高校财务风险及预警,高校预算管理,高校效益与成本管理,高校财务绩效管理与控制,会计人员管理和高校内部审计监督控制系统作了深入研究。本书从系统论的角度,较全面地审视和思考了高校财务内部控制的基础理论问题,既有相当的理论深度,又是很好的研究素材和参考资料,并有可行的操作办法,层次分明、内容完整,对高校内部财务管理有着一定的参考价值。由于学术水平有限,书中疏漏之处难免,还请各位专家和读者批评指正。

作　者

2018 年 8 月

目 录

第一章　财务、高校财务及理财环境的变化及应对研究

经济越发展,会计的作用越重要。作为经济管理的重要组成部分,现代财会的职能日渐深化、拓展。会计与财务各有侧重、互为补充,财务管理主要在事前、事中进行管理,会计主要在事后进行核对算。两者都是为了管理企业经营,提高企业效益;指向对象都是企业资金。在企业会计改革基本成型后,作为预算会计的主要内容之一,事业单位会计的改革已引起业内人士的诸多思考。随着市场经济的不断完善和高等教育改革的不断推进,高校财务作为学校管理的核心内容之一,因此,迫切需要我们分析高校理财环境变化,并在对高校理财现状进行案例分析的基础上,就如何加强高校财务管理提出对策。

第一节　现代财务概述

要深入探讨高校财务,必须对财务与会计的内涵、外延及其渊源有清晰的认识。本书采用"财务与会计并行"的观点,基于不同角度,对现代财务的基本界定进行简要分析。财务的基本职能是由财务本质决定的最基本的财务功能。下面提到的财务概念,除非特指,均包括会计与财务管理的含义。有时,为行文方便,也提出了"财会"概念,在此界定为"财务与会计"的简称。

一、现代会计的职能及分类

从不同角度分析会计,可对会计本质得出不同的认识,具体包括以下几种:会计是反映和监督物质生产过程的一种方法,是经济管理的工具之一;会计是一个收集、处理和输送有用经济信息的信息系统;会计是通过收集、加工和利用经济信息,以价值活动为对象的经济管理活动。早期的会计包括审计。习惯上,对担任会计工作的专业人员简称为会计,有时把会计作为会计学的同义词。笔者认为,会计是以货币为主要计量单位,运用专业方法,对会计主体经济交易或经济事项进行连续、系统、全面、综合的核算和监督,并参与预测、决策以提供有用会计信息的一种经济管理活动或者经济管理系统。

(一)现代会计的主要职能

我国会计理论界对于会计职能的讨论主要有以下几种观点:①反映说;②反映和监督说或反映和控制说;③反映、监督和促进说;④反映、控制、监督和分析说;⑤反映、控制、评价、预测和决策支持说;⑥反映、分析、核算、监督、预测及参与决策说。笔者认为,现代会计的主要职能有以下几种。

1. 会计核算

会计核算(记账、算账、报账)也称为反映职能,即通过确认、计量、记录、计算、报告,从数量上连续、系统、全面、综合地反映会计主体已经发生或完成的经济活动。这既是会计最基本的职能,也是传统会计的主要职能。为正确、完整地理解会计核算,笔者认为要把握以下三点。

(1)三大会计资料:①会计凭证,包括原始凭证和记账凭证;②会计账簿,包括总账、明细账(含日记账)与备查账;③财务会计报告,又称财务报告。

（2）四个基本程序和方法：①确认，指会计数据进入会计系统进行记录和报告的程序，主要解决是否进入、何时进入以及按什么金额进入会计的视野，包括初始确认、后续确认和终止确认；②计量，主要解决计量单位和计量属性的问题，具体是指货币计价和成本计算；③记录，主要用借贷记账法通过设置账户、填制凭证和登记账簿完成；④报告，主要是三大会计报表。

（3）五种计量属性：①历史成本；②重置成本即现行成本；③可变现净值即预期脱手价值；④现值即未来现金流量的现值（并非计量属性）；⑤公允价值，指在公平交易中，熟悉情况的双方自愿计量的结果。在可操作时，一般以现行市价即脱手价值确定，在不可操作时，则在双方自愿下，一般用现值技术确定。

这里要指出的是，正如西方会计界流行的说法："会计就是一个计量的过程"，因而，会计计量被认为是会计处理的核心。也正因为如此，有人认为：会计"注重计量，忽略创造"，财务人员只是计分的人，而不是得分的人。19世纪英国科学家罗德凯文曾经明确地界定了计量与改良的关系，他说："不能计量，则无法改良。"计量本身并不能创造价值，只有当改良发生后，计量的数据才具有实际指导意义。这就告诉我们，财务方面的高层领导不仅仅要关注发生了什么，更要关注可实现的改进措施。

2. 会计监督

会计监督也称为控制职能，是指利用价值指标对经济交易或经济事项进行审查。会计监督具有以下几个特点。

（1）会计的工作主要是对经济交易以及经济事项进行监督处理且处理的方法合理。

（2）会计监督的方法主要是货币计价。

（3）会计监督主要在单位内部进行。

3. 参与预测、决策

参与预测、决策也称为管理职能，包括预测经济前景、参与经济决策和评价经济业绩等。这是现代会计与传统会计的主要区别。

（二）现代会计的基本分类

1. 按内容划分

现代会计按其内容可划分为财务会计和管理会计。

2. 按会计主体性质划分

现代会计按会计主体性质可划分为企业会计和预算会计。该种分类与提供产品的分类以及会计组成关系如下。

（1）企业会计：私人物品—全额付费—企业提供。

（2）预算会计（即政府及非营利组织会计）：公共物品—纯公共物品—不付费—政府提供—政府会计（包括财政总预算会计和行政单位会计）—准公共物品—部分付费—非营利组织提供—非营利组织会计（包括各类事业单位会计）。

从以上可以看出，我国政府及非营利组织会计的组成体系分为三个部分：一是财政总预算会计；二是行政单位会计；三是各类事业单位会计。其中，事业单位会计具体又分为科学事业单位会计、高校会计、中小学校会计、医院会计和文化事业单位会计。

二、会计与财务的关系

（一）财务管理与财务会计的一般比较

有关财务管理与财务会计比较的讨论较多，西南财经大学郭晶旭和潘丽莉对二者的主要区别概括得较为完整，主要包括如下几点。

1. 两者的对象及要素不同

财务管理是对企业财务活动及其所体现的关系进行管理，即企业资金筹集、资产营运、成本控制、收益分配、重组清算等要素；财务会计利用价值形式对企业资金运动的全过程进行反映和监督。

2. 两者的目标及职能不同

一般来说,追求企业价值最大化是财务管理的最终目标。在"决策有用"观的背景下,财务会计的目标是向信息决策者提供有用的信息。会计的基本职能是反映和控制。财务管理是对企业的财务活动直接进行管理,主要职能有计划、组织、指挥、协调和控制。

3. 两者的方法及侧重点不同

财务管理方法侧重于事前的预测、决策、计划和事中的控制与监督;财务会计侧重于对事后经济事项进行反映和监督。

（二）财务管理与管理会计的一般比较

管理会计又称"内部报告会计",包括成本会计和管理控制系统两大部分,是指以企业现在和未来的经济活动为对象,以提高经济效益为目的,以提供经营管理决策的科学依据为目标而进行的经济管理活动。财务管理是在一定的财务目标下,对资金的来源、资金的使用及耗费、资金营运以及资金收回、分配进行的管理。由此可见,管理会计和财务管理既有联系又存在很大区别。

1. 两者的联系

两者的研究对象均为资金运动。管理会计的研究对象不可避免地与财务管理对象重合。

2. 两者的区别

两者资金运动的层面不同。财务管理主要是一种实体管理。管理会计只是为财务活动的组织及财务关系的处理提供相应的信息。当投资方案确定后,管理会计人员围绕这些方案广泛收集资料,进行预测、决策分析,并据以编制财务预算。

目前,管理会计的内容较多,但最终均与资金活动有关。随着市场经济的发展,财务会计已无法满足企业的需求。目前管理会计的内容在系统地分析整理后均可找到适当的归属。

三、事业单位会计改革探索

在我国,事业单位是为人民服务的行业,同时其与政府的性质不同,主要是它不具有社会管理职能。目前,我国事业单位行业之多及其情况的复杂性不亚于企业,不仅可区分为公立和私立,还可区分为企业化管理和非企业化管理。根据其在国家和社会政治经济生活中的不同功能,还可分为社会公益类、开发经营类和其他类。我国的事业单位与西方国家所称的非营利组织类似,但是前者的外延比后者小。

（一）事业单位会计核算制度的改进

会计规范体系由会计法律、会计行政法规、会计部门规章、地方性会计法规及内部会计管理制度五部分构成。其中,对单位会计工作起重要指导作用的应是部门规章。我国现行的会计法律中,将国务院财政部门制定的部门规章称为"国家统一的会计制度",并且由国务院财政部门根据会计法制定并公布。

一般来说,会计制度有广义（国家统一的会计制度）和狭义（会计核算制度）之分,后者即人们常说的会计制度。就目前我国会计核算制度的组成部分而言,国家统一的会计核算制度包括会计准则和会计制度两种。从我国会计发展的趋势看,会计核算制度的规范必将从会计制度模式逐步向会计准则模式转变。从目前我国的会计环境看,现在乃至今后较长时期将经历准则与制度并存的局面。

（二）事业单位会计准则的改进

作为各事业单位通用的、比较概括的原则和规范,事业单位会计准则应包括会计一般准则和会计具体准则。

1. 会计一般准则

（1）事业单位会计准则的适用范围。建议将现行的"适用于各级各类国有事业单位"扩至"适用于各级各类事业单位,但已纳入企业会计和政府会计核算的除外"。

（2）事业单位会计目标。现行的《事业单位会计准则》将其会计目标概括为"符合国家宏观经济管理要求与为事业单位内部提供会计信息",更倾向于国家管理需要。随着我国预算管理改革的深入,事业单位会计独立性会增强,不同的外部信息使用者有着不同的信息需要,因此建议将我国事业单位会计目标明确为"反映事业单位的受托责任为主,提供决策有用的会计信息为辅",强调为事业单位自身服务。

（3）事业单位会计假设。会计理论,事业单位会计假设与企业会计相比,在持续经营、会计分期、货币计量上有相似性,在会计主体上有其特殊性,主要表现在:建立基金会计模式后,事业单位的各种基金应成为会计主体。这是因为,事业单位所掌握的财务资源有的被规定了特定的使用目的和限制条件,为了保证限定资源的使用符合法律和行政的要求,规定其会计主体为各类基金。此外,建议将持续经营假设改为连续性假设。

（4）事业单位会计信息质量特征。现行事业单位会计准则规定的会计信息特征没有实质重于形式、成本与效益原则,并且质量特征没有一个有内在联系、层次分明的体系。笔者认为,事业单位会计信息特征应包括可理解性、可靠性、可核性、可比性、重要性、及时性、实质重于形式、成本效益性,以此来保证会计信息质量。

（5）事业单位会计要素。现行准则将我国事业单位会计的会计要素分为资产、负债、净资产、收入和支出,并对其内容进行了统一分类。笔者认为这显然不够具体、科学,不利于事业单位组织会计核算,也不利于不同利益者得到不同的会计信息。建议在考虑我国不同事业单位特点的基础上,重新界定会计要素的相关概念,并增加结余会计要素;在建立基金会计模式后,按基金会计确立会计要素;增加具体分类,以加大会计信息量。

(6)事业单位会计收支确认基础。随着事业单位会计环境的变化,收付实现制因许多局限性而受到挑战。如非现金交易引起的债权债务不确认,这样不利于反映事业单位的受托责任。因此,笔者认为,运用权责发生制可以使事业单位区别选择。

2. 会计具体准则

(1)会计要素准则。会计要素准则主要对会计要素的确认与计量、信息的披露作出具体规定,包括资产会计准则、负债会计准则、基金会计准则、收支业务会计准则、成本会计准则等。

(2)会计报告准则。会计报告准则主要对会计报表反映的内容格式和项目的排列作出规定,包括资产负债表准则、收支情况表准则、现金流量表准则以及基金增减变动表准则等。

(3)特殊行业会计准则。

第二节　高校财务概述

高校财务,从广义上讲,指高校财务与会计(有时简称高校财会),属于事业单位会计,是预算会计的一个组成部分。作为学校财务与会计管理的职能部门,从机构名称上可以看出,学校财务处(有的设为计划财务处)承担着三大工作,即财务计划管理、财务管理和会计管理。

一、高校会计与高校财务

(一)高校会计的含义

高校会计是指以高校实际发生的各项经济业务为对象,核算和监督高校资金的取得、使用及其结果,以提高办学效益的一种非营利组织会计。按照《高校会计制度》（征求意见稿），高校会计要素包括资产、负债、净资产、收入、支出。高校会计要素与企业会计相比不同的是：高校会计要素以净资产取代了在企业中普遍采用的所有者权益会计要素；也没有将结余、利润等列为高校的会计要素。

1. 高校财务报表的一般要求

高校财务报表是按照高校标准制定统一的报表，任何人不得随意篡改，在表格填好以后，通过主管单位审批、签字处理，得到完整的财务报表，然后将报表交于财务处，经财务处审核批准以后才可以报账处理。

2. 高校会计的主要任务

高校会计的主要任务具体包括：促进事业计划的圆满实现；贯彻执行国家的财经方针、政策、法令、制度和纪律；正确核算收支结余，计算成本收益，做好日常核算工作；促进事业单位提高管理水平。

（二）高校财务的含义

高校财务是指高校在办学过程中客观存在的财务活动及其体现的经济利益关系。高校财务管理是按照国家法律法规和政策以及高校办学宗旨要求，对高校财务活动进行组织、预测、决策、计划、控制、分析和监督等一系列管理工作的总称。其基本特征是价值管理，管理的客体是高校的财务活动，管理的核心是高校财务活动所体现的各种财务关系。换句话说，高校财务管理是利用价值形式对高校财务活动及其体现的财务关系进行的综合性管理工作。

1. 高校财务的工作目标及原则

根据我国教育部和财政部的意见，高校财务的工作目标为高效优质的服务、管理规范到位、责任权力明确规划、各院系监督管理到位。

2.高校财务的主要任务

按照我国教育部和财政部的规定,高校财务的主要任务如下:

(1)筹集资金:学校可以通过多渠道来筹集教育经费。主要包括:通过申请国家自然基金、省自然基金等项目来增加教育经费;通过高校学生与老师合作接一些研究院、大型企业单位的研究项目,为其提供技术,使企业的效益得到进一步提高;吸引校友代表、社会企业进行捐赠,筹集办学资金。

(2)全面加强预算控制和管理:一方面是对经费开支大户进行重点管理;另一方面是加强对预算执行情况的分析,提高资金使用效益。

(3)建立健全财务管理制度和监督体系。

第一,要想高校的财务资金得到充分有效的利用,高校必须对财务进行强制管理和监督,对出现问题的管理制度要及时修订、完善,并通过财务部门进行审核批准,通过后方可实施,这样才能有效地减少经济损失,使高校资金得到合理且规范的应用。

第二,高校的各部门要加强配合,特别是个人与院系、院系领导与财务、校级监督部门。在各部门配合融洽的情况下,高校才能得到进一步的发展壮大。

第三,财务部门要及时对账目进行审核处理,对存在疑问的账单及时与个人沟通,确认审核内容是否合理完善。

第四,高校内部也应该加强审核,对高校老师的项目基金,学校国际、国内交流的专项资金、老师的项目资金走向都要进行明确的审核处理,防止资金流向不明确等严重问题的出现。

第五,财务审核内容应当全面公开,使财务体系更加完善,实现师生、财务、学校的共同进步,使各部门对财务审核内容都能够明确。

（三）高校财务预算管理的含义

中国有句古话："凡事预则立，不预则废。"长期以来，高校对预算管理重视不够，以致学校发展规划和事业计划与学校的资金供求未能有效衔接，无法提供教学事业发展所需要的财力。学校预算成了向上级财政部门争取拨款的工具，没有发挥预算管理的重要作用。

1. 高校财务预算管理的基本内涵

学校预算管理就是以货币形态对学校事业发展的计划管理，这是在现代经济中科学管理现代高校的基本手段。预算管理的目标实际上就是学校的战略目标。

（1）预算不等于预测。预测是基础，是预算的前提。有效的预算是学校防范风险的重要措施。

（2）预算是一种系统的方法或者管理机制。预算管理不是简单的数据堆砌和表格罗列，而是与高校治理结构相对应的一套管理系统。高校健全的预算管理制度是完善高校治理结构的具体体现。

（3）预算具有很强的严肃性和权威性。这主要表现在：预算程序严格；预算一经批准，即具法律效力；预算执行不能"跨项（目）""超支"和"变项"，更不能"打通（项目）"使用；等等。

（4）从支出角度来看，预算管理实际上是一种成本控制，因此把预算定义为"一种由人来控制成本的会计技术"。

2. 高校财务预算的地位和重要性

财务预算是整个学校财务工作的"牛鼻子"，是高校进行经济活动的依据。高校的性质决定了财务管理的目标是"量入为出"，即在资金约束下事业的最大发展，实现这一管理目标的重要手段就是预算管理。

预算管理的控制力，在很大程度上也折射出一个学校规划乃至整个管理工作的水平。现代财务管理的要求是每个学校都必须加强预算管理。预算管理的效力状况,直接取决于依法治校、科学管理的理念在高校是否真正落到实处。维护学校预算的严肃性和刚性原则是学校健康财务状况的关键。

3.高校财务精细化和财务预算细化

精细化财务管理就是要使财务管理工作做到精密、细致。

通过上述分析,我们不难发现,高校预算必须精细化的原因主要是高校的学习形势复杂多样,因此要学会把握预算进度,预算形势,使其做到精细化。在实际工作中,经常提到预算的细化,不能落实到位的根本原因在于:没有精细化的思想;没有对管理工作精细的制度要求。财务预算细化是个系统工程,要落实财务预算的细化,首先要营造一个财务精细化的管理环境。

二、高校财务人员

(一)高校财务人员的现状分析

随着当前高校财务管理体制的改革与发展,学校对财务人员政治素质、业务素质的要求越来越高,目前还有很多高校对财务人员的要求并不高。很多高校把博士、硕士学历当作招聘教师的重要标准,但是对于财务人员的招聘却很少有这样的硬性规定,甚至很多高校的财务人员是教师家属或子女。部分高校对财务人员的素质培训重视不够,财务人员整体素质不高,较难适应新形势下的高校财务管理工作,这主要表现在以下三方面。

(1)财务人员服务态度不好,对自己的工作未能做到认真负责。财务人员不少属于"博士后""教授后"或"领导后",工作相对稳定,对高校的发展缺乏忧患意识,对自己降低要求,也缺少竞争意识等。

(2)不能够全面认识工作的重要性,对新业务的学习热情不高,呆板。

（3）学校重视不够,财务经费跟不上。高校财务人员年龄结构及知识结构比例不协调。有的高校没注意到财务队伍的梯队发展,没有财务人员发展的长远规划。

（二）高校财务人员的综合素质要求

会计的专业技术性很强,政策性也很强。笔者认为,一位合格的高校财务人员,至少要符合以下三点要求。

1. 掌握并能运用高校财务的基本理论和基本知识

掌握并能运用高校财务的基本理论和基本知识是科学理财、依法理财的基本必备条件。以会计核算为例,主要有以下三方面的内容。

（1）领会高校财务的基本假设。会计主体假设,其基本要求是严格区分会计为之服务的特定主体的经济活动和其他特定主体的经济活动的界限;持续经营假设,其基本要求是按照公认的原则和制度的要求,对学校活动进行连续的记录、计量和报告,并且会计要素的计价应当按正常的秩序、方法进行;会计分期假设,其基本要求是会计核算应当按会计期间分期结账和编表;货币计量假设,其基本要求是必须确定一种货币作为记账本位币。

（2）熟练掌握高校财务信息质量基本要求。客观性,这是会计核算的最基本要求,即内容真实、数字准确、资料可靠;相关性,即有用性,能满足领导及有关管理方面的要求;可比性,既要求横向口径一致,也要求纵向的前后一致(一贯性);及时性,要求及时收集、及时加工、及时传递;明晰性,要求简明扼要、便于理解;修正的权责发生制,即以权责发生制为核算基础,辅以收付实现制;配比,要求收入与费用在项目与期间上的一致性;专款专用;重要性,包括数量金额、性质意义。

（3）熟悉并关注高校财会制度的主要内容及政策变化。会计制度主要内容包括:资产的核算、负债(含代管款项)的核算、净资产的核算、收入(财政补助收入、上级补助收入、教育事业收入、科研事业收入、其他收入等）的核算、支出（教育事业支出、科研事业支出、其他支出等）的核算。财务制度主要内容包括：预算的管理，收入、支出和结余及其分配的管理，专用基金的管理，资产、负债的管理，财务报告和财务分析，财务监督，财务清算。

2. 了解并熟悉校内外情况

（1）了解并熟悉校内外环境及其变化的具体内容随着经济社会的不断发展，全球化的深入，人们对经济社会有了全新的认识，理财观念也发生了天翻地覆的变化，财务管理向网络化、电子化方向发展，因此财务人员应该了解财务管理、审计、预算的新形势，加强个人素养的培养。

（2）了解并熟悉校情及其变化的具体内容。①了解学校所在省市经济发展的现状和趋势。②熟悉学校的基本情况：历史背景、学科专业优势和不足、资产和人员状况以及财务基础等。③了解学校教学及科研活动：教学和科研业务流程、教学业务活动全貌等，只有熟悉情况，才能真正了解教师与学生的需求，才能针对不同的情况提供优质及时的服务，提高管理和服务水平。

3. 具备较高的职业道德与专业素养

笔者认为，三种人不宜在会计行业发展：第一种是对钱的欲望太强，也就是说，一看到钱就激动的人；第二种是对数字没感觉，也就是说看到数字就头晕的人；第三种是对主营业务不熟悉，也就是说，对单位的基本业务一问三不知的人。财务人员对财务职业要热爱，对钱财要淡泊，对数字要有兴趣（能从数据的处理中得到快感）。

财务人员应具备的职业道德与专业素养如下：

（1）思想政治修养和财会法制观念。财务岗位辛苦、枯燥，往往待遇不高，这就需要财务人员加强自身道德修养，端正世界观、人生观和价值观，这是高校财务人员做好财务工作的前提。现在的会计不是简单地算算账、记记账、管管账的会计角色了，已越来越多地参与到学校的各项管理当中。财务人员要守法遵章、讲原则。会计职业的特点要求财务人员坚持自己的原则以及职业操守，不得随意丢弃、销毁、涂改报账人员的账单，要严格按照规定办事。

（2）职业道德和诚信教育。没有对财务事业的热爱和奉献是很难做好财务工作的。根据财政部的规定，会计职业道德包括"爱岗敬业、熟悉法规、依法办事、客观公正、搞好服务、保守秘密"等。真实、公允是财务职业判断的基本准则。尤其是当法律法规无明确规定时，财务人员必须杜绝一切利益诱惑，严守道德与法律，使得高校财务能够反映高校一定时期财务运行状况和事业发展成果。

（3）职业判断和职业沟通能力。财务人员在财务方面还有一些涉外工作，比如政府部门、相关财务部门、审计监督部门等。这就要求财务人员有一定的职业沟通能力，在与人沟通的过程中坚持自己的职业判断力。除将学校情况和财务状况反映给相关部门以外，财务人员还要做到诚实守信且对财务内容深入理解和通俗阐述，积极配合相关部门人员，顺利完成工作任务。

（三）充分发挥财会人员在高校管理中的作用

（1）在工作中严格遵守国家关于财务处理的法律法规，严格遵守财务法律法规。财会人员应结合学校实际，建立健全财务管理制度，根据《会计法》和《会计基础工作规范》的有关规定，依法有序地开展会计工作，并加强财经法律、纪律的广泛宣传。

（2）努力做好本职工作，立足岗位，发挥财会人员在财务管理中的主体作用。财会人员要立足本职，扎扎实实地做好各项财务工作；积极完成省财政厅、省教育厅布置的有关工作；努力做好年度预算、决算等各类报表编制工作；做好票据管理及非税收入收缴的日常工作；建立健全学校（单位）财产管理账目，定期核对资产账目情况；做好学校交办的其他财务事项等。

（3）加强财务分析工作，为学校领导决策提供有用的经济信息。财会人员是财政政策的贯彻执行者，承担着加强经费管理，规范会计行为,保证会计信息真实、完整的重要责任。财会人员应着力实现由传统、被动报账型向现代、主动管理型的转变,做到既会记账,更会算账、用账。财会人员要结合本职工作对会计信息加强分析,定期或不定期地向领导提出合理化建议,为领导决策当好参谋和助手,提高资金的使用效益。

(4)切实保护财会人员的合法权益。高校应加强对财会人员培训与审核,使财务人员能够接触到最新的财务审核方法,为更好地服务高校做充分的准备。高校应将财务岗位确定为重要的专业技术岗位,财务人员专业技术职务津贴与教学人员专业技术职务津贴标准一致,并将财务队伍建设纳入学校人才队伍建设的整体规划。高校应支持和尊重财会人员依法行使工作职权,对财会人员反映的有关损害国家利益、违反财经纪律等问题,要认真及时地调查处理。如果出现对财会人员坚持原则、反映情况进行刁难、阻挠,甚至打击、报复等行为,学校将会同有关部门依法对其严肃处理。

第三节 新时期高校理财环境的变化及应对策略

随着社会的不断进步,财务环境也发生了翻天覆地的变化。其中高校理财环境正在发生深刻变化。一方面,高校不但要提高自己的教育水平和教育质量,与此同时,还要努力增强自己的科研价值与科研能力;另一方面,高等教育体制改革的目标是通过现代大学制度的建立,逐步建立政府宏观管理、学校面向社会自主办学的新体制。高校财务工作是高校所有工作的基础,是高校提高教学质量、提升工作效能的保证,是保持高校稳定发展的关键。因此,进一步加强地方高校财务管理,显得尤为重要和迫切。

一、高校理财环境变化简析

（一）校外理财形势的基本估计

第一,国家有关高校的外部形势。随着社会的不断进步,财务环境也发生了翻天覆地的变化。其中高校理财环境正在发生深刻变化。高等教育体制改革的目标是通过现代大学制度的建立,逐步建立政府宏观管理、学校面向社会自主办学的新体制。市场经济的竞争机制已延伸至高等教育领域的方方面面,包括学校与学校之间、学校与社会企业之间都存在着激烈的竞争。同时,随着财政体制改革的深入,按照公共财政的要求,高校应该重视高校重点项目的发展,投入资金发展高校教育。此外,多种所有制高校数量大幅增加,推动高校财务管理向国际化方向前进。

第二,高校有关发展和管理的内部形势。一方面,随着高校教育模式的不断发展,高校资金的流向更加多元化,复杂化;另一方面,建立高校的多渠道的融资体制已迫在眉睫,并且国家财政补助占高校经费总额的比例呈现逐年缩小的趋势。此外,高校发展模式正在由外延式逐步走向内涵式。这些都表明高校财务管理正在发生着实质性的变化。

（二）校内理财环境的主要变化

学校理财环境的变化主要表现为下列几方面:

一是筹资结构的不稳定性增强。例如,在学校收入结构中,各块资金所占份额的排序为:银行贷款、学宿费收入、财政补助。

二是高校有用信息的管理需求更加强烈。

三是高校债务化解压力较大。伴随着外延发展带来的繁荣,高校建设性、发展性债务规模与日俱增,有的甚至已明显超出偿债能力。现在问题的关键是,高校维持正常运转已实属不易,或者说很困难,根本考虑不了偿债,单靠学校的力量很难化解债务。

四是财务管理模式转换需求加大。

二、加强地方高校财务管理的对策

高校理财环境变化的情况对高校尤其是地方高校的财务管理提出了新的问题和要求，需要高校主动应对。在新形势下，如何进一步加强地方高校财务管理工作，已成为地方高校财务人员面临的一个崭新而现实的课题。笔者认为，必须加强地方财务管理，高效合理地处理好四个关系：保障事业发展与防范财务风险的关系、统管和分权的关系、财务管理与会计核算的关系以及管理与服务的关系。

（一）突出防范财务风险的理财思想

1. 学校要转变发展及管理观念

一方面，学校上下要提高对财务的认识，尤其是领导要充分认识到高校财务工作是学校所有工作的基础，是学校提高教学质量、提升工作效能的保证，是保持高校稳定发展的关键。作为学校财务管理综合职能部门，学校财务部门不是单纯地提供后勤服务，而是整个学校教学和科研工作的保证；不是单纯地进行记账报账，而是重大经济事项决策的基础，在学校资源配置中起决定作用；不是单纯地管理经费收支，而是学校资产、资金安全的守护者。高度重视高校财务管理，既有利于完善学校的内部管理制度、降低办学成本、提高办学效率、有效降低筹资成本，又可促进学校资金运用的科学化、投资决策的民主化，也可拓展学校资金管理和运用的新思维。另一方面，学校发展要切实贯彻科学发展观。

2. 学校财务管理要努力做到"尽力而为、量力而行"

（1）正确理解"尽力而为、量力而行"。财务人员在参与经济决策时，对于在风险可控下促进学校健康发展的项目加以保障，做到保障有力、服务优质，学会当"抓钱手"。对于超出财力且风险不可控的项目要勇于、善于说"不",学会当"拒绝专家"。

（2）确保经济秩序正常、资金安全、财务风险可控。学校的经济秩序正常是保证高校可持续发展的前提条件之一。近几年由于社会环境的变化、利益驱动和法制观念淡薄,学校发展出现了一些不正常现象,如乱收费、增加个人非正常收入、账外账、"小金库"、无偿占用学校设施等,给学校造成了损失。学校可以从机制和体制、规章制度的严格执行上狠抓落实,防范风险,做到严格"收支两条线",保证资金的运行安全。同时,学校要从微观和宏观两方面采取措施,如在微观方面,以资金流向为依据,保证每个环节不出现问题,主要表现为不相容业务分离、互相制约,事前审核、事后稽核,独立对账,档案管理单向流动,不定期查库,资金调度额度负责制等。

3. 学校资金管理要突出内控制度的完善,有效防范资金风险

（1）学校应当加强学校资金的内部管理与控制,确保资金的流动方向正确无误,对于重要资金要进行严格的审核处理、对于常规资金要做到授权审批,同时审计部门要进行签字处理。

（2）学校的重大项目,例如国家自然基金项目,必须进行科学评价审核、专家审计处理,最后通过校领导的一致表决,确认项目负责人以及项目助理,确保项目能够合理进行。

（3）学校资金不能进行股票投资和债券投资。

（4）学校应该加强银行的贷款管理,在确保贷款风险的基础上,改善贷款结构,完善贷款结构,做好还本付息计划。

（5）学校要建立合理的经济合同管理体系与制度,对于经济问题应该签署经济合同,同时加强经济管理制度建设。对签署的合同进行审批处理、备案,防止经济纠纷的出现,使合同能够发挥其作用。

（6）严禁学校为任何组织或个人提供担保。

（二）坚持集中管理为主的财务制度

1.加强领导与管理

加强财务的统一领导,集中管理,防止财务纠纷出现。

（1）学校要确保"五个统一"。高校必须确保学校财务规章制度、经济分配政策、经济资源配置、财务收支预算、会计核算的高度统一。

（2）学校要建立和完善"三大制度"。即对重大问题集体决策制度、专家咨询制度和决策责任追究制度。具体来说,凡学校重大经济决策、重大投资（融资）项目以及大额资金使用,必须组织相关专家进行科学论证,经学校财经领导小组研究后,提交学校最高决策机构集体讨论决定。

（3）学校财务部门要发挥"三大职能（管理、核算和监督）"。财务部门作为负责学校财务管理的综合机构,要在校长和分管校领导的领导下,参与学校财经决策的讨论和有关规定制定工作,对学校各类经济活动实施管理、核算和监督。

2.加强监管

按照"大财务"实行委派制,切实履行对学校各级各类财务的管理与监督。

（1）积极推行委派制。目前推行委派制的单位主要是独立核算的后勤服务中心及独立学院等。

（2）谨慎处理在探索校内二级管理改革时的财权问题。

（3）按照管理层次,理顺管理关系,构建多层次的经济责任体系。高校应该设立完善的财务管理体系,主要包括:院系领导的审核制度、财务管理部门、财务审核部门、财务监督部门、财务主管的总体审批。当出现财务问题以及财务纠纷时,可以合理地管制处理。

（4）加强财务创新管理意识,努力建立节约型财务管理体制。具体要求如下:

第一,在管理学校经济时,适当地加强市场经济体制的建立,实现资源共享。但是,要注意处理好学校办学与市场的关系,尤其处理好经济关系,不能只考虑市场规律因素,也要考虑社会稳定、人才培养等方面的因素。

第二,对分配机制进行合理的分配,使各部门能够各司其职。

第三,对于设施的建立应该实现共享,减少学校的成本规划,实现成本分担制。

第四,对于国家收入分配制度应严格执行,实现分配制度的合理化,确保各部门工作人员满意。

第五,合理利用资金,实现资金的高效合理运用。

（三）算管结合,算为管用

1. 以预算为重点,融预算于算管之中

（1）财会部门应该依据学校事业发展需求和综合财力水平,编制中长期财务收支计划。学校的事业发展规划必须与财务收支计划相适应。

（2）财会部门要根据"量入为出、收支平衡、积极稳妥、统筹兼顾、保证重点、勤俭节约"的原则（简称预算"二十四字"原则）编制年度财务预算。学校的各项事业活动所发生的财务收支都应该纳入预算管理的范围。学校执行的年度预算应与主管部门批准的部门预算在收支口径上保持一致。预算执行的责任应分解到校内各部门、各单位。预算的调整必须按规定程序进行。

（3）学校的各项支出应该做到有预算安排、有支出标准、有制度依据,严禁无预算、超预算支出（简称支出的"三有二禁"）。

（4）财务部门应加强预算执行的控制与分析,提供完整、准确的财务信息,为主管部门和学校加强财务管理提供可靠的依据。

2. 充分利用会计核算信息为学校管理服务

高校会计核算要在满足政府部门要求的前提下,围绕学校各级管理层的要求开发会计信息资源,并充分利用信息化的手段提高校内会计信息提供的规范性、准确性、及时性和针对性,要引导、培养校内各级管理人员利用会计信息,从而提高决策的科学性。

（四）寓规范管理于优质服务中

1.加强思想教育,重视"报账难"问题,增强服务意识

（1）高校"报账难"的主要表现。报账难可概括为"三难两烦":"票据本身'不行'退回以致到处找票,难";"程序性手续'不行'退回以致重新找领导签字,难";"个别财务人员'神'气十足以致见到微笑,难";"资金来源或部门间衔接问题使得屡次报不到账,烦";"因强调'本本'（本制度、本部门）的多而为师生考虑得少,烦"。

（2）"报账难"给学校带来的危害。高校财务人员应该高度重视"报账难"给学校带来的危害:第一,长此以往,会阻碍、制约教学和科研活动的积极开展,最终影响学校的发展。第二,与学校目前所处的环境不符,不利于学校办学效益的提高。

（3）"报账难"的主要原因。"报账难"现象,从表面上看,是资金或程序手续的问题,从根本上看,是服务的问题（意识和水平）。它与诸多因素有关:第一,财务机构与人员方面包括思想及服务意识问题、业务水平问题、服务方法与方式问题等;第二,财经工作本身及制度方面包括财经工作的政策性与技术性要求、财经制度本身需要完善与修订、制度体现服务理念等;第三,教职工方面包括对财经法规不熟悉、对财务工作不理解等。

2.加强业务学习,提高财务服务水平,建设学习型团队

要推进团队式的学习,提升创新的能力。学习是一个人的一种生存方式,是挖掘人的自身潜能并促进人自身全面发展的最好工具和手段。团队式的学习不仅仅是传统意义上的学习科学文化知识,而且是提升人的自主创新能力。学习能够使团队进步,

而这些进步最主要的体现就是能把工作做得更好,能做过去所不能做的,创造过去所不曾有的。

3."以人为本",加强科学管理,增进服务效果

"以人为本"是科学管理的灵魂。随着高等教育体制改革的不断深入、学校管理模式不断创新及其内涵的发展,对财务工作提出了更高、更明确的要求。目前,大部分地方高校正处在财务紧张期,也是偿还债务的高峰期,更是诉讼高发期。同时,也是学校发展的转型期,不仅涉及发展方向的转型,也涉及发展方式的转型,对财务人员更新观念及提供高效的服务提出了更高的要求,也是对财务人员的考验和挑战。

(1)做好及时服务,通过改革报账程序等实现便捷服务。在教职工报销教学、科研费用时,无论何种原因均要及时受理,不拖、不等、不推,做到该办的事坚决办,能办的事主动办,难办的事,只要合法、真实,就要想法办;不合法、不真实甚至是损害学校利益的事坚决不办。各院部报账员、教师、学生进行对账,财务人员要热情、及时、准确地提供服务;对教学单位的汇款、转账,做到及时办理,尽量减少中间环节,提高办事效率,缩短办事周期。在合法合规的条件下,帮助广大教职工办理一些相关的中间手续,节约他们的报账时间。

(2)贴近教学及科研,通过完善制度提供主动服务。一位不熟悉教学和科研业务的人,不能算是一位真正称职的高校财务管理工作者。财务人员对制度中不适应的条款,应做到及时与业务部门沟通、修订,以促进教学、科研业务及时规范地开展。这样既可以大力支持、促进教学及科研活动积极有效地开展,提高办学效益,又可以充分发挥财务人员主动服务、积极监控。

(3)改进服务方式,让员工参与到服务工作中来。

4.将监督融于服务中,加强专业判断,实现原则性和灵活性的统一

(1)在把握原则的前提下,财务人员具体情况具体分析,做

到既不失掉原则性,又能保证提供灵活、及时的服务。

(2)在实际工作中,尤其要做到既不随便说"不",又不轻易言"行";既要防止态度上的应付,又要避免方法上的简单。

(3)端正心态,加强沟通,取得谅解。这是由财务工作特性所决定的。财务部门是学校财务把关的职能部门。学校教学、科研、管理活动的结果最终会反映在财务上,财务工作是大量重复的工作,稍不注意就会出现差错。

5. 坚持勤俭办学的思想,建设节约型校园

(1)创建节约型校园对高校的发展建设具有十分重要的意义。

(2)让节约意识深入人心,让节约行为到处可见。要采取有效措施,大力加强资源的节约和循环利用,严格控制能源消耗和运行费用支出,严格控制校园建设标准,要把节能指标列入校内各部门绩效评估评价体系之中。

(3)不断完善专项经费管理。要严格执行政府采购制度和招投标制度,做到采购行为规范透明、采购程序科学严密,有效节约办学经费,并从源头上防止腐败,积极推行专项经费绩效管理。

第二章 财务风险及高校财务风险预警研究

基于我国高校现有的财务管理和会计核算体系基础,并结合科学性、可操作性原则,笔者以财务风险和高校财务风险的理论研究作为基础,探讨高校财务预警指标体系构建的相关问题。

第一节 财务风险概述

一、财务风险的定义

对于财务风险,人们有着不同的见解与认识,概括起来可归纳为狭义财务风险和广义财务风险。

狭义的财务风险是指企业因使用债务资本而产生的在未来收益不确定情况下由主权资本承担的附加风险。如果企业经营状况良好,使得企业投资收益率大于负债利息率,则获得财务杠杆利益;如果企业经营状况不佳,使得企业投资收益率小于负债利息率,则获得财务杠杆损失,甚至导致企业破产,这种不确定性就是企业运用负债所承担的财务风险。

广义的财务风险是指由于外部经营环境及各种难以预计或无法控制的因素影响,在一定时期内,使企业的实际财务收益与预期财务收益发生偏离,从而蒙受损失。它是从企业理财活动的全过程和整体财务观出发界定的财务风险概念。财务活动与生产经营活动是密不可分的。生产经营的全过程都有可能发生风险,如果仅仅将财务风险定义为不能偿还到期债务而带来的风险,则过于片面。对财务风险的理解,必须从生产经营的全过程,从财务的整体观念出发,并最终联系到财务收益上来。

二、财务风险的内容

（一）财务风险的分类

对于财务风险的内容,人们有着不同的认知与看法,3C 框架指出,全面财务风险的内容应该包含出现在整个财务管理全过程中的风险。

按照与财务报告信息披露作用的不同,可以将财务风险分为以下几点。

（1）与财务报表、财务管理有重大影响的有关风险。这类风险包括财务战略风险;财务预算风险、合同管理风险;对子公司的控制风险等。

（2）与为生成财务报表提供人力与技术支持有关的风险。这类风险包括人力资源政策风险;计算机信息技术控制风险等。

（3）与财务报表和信息披露内在要求有关的风险。这类风险包括:货币资金风险;采购与付款风险;存货风险;对外投资风险;工程项目风险;固定资产风险;无形资产风险;非货币性资产交换风险;资产减值风险;筹集资金风险;销售与收款风险;成本费用风险;税务筹划风险;外币折算风险;收益分配风险;重组清算风险;担保风险;关联交易风险;资产重组风险;债务风险;或有事项风险;财务会计报告编制风险等。

按照 COSO 框架,可以将财务风险分为以下几点。

（1）经营决策风险:是指影响决策的时效、依据和质量等。例如:预算目标脱离实际、没能以合理的价格取得物资或服务、投资决策失误导致投资失败、产品不能及时适应市场的变化和需求等。

（2）违反法律法规的风险:是指没有全面执行国家法律、法规和政策规定。例如：合同条款违法、坐支现金、污染物的排放不符合国家环保规定等。

（3）财务报告失真风险：企业未完全按会计准则、制度等规定组织会计核算和披露信息，导致财务报告在完整性、准确性等方面存在问题。主要包括将资本化的支出费用化或将费用化的支出资本化。例如：会计记录错误（金额、科目、期间错误）、账实不符、产品交接计量错误等。

（4）资产安全受到威胁风险：指管理制度不健全或执行不到位，企业实物资产如设备、存货、证券、资金和其他资产的安全受到威胁。例如：挪用现金，存货毁损被盗，资产处置未经适当的授权导致资产流失。

（5）营私舞弊风险：主要是指以故意的行为获得不公平甚至非法的收益。例如：人为调节收入、挪用现金、与审计师合谋篡改审计报告。

（二）财务风险评估

1. 基于企业经营绩效状况的财务风险评估

企业财务风险通常表现为企业财务状况的恶化和经营成果的降低，其结果将会直接导致企业获利能力、偿债能力、周转能力和成长能力的下降；而企业四个方面能力的综合即为企业的实际经营绩效。因此，企业财务风险的发生，将最终体现为企业实际经营绩效与经营目标之间出现非预期的负偏差。所以，可以通过对这种负偏差及其偏差程度的分析，即通过对企业实际经营绩效状况的评价及其评价结果的分析，来综合判断企业财务风险是否发生以及财务风险状态的严重程度。

2. 企业财务综合指标回归模型评估

因为企业财务指标是企业生产经营活动效果的最终反映。所以，企业财务指标不仅可以反映企业生产经营状况的好坏，同时也可以反映企业财务风险的大小。按此思路，利用经改进后的

Altman 多元线性回归判断模型,从企业多项财务指标中,选出若干项最能代表企业财务状况的关键指标,如营运资金与总资产的比值、累积盈余与总资产的比值、息税后收益与总资产的比值、所有者权益的市场价值与总负债的比值、销售收入与总资产的比值等,并根据其指标重要程度赋予不同的权重,结合不同企业的具体财务数据进行数学处理和回归分析,即可以得出如下形式的企业财务风险评估数学模型:

$$R = 1.2Y1 + 1.4Y2 + 3.3Y3 + 0.6Y4 + Y5$$

在上式中:R=经回归分析得出的企业财务风险程度判断值。

Y1=营运资金/总资产,该指标主要是考察企业资金流动性问题。

Y2=累积盈余/总资产,该指标主要是考察企业的积累能力。

Y3=息税后收益/总资产,该指标主要是考察企业盈利能力。

Y4=所有者权益市值/总资产,该指标主要是考察所有者权益的波动变化程度及社会公众对企业的认识和评价。

Y5=销售收入/总资产,该指标主要是考察企业的规模、市场占有率,以及企业资产创造销售收入的能力。

三、高校财务风险的定义

财务风险本是企业财务管理中的基本概念,而对高校财务风险的定义,目前国内主要有狭义和广义两个视角。

狭义的财务风险通常被称为举债筹资风险,是指高校由于举债而给高校财务状况带来的不确定性。

广义的财务风险是指高校在运营过程中,由于委托代理关系、财务治理等内外部环境因素作用所形成的财务状况的不确定性,从而使高校蒙受损失,造成其不能充分承担其社会职能、提供公共产品乃至危及其生存的可能性,是风险的货币化表现。

四、财务风险的形成因素

（一）外部因素

（1）政治因素，指影响企业风险中所有与政治有关的部分，如国家政策的调整、外交关系的变化、征收风险等。

（2）经济因素，指构成企业生存和发展的社会经济状况和国家经济政策，包括经济周期、经济体制、经济发展水平、通货膨胀等因素。

（3）竞争因素，指竞争给企业带来风险的可能性。

自然灾害因素，指对企业产生巨大影响的自然现象，如地震、洪水等。

（二）内部因素

与筹资活动相关的财务风险，指由于筹集资金而给企业财务成果带来的不确定性。

与投资活动相关的财务风险，指由于企业投资后，所投资项目不能产生收益或实际产生收益低于预期效益，从而引起的风险。

与营运活动相关的财务风险，指企业在供产销活动过程中产生的风险，包括采购风险、生产风险、销售风险等。

第二节　高校财务风险预警系统的构建

一、高校财务风险预警系统的建立目的

高校财务风险预警是指高校的相应职能管理部门以学校的信息化平台和手段为基础，以高校的财务报表、预算指标、财务资料以及收集到的其他相关资料为依据，依靠学校的组织体系，通

过采用各种方法和工具,分析学校财务运行情况和理财环境,对学校营运中潜在的财务风险进行预测和监控,一旦发现财务风险的早期征兆,及时发出警示,确保学校准确地采取相应措施化解风险或将风险损失降低到最小限度。

建立基于现金流量的高校财务风险预警系统,其基本特征是以高校现金流量运行状况为核心关注点,以求更为有效地预测、控制和管理高校的财务风险。具体说,就是要在高校现有的财务管理和会计核算基础上,围绕现金流量这个核心关注点,通过设置科学、量化的敏感性指标和设定指标的标准(阈值),揭示高校办学资金使用的合理程度及财务状况,并结合财务风险特征事件的出现与否,及时对高校财务运行中潜在的风险起到预警预报的作用,为各级领导的宏观决策提供客观的依据,从而避免或防范高校的财务风险。

二、建立预警系统的作用

风险不可能也不应当回避。高校财务管理面临的挑战是在承担合理、适度风险的同时,如何避免财务失败的风险,避免风险对高校生存的威胁。构建高校财务风险预警系统,实时了解和把握学校的财务状况是避免财务风险的重要管理手段。财务风险预警系统要在高校日常活动的全过程中,以高校的财务报表、财务预算及其他相关的财务资料为依据,利用会计、金融、统计学和管理学等理论,采用比例分析、数学模型等方法,发现并预测高校财务管理中存在的风险,向管理者示警。高校财务风险预警系统具有以下功能。

(一)风险识别功能

高校财务风险控制目标是可以确定的,高校财务风险发生的概率和频率也可以从高校财务活动和日常管理活动中找到规律,通过财务风险预警系统就能有效地识别各种相对应的财务风险。

（二）风险预警功能

在风险评估的基础上，当财务管理活动出现偏差，并有可能危害高校财务状况的关键因素出现时，就可以让财务风险预警系统对可能产生的问题和危险预先发出警告，提醒管理者预先做出准备或采取对策，避免潜在的风险演变成现实的损失，起到防患于未然的作用。

（三）风险评估功能

依据收集与高校发展相关的宏观政策和市场竞争状况，通过高校财务风险预警系统汇聚的高校自身的各类财务和运营状况信息，经财务风险预警模型，进行各种财务风险的分析比较，将高校运营的实际情况同预定的目标、计划、标准进行对比，提出评估意见和风险等级的判别。

（四）风险免疫功能

财务风险预警系统，通过对财务危机的监测、控制和处理，系统的数据库中储存有类似财务危机的发生缘由、处理经过、平息波动和解除危机的各项措施，以及处理反馈与改进建议，以此作为处理未来类似情况的预案。当再次发生类似财务风险的征兆时，管理者可以利用财务预警系统历史数据做出相应的反映，避免发生类似的财务风险。

（五）风险控制功能

财务风险预警系统通过目标控制和程序控制，清晰地告知管理者应朝哪一个方向努力来有效地解决问题，运用功效系数法等手段，将控制对象与控制目标之间的偏离控制在最小的范围之内，减少控制执行中的疏漏，通过严密的控制，减少控制的随意性，提高财务风险控制的效率。

（六）风险报告功能

当高校财务发生潜在的危机时,财务风险预警系统能及时查找导致财务状况恶化的根源,并通过良好的信息反馈机制迅速报告给高校的管理者,使高校管理者明了问题的症结所在,有的放矢,采取有效的措施,避免潜在的风险演变成现实的损失,或阻止财务状况的进步恶化,避免发生财务危机的发生。

需要特别指出,首先,建立在定量分析基础上的财务风险预警系统只是提供高校财务危机发生可能性的线索,但并不能够确切地告知是否一定会发生财务危机。分析人员应结合一些相关的非定量因素(特征事件)进行综合分析和评价,最后由学校高层管理者综合定量和定性分析的信息作出最终的风险管理决策。其次,还应该认识到高校财务风险预警系统的建立并非是一劳永逸的,而是需要高校自身从学校的实际出发,根据内外环境的变化,及时对财务风险预警系统的相关控制标准和预警指标进行修正和完善,确保高校财务危机预警系统的合理性和有效性。只有这样,才能真正发挥财务风险预警系统的作用为高校的长远健康发展保驾护航。

三、建立预警系统的基本原则

（一）系统性原则

财务危机预警系统将高校作为一个整体来考虑,财务风险预警不仅要求指标具有先进性,而且要求对象必须具有完整性和全面性,对每类风险的各个因素都予以充分考虑,做到指标不重复、不遗漏,使指标体系能够全面、真实地反映风险的全貌。

（二）科学性原则

财务风险预警的方法和指标设计必须科学。财务预警指标应能准确把握高校整体财务运行规律,掌握各组相关财务数据的内在联系有效揭示高校各项运营活动的潜在风险。

（三）预测性原则

系统对风险的监测要有分析营运趋势和预测未来的作用。财务风险预警系统侧重点在于依据高校各项运营活动中的历史数据资料,分析预测高校未来可能发生的情况,而不仅仅是对高校过去的运营绩效和受托管理责任的履行情况做出考核评价。所以,在设计高校财务风险预警指标时必须注意财务风险预警系统与财务评价系统的区别,并通过对潜在风险的监测,帮助高校采取有效措施加以防范。

（四）动态性原则

高校陷入财务危机是一个逐步的过程,通常是从财务正常发展到财务出现危机。因此,对高校财务风险的预警必须将高校的营运活动视为一个动态的过程,在分析高校过去运营状况的基础上,预判未来的发展趋势。从预警时间跨度上看,预警的时间越长,管理者应对的余地和选择就越充分。动态性原则还要求财务风险预警系统应根据社会、市场、高校等实际情况的变化和发展而不断修正、补充预警的内容,确保预警系统的先进性。

（五）灵敏性原则

预警系统所选择的指标要能够灵敏地反映高校财务风险状况的主要方面,风险因素一旦萌生,相关指标值就能够迅速反映出来。这是高校财务风险预警的根本目的,财务风险预警的基本功能就是要敏感地反映高校财务运行状况的波动和异常情况。

（六）直观实用原则

预警是一种预报,即高校在营运情况及财务状况出现恶化或发生险情之前,能够及时地发出警示。直观性要求高校财务风险预警系统应非常直观地反映高校各项营运活动中的潜在风险,让财务风险预警系统的使用者容易理解和把握。

（七）现行会计核算体系为基础的原则

财务风险预警系统应主要以现行会计核算体系为基础,以高校的财务报表、财务预算及其他相关的财务资料为依据。这样就能够较客观、容易地取得综合反映高校的偿债能力、营运能力、现金流量、发展能力等方面可信的相关数据。会计核算信息是相对可靠的定量分析的数据来源。

（八）定性和定量相结合的原则

高校财务风险预警系统不能只注重定量分析,还应结合必要的定性分析才能提高预警系统的实效性。定量分析建立在统计规律的基础上,对于特定方法都有统一的模式和统一的指标阈值,难以照顾到高校的个别情况。定性分析需要凭借分析者的经验对财务风险的趋势进行定性分析和判断,有时会比定量分析更加可靠和有效,例如,依据高校出现拖延和管制正常的报销支付、向银行贷款遭到拒绝等财务风险特征事件的出现,我们就可以比较容易地判断学校财务风险已经累积到相当的程度。定量与定性方法相互结合,取长补短,往往在管理实践中能够得到更为有效的结果。

四、高校财务风险预警系统的整体架构

（一）高校财务风险预警系统的基本内容

建立有效的财务风险预警模型,应以现金流、财务指标和特征事件为考量基础,为高校的风险管理进行服务,从而有效地引导管理者在决策过程中,充分考虑影响决策的各种因素,采用定量和定性相结合的分析方法,运用科学的决策模型进行决策。因此,以现金流量模型为核心的高校财务风险预警系统包括三个判别基础,分别为现金流量模型,财务风险指标体系以及财务风险特征事件(图 2-1)。

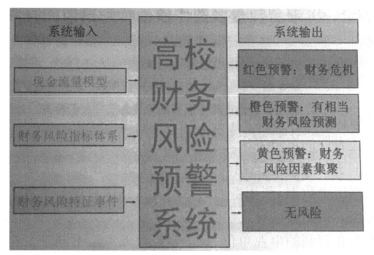

图 2-1　基于现金流量模型的财务风险预警系统示意图

现金流量模型,其优点主要有以下几个:一是输入数据的可靠性相对比较强,二是可以动态反映和观察风险,三是更加贴近现实和人们的理解;不足之处是根据目前我国高校财务管理的现实基础,要发挥该模型定量分析预测的功能尚需做出较大努力。

财务风险指标体系,优点是理论分析比较充分,可以多视角考察财务风险,实践中使用的也比较多;不足之处一是输入数据可操纵性较大,可靠性相对比较弱,且时点数据的局限性也比较大,二是各指标对总体风险影响的权重较难确定。

财务风险特征事件,优点是有时会比定量分析更加可靠和有效。不足之处为:一是有赖于评估者个人的经验和判断力,二是有效的特征事件且出现,风险一般都累积到相当程度,预警的功能显得欠缺。

因此,要将三者结合在一起进行判断。可以取长补短,增强风险的识别功能和识别的可靠性。基于上述三个系统输入的各自特点,高校财务风险预警系统在具体应用时,其主要思路是以现金流量模型为核心评判模型,从现金流量维度定量描述高校的财务状况,从而可以分析和揭示高校财务风险的状况和走势;财务风险特征事件则为辅助评判模型,对高校财务风险进行定性补充的判定;财务指标体系是验证模型,其主要作用是对高校风险状况提供数据验证,帮助高校及时、多维度地分析了解自身的财务状况。

（二）以现金流量模型作核心评判模型的特点

目前在理论和实践中,企业对现金流量的预测一般都用定量方法。代表性的定量方法之一是根据历史财务资料,在资产负债表和利润表的基础上编制现金流量表来进行预测。定量方法之二是根据历史数据,利用普通的预测方法直接对现金流量进行预测。常用的预测方法有线性回归法、指数平滑法、移动平均法等。

作为非营利的事业单位,高等学校财务风险不同于企业。高校财务风险归根到底是由高校运行中现金流入与流出状况所制约,流入大于流出,并且高于非付现成本,表明高校的财务状况较好,财务风险就较小;反之,高校面临财务风险就较大。因此,高校财务风险预警系统应该主要从现金流量的角度来识别和研判相应的风险。现金流量是按收付实现原则来计量的,它与实际资金运动相一致。

目前我国高校会计核算主要采用收付实现制原则,因此有一种模糊的认识以为可以简单地用收入和支出的实现来替代现金流入和流出的核算。应该看到,高校采用收付实现制的核算基础也不可避免地需要弓入权责发生制的原理。如应收款项的确立,就是应收未收的收入,或者说应流入而未流入的现金流;再如对外投资和收回投资、借入款项和归还借款,发生的现金流入和流出在收入支出表中均没有反映;还如教育事业支出可能消耗的是库存材料,虽然发生了支出,但现金并未发生流出,等等。因而如同企业一样,高校收入支出与现金流入流出不相一致的客观性,决定了采用现金流量信息来反映高校的实际支付能力、偿债能力、资金周转情况、财务状况和风险状况,对于高校财务风险管理更具实际意义。基于现金流量的高校财务风险的预警系统的特点如下:

第一,预警高校财务风险更具可靠性。高校货币资金的流入和流出是严格按照收付实现制计算的,而且银行存款等货币资金的收入和支出信息需要与开户银行的对账单等资料核对吻合,现金流量的信息降低了人为操纵的可能性,相对而言比较真实、可靠。因此,以现金流量模型为核心评判模型的高校财务风险预警系统更具可靠性。

第二,预警高校财务风险更具综合性。研判财务状况是研判财务风险的切入点和基础,而现金流量又是研判财务状况最核心的指针。现金流量综合反映了高校收支的配比、债权债务的平衡、资产结构的合理性、财务管理的能力、保障运行的支付能力等。还可以通过现金流量表去追溯和发现高校财务状况恶化和风险累积的具体原因。因此,以现金流量模型为核心评判模型的高校财务风险预警系统更具综合性。

第三,预警高校财务风险更具有效性。高校财务最核心的任务就是通过开源节流、加强预算管理等手段和措施,保障学校事业发展的资金需求,最直接和现实的体现就是确保现实的支付能力。从本课题上述的研究表明,这些年高校财务风险最直接、最突出的表现就是高校现实的支付能力发生困难乃至危机。以研判高校现金流量的进出、结构和趋势就能未雨绸缪,采取有针对性的措施,防患于未然,确保高校的现实支付能力顺畅。因此,以现金流量模型为核心评判模型的高校财务风险预警系统更具有效性。

（三）以财务风险特征事件作辅助评判模型的特点

所谓财务风险特征事件,指的是在高校实际运行中对财务风险有明确表征意义的具体事件。由于财务风险特征事件的表征意义明确、具体,因此对于高校财务风险预警具有十分重大的意义。财务风险特征事件分析属于定性分析范畴,是对现金流量分析和财务指标分析的一种补充,是结合非量化因素,依靠分析人员以及有关风险专家的经验做出的判断。财务风险特征事件是在定量分析的基础上考虑是否提高财务风险预警等级的重要因素,这些因素大多不能量化,即使能够量化,但其在财务风险预警系统定量分析中的作用也不敏感,需要借助分析人员和有关风险专家的经验去识别、分析和应用。

1. 财务风险特征事件分析的优点

相对于基于现金流量和财务指标对财务风险进行的定量分析,财务风险特征事件分析往往对财务风险具有更强的判别力。

(1)克服定量和指标分析所固有的某些不足和缺陷

由于组织和人的行为比较复杂,不能简单地将高校的各类运行活动数字化。即使实证分析考虑的因素比较全面、有效,但仍然不能穷尽客观世界中一些具有重大影响的偶发因素,不同的高校有其自身的特殊性,相对比较统一的指标体系和预测模型不能有效地适应所有不同高校财务风险预测的需要。

财务指标是由各种数字表达的,这些数字只是反映了高校有关项目的表面现象,对于数字背后的真实情况是很难全部予以表达和揭示。如暂付款项目,在分析报表中告诉我们的只是一个总数,到底有多少是刚刚发生的,有多少已经存续了很长时间了,有多少可能就是实际支出了,外人是无从知道的,而这些对于分析高校的真实支付能力具有重要的影响。

还有一些财务指标的假设前提存在先天缺陷,如反映偿债能力的主要指标,流动比率、速动比率和资产负债率,是以破产清算为前提的,主要着眼于资产的账面价值而忽视了融资能力以及运行中不断变化的偿债能力,或者说这些指标都是以一种静态的眼光来衡量偿债能力的。

另外,财务指标还容易被内部人控制,内部人可以利用会计制度的灵活性虚构某些事项或者采用挂账等手段,达到内部人希望达到的财务数据,操纵财务指标的现象便出现了。

（2）与定量和指标分析相结合会使财务风险的预测更加有效和直观

作为经验分析方法的风险特征事件分析,与基于现金流量和财务指标的定量分析相互结合,相互补充,才会使得财务风险的预测更加有效和直观。

实际工作中可能某种财务风险特征事件已经发生了,但依据现金流量和财务指标分析时,实际测到的定量值尚未达到设定的标准阈值水平,因而未达到设定的财务风险等级,甚至只能预测该财务风险特征事件将要发生。在这种情景下,这应该依据财务风险特征事件的经验分析方法来确定财务风险的等级。

由于财务风险特征事件分析的开放性,也使得不同的高校可以根据自身运行的特殊性和实践经验做出判断,对财务指标和现金流量分析的结果进行分析判断,及时充实和完善特征事件库,并从实际出发来调整财务风险预警等级。

2. 财务风险特征事件分析的缺点

财务风险预警中,没有绝对适用的方法和模型,任何方法和模型均有缺陷,财务风险特征事件分析也不例外。

一是财务风险特征事件分析的最大困难就是事件的选择。与财务指标相比,事件的选择带有较大的任意性,需要根据经验判断和风险意识来确定。同时必须注意到,大多数在历史上有效的财务风险特征事件,并不能确保现在及未来的有效性。

二是财务风险特征事件分析受到分析人员和有关专家的专业水平、历史经验、风险意识和对预警模型信赖程度等因素的很大影响。对于相同的事件,不同的分析人员和专家往往会做出不同的判断,这样就会影响到财务风险预警的最终结果。

三是财务风险预警信息传递的主要是高校运行不佳的信号,分析人员往往会有"厌恶风险"的偏好,采取消极的态度来"规避风险",而不愿意谨慎看待已经发生的财务风险特征事件,这样财务风险特征事件分析在整个财务风险预警模型中的作用会大大降低。

五、基于现金流量模型的高校财务风险评价体系设计

（一）模型构建的思路

高校财务风险评价的目的是及时地揭示出高校资金运动过程中的各项风险，加强高校的资金管理。作为风险诊断工具，更加突出过程管理而非结果判别，强调对风险的防范而非对风险的补救。在构建评价规则时需要注意两个核心：一是风险的分类化评价，二是风险的等级化评价。分类化评价要求选取一定的评价指标反映出高校总体运行、日常运营、投资以及筹资等四类风险情况；等级化评价要求根据风险的危害程度进行定性划分相较于目前财务风险评价中应用较多的排序评价法，本书试图兼顾描述财务风险的总体状况以及追溯风险等级下各项资金活动的具体表现。因此，总体评价思路就是先进行风险分类，再通过阈值与判别流程实现等级的划分。其关系通过图2-2来表现。

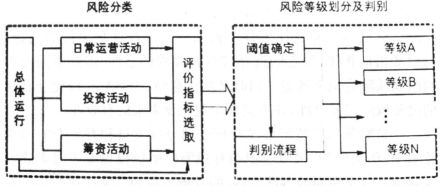

图2-2　风险评价体系的规则构建思路

具体来讲，风险分类阶段主要找出能够反映资金活动中四类风险的评价指标；风险等级划分及判别阶段主要找出能够对评价指标进行风险等级划分的阈值以及建立判别流程，并据此给出高校风险的评估结果。值得注意的是，高校财务风险往往伴随高

校发展呈现出阶段性的特征,表现在不同时期下,用于测度各项资金活动中的风险指标会有侧重点的差异,相应地,在各个等级的描述中风险表征也会反映出这种阶段性特点。因此,风险指标可以进行相应地调整与变动,但是风险指标的选取与风险等级的表征应该具有相应的一致性。

（二）选取分类评价指标

就当前高校财务实践来看,通常影响日常运营风险、投资风险以及筹资风险的决定因素是运营非限定性收支平衡状况与限定性收支平衡情况、自筹基建支出情况以及贷款利息支出情况等内容,故代表性的评价指标选取可参考如下。

1. 总体运行风险

采用"期初现金余额＋本期运营收支结余"这一评价标准用于说明高校运营总体收支平衡的状况以及期初现金结余额的状况。该评价标准如果大于零,则说明高校能够保持收支平衡,现金流转比较正常而这一指标小于零,则表明高校现金流转已经出现问题。

2. 贷款风险

高校贷款额增加,相应的利息支出也会增加。同时高校所贷款项中相当一部分属于中长期性质,因此在各个年度中并不实际发生本金归还,但是利息支出则做为一项固定支出要定期支付,并且利息支出在目前高校中是必须在日常运营经费中承担。当贷款数额较大,利息支出占日常运营支出的比重过大时,贷款的财务风险开始累积和显现,因此选用"利息支出占运营支出的比例"来作为贷款风险的评价指标,反映高校在这方面的风险状况。其中,运营支出包括高校的非限定性支出以及限定性支出两项内容。

3. 投资风险

当今中国高校日常运营经费用于投资的主要流向是自筹基

建,其经费来源为日常运营的收支结余,由此来看,高校日常运营收支结余资金与用于基建支出的资金之间应具有匹配性。因此,对自筹基建等投资性资金流向的合理性判别用"投资及暂付款的现金净流量占本期运营收支结余的比重"这一评价标准。采用"投资及暂付款的现金净流量"反映用于自筹基建等投资性用途的资金流量,即"本期非现金流动资产"与"本期投资"两项净现金流出之和,其数值为现金流量表主表中的"本期非现金流动资产增加额"(表现为正值)与"投资产生的现金净流量"(表现为负值)之差。需要注意的是,这里所计算的自筹基建支出等投资性用途的现金净流出量,是忽略了投资收益以及不是用于高校自筹基建支出等方面的影响,使得该指标的计算值与实际自筹基建支出占收入的比例值有偏差。但该指标在校际之间比较应用时,因计算口径一致,依然具有可比性,能够对高校的投资风险加以揭示。

4. 日常运营风险

日常运营风险主要从"限定性收支净额"以及"非限定性收支净额"两个方面进行分析。同时,为了做到各个高校之间运营风险的具有相对的可比性,进一步设定了"非限定性收支净额与本期运营收支结余的之比"这一相对值评价指标,来关注运营活动产生的现金流量当中有多少来自于高校非限定性活动的贡献。这样就用三个价指标来综合考量高校的日常运营风险。

综上来看,所选取的 6 个评价指标能够分别反映出高校不同类别的财务风险情况。这些指标的数据来源全部取自现金流量模型,计算较为简单。需要指出的是,选取不同的会计期间去采集和计算这些评价指标,现金流量模型所反映的风险状况会有所不同。例如,如果评价指标的计算是采用某一年度的现金流量数据,那么模型反映的是该年度的风险等级状况,有较强的时期针对性;如果评价指标的计算是采用几年的现金流量合计数据,那么模型所反映的是高校几年来总体的财务风险状况,更能够说明高校财务风险长期累积的效应和状况。

在 6 个评价标准中,"期初现金余额 + 本期运营收支结余"、"限定性收支净额"以及"非限定性收支净额"是绝对指标,虽然在高校之间不具可比性,但是可以从定性的角度对高校收支是否平衡进行揭示,同时也可以对同一高校进行历史的动态比较;"利息支出占运营支出的比例"、"投资及暂付款的现金净流量占本期运营收支结余的比重"以及"非限定性收支净额与本期运营收支结余的之比"是相对指标,能够使高校在校际间对贷款、投资、运营方面的风险进行比较对比,并以定量分析的方式对不同风险状况的高校予以区分。相对于采用财务指标进行的多变量风险评价模型而言,现金流量评价模型将 6 个评价指标的权重视为是一致的,这就避免了不同变量赋予不同权重所造成过分放大某一项指标影响的风险,同时也避免了其他指标揭示的风险不够重视的弊端。

（三）设计风险等级

目前对高校财务风险评价较常采用的是排序方法,这种方法仅仅对位于序列两端的高校具有提示作用,而对于中间序列的高校只指出其相对排名,具体该高校的风险程度如何并不加以反映。采用对高校财务风险进行等级划分的方法就可以较为直接地描述出高校的财务风险总体状况,及时地对风险做出提示,并进一步追溯到该风险等级下具体评价指标的相应状况。

对高校财务风险进行等级划分,是从现金流量的角度出发结合高校资金运动的特点,分别从总体运行情况、贷款情况、投资情况以及日常运营情况选取具有代表性的评价指标,根据高校在各个评价指标中的表现情况,将高校财务风险由低到高划分为不同的等级。通常来看,影响贷款风险、投资风险与日常运营风险的决定因素是贷款利息支出情况、自筹基建支出情况、运营非限定性收支平衡状况与限定性收支平衡情况等内容,故不同风险等级中的特征描述将围绕这些内容展开。按照风险程度由低到高的顺序,对高校财务风险做如下划分(表 2-1)。

表2-1 高校在不同财务风险等级下的财务活动特征表现

预警类型	现金流量状况
绿色	高校总运行经费、限制和非限制性经费都收支平衡,总体运行平稳,现金流转正常;高校无贷款或是有少量贷款,但是贷款总额及利息支出较少,能够随时安排资金作为还款保障;自筹基建贷款额相对较少
黄色	高校总体运营收支可以实现收支平衡,总体运行平稳,现金流转正常;贷款利息支出在其运营支出中的比例有所增加,形成相对稳定、固定的支出,但是尚未形成高校实际的财务负担;自筹基建支出比例有所增加,尚在高校自身支付能力范围之内,但是结余资金再用于安排其他事项的余地不大;限定性收支净额留有结余,非限定性收支净额已经达到入不敷出的境地,基本支出的赤字可以通过挤占限定性收支结余来缓解压力
橙色	在动用沉淀资金以及银行存款的状态下,高校总体运营收支仍能达到收支平衡,运行平稳,现金流转正常;高校的贷款额较大,需安排较大资金用于偿还贷款本息,逐渐形成高校实际的财务负担;自筹基建支出比例增大,已实际超出高校自身的支付能力,必须借助银行贷款来保证基建支出以及其他日常运营的资金所需;限定性收支净额仍有结余,但是用于弥补非限定性收支净额的赤字程度已是"杯水车薪",需要另筹资金用于高校运营当中的正常支出
红色	高校总体运营已经难以达到收支平衡,出现入不敷出的状况,现金流转发生困难;但还可以得到银行贷款,动用银行贷款的数额较大,利息支出已成为沉重的财务负担,成为高校运营支出的一个重要组成部分;非限定性收支净额出现严重亏空,数额较大;限定性收支净额也出现了入不敷出的情况

1. 绿色——安全等级

财务风险等级中最安全的层级。在各方面的资金管理上都比较谨慎,具有较强的风险应对能力。对于高校而言,财政有拨款投入,根据高校自身规模的状况,也有稳定的事业收入。预算与预算执行情况良好,使得限定性收支净额与非限定性收支净额都有所结余,利用结余资金扩充学校基础建设,基础建设规模适当,适当利用负债,负债利息支出控制在学校能够承受的范围之内。因此,高校总运行状况安全、良好。

2. 黄色——低风险等级

与安全情况相比,高校总体运行状况较为稳定。但可能存在一些隐患:由于预算或预算执行中的问题出现了非限定性收支净额为负值的情况;或者基础建设投入扩大对日常运营资金产生了一定的影响等。这一等级的风险尚不影响高校资金的日常运转,但高校要认识这些隐患,采取针对性的补救措施,加强相应的财务管理工作。在该等级下,高校财务风险因素正在逐渐聚集并有所显现。

3. 橙色——较高风险等级

与低风险情况相比,高校总体运行状况基本稳定,但已经显现定的困难。例如,维持高校正常运转的非限定性收支净额亏空较大,限定性收支的结余已不足以平衡非限定性收支差额所需的现金需求或者基建投入已经需要相当数额的银行贷款来确保,贷款利息支出已逐渐成为高校的财务负担,对高校的运营产生一定的影响。对这类风险高校要充分重视,以防患于未然。该等级下,已经形成相当的财务风险预测。各种风险特征表现已经趋于稳定持续,高校为维持其正常运行除了动用大部分或全部的沉淀资金外,尚需需借助部分银行贷款予以填补。

4. 红色——高风险等级

风险程度最高的等级。处于该等级中的高校可能有两种情况,一种是在橙色等级的基础上财务状况出现了进一步恶化,另一种则是因为高校在某项特征中表现地异常突出。可能有如下状况:高校已经需要依靠银行贷款维持日常资金的周转,从而贷款利息支出过大而成为正常运转的沉重负担;基建投入所需资金远远超过高校运营结余部分,严重影响高校日常运营;高校用于日常运营的非限定性收支净额亏空过多,靠挤占限定性资金结余尚不能弥补,甚至出现限定性收支自身也出现亏空的现象。该等级下,或多或少已影响到高校的日常运转,必须找出问题的症结所在,及时采取断然措施。

应用绿色、黄色、橙色以及红色等级来划分高校财务风险的安全与危害程度时,可以看到高校的风险等级与评价标准之间是具有匹配性的,也就是越是安全的等级,其评价指标的标准就越高。高校的现金流可能在某类资金运动方面表现较好,但是在其他方面表现较差,这样按照木桶短板的理论来看,高校的财务风险还是处在较危险的等级当中,充分揭示了相应的风险,警示学校资金管理在具体方面所存在的不足,指出今后需要努力改进的地方。

(四)确定等级阈值

在等级划分的设计当中提到,处于不同等级下的高校在总体运行风险、贷款风险、投资风险以及日常运营风险上的特征表现会有不同其原因在于高校自身财务状况所能达到哪个等级的评价指标的值,就会表现出该等级下对应各类风险中的特征。于是通过设定评价指标在不同等级上的判定条件来达到实现对高校财务风险等级划分的结果。

在这一过程中,不同等级判定条件的设定就转化为界定相邻两个等级之间临界值的问题,即评价指标阈值的确定问题。通过分析6个评价指标的特点,三项绝对指标的阈值只能从有无风险的角度,定性地进行粗略区分,因此阈值确定的关键即在于对三项相对指标做出合理界定,据以对高校风险实行等级的区分。

在对评价标准进行阈值确定的过程中,采用小样本下的经验确定法以及全样本下的统计分析方法,以求对阈值做较为科学、合理的界定。

根据高校财务风险等级划分所选取的6项评价指标自身的特点,见表2-2,在阈值确定的过程中需要从定性、定量两个方面加以考虑。对于a、d、e三个绝对指标,通常会受到学校规模等因素的影响,于是在高校之间并不具有可比性的特点,但是按照"量入为出,收略大于支"的资金管理要求来看,这三个指标的数值为正且数值越大时,表明高校的资金保障越充足,应对各项风险的能力就越强,也就是用定性分析的方式来衡量高校的财务风险。而对于 b、c、f 三个相对指标,由于其具有在各高校之间可以相比较的特点,因而可对各个指标设定不同的阈值,从而可以用定量分析的方式对高校的财务状况进行等级的划分,由此达到对其财务风险加以等级划分的目的。

表 2-2　高校财务风险等级划分的评价标准

评价标准	变量设定	指标特点
期初现金余额 + 本期运营收支结余	a	绝对指标
贷款利息支出 / 运营支出	b	相对指标
投资及暂付款的现金流净量 / 本期运营收支结余	c	相对指标
运营非限定性收支净额	d	绝对指标
限定性收支净额	e	绝对指标
非限定性收支净额 / 本期运营收支结余	f	相对指标

（五）风险等级判别流程

为实现不同等级的划分,就要确定等级分类的边界值,即评价指标阈值的确定。阈值个数的选取则与最终划分的等级数目密切相关。根据上述研究所划分的四类风险等级,理论上每项评价指标需确定三个不同的阈值。阈值的选择往往要借助于科学的统计理论及方法等级划分的流程,实际上就是对高校财务风险,按照从整体到局部的层级顺序进行考查。总体运行没有出现风险,并不代表贷款、投资以及运营方面没有风险;但是总体运行一旦表现出了风险,必然表明其具体的资金管理活动中出现了较大的风险。因此,等级判别的流程包含三个步骤:

第一,对总体运行风险进行初步诊断,判别高校是否已进入风险最大的等级范围;第二,对分类资金活动的风险进行分别诊断,将高校自身财务状况及指标值与相应评价指标中的阈值作比较,考察各类风险的情况;第三,综合诊断,综合考虑总体风险与各类风险的等级结果,最终确定高校的风险等级。一般来说,高校最终的财务风险等级取决于总体风险等级与各类风险等级中的最差等级,即按照木桶短板的原理来确定。

（六）评价结果运用

风险等级划分的最终结果,在个体层面上用于描述一定时期内具体某高校的财务风险状况;在整体层面上可以揭示各个风险等级的高校分布情况,从而反映这一时期高校财务风险的整体状况及程度,为教育主管部门对高校的财务风险管理提供依据。

由于高校财务风险的等级评价是对总体风险及分类风险情况的综合反映,因此对具体高校风险产生的原因,可以通过日常运营风险、投资风险、筹资风险中的单因素、双因素及三因素分析予以确定,由此诊断出该校应着重加强那类具体风险的管理;同时对教育主管部门而言,可以通过汇总各高校风险产生的原因,对导致这一时期高校整体财务风险的取向和原因进行诊断及评价。

六、基于财务风险特征事件的高校财务风险评价设计

（一）财务风险特征事件选择的基本原则

1. 财务风险特征事件要强烈有效

引入非定量的经验分析方法的目的,就是要弥补财务风险指标体系和现金流量模型分析的不足,增强财务风险预警的准确性和有效性。因此,所选定的财务风险特征事件较财务风险指标体系和现金流量模型,应更能揭示和表征高校运行中的现金流量风险,因此财务风险特征事件的强烈有效是最重要的要求。

2. 财务风险特征事件不宜过多

高校财务风险的主要表现为现金短缺、入不敷出乃至现金断流,所选择的财务风险特征事项主要针对这些财务风险的表现,并与这些表现形式有直接或间接的因果关系。财务风险特征事件数量不宜过多,数量太多不利于预警模型的有效运行。

3.财务风险特征事项要具有开放性

由于不同的高校有不同的运行特点,不同的发展时期高校财务风险有不同的侧重点和表现,因此所选定的财务风险特征事项应具有开放性,以适应不同学校和不同发展时期的特殊性。具体设计中,可以在预警系统中形成较少数量的"财务风险特征事件库",分析人员可以根据具体情况和历史经验进行判断和选择使用。

（二）选取代表性财务风险特征事件

1.内部控制严重缺乏有效性

施建军认为,加强学校财务的内部控制和会计制度管理规范,是防止资产和资金流失,加强财务管理安全和防范财务风险的有效措施。健全和有效的内部控制对高校的健康运行提供了一个合理的保证,是防范财务风险的基础工作。基于 COSO 报告（内部控制

整合框架）的基本思想,可以把高校内部控制的健全和有效作为财务风险预警的一个财务风险特征事件。内部控制严重缺乏有效性,即意味着高校财务风险因素的集聚和防范风险能力的下降,甚至意味着财务危机将要发生。

2.对正常支出实行各种拖延支付的约束和管制

高校财务的实践表明,当高校开始对按预算计划的经费支出、科研项目经费支出等正常的支出,实行各种拖延支付的约束和管制时,高校一定出现了现金流非正常的短缺,如果不针对产生的问题作出有效的对应措施,任其发展延续下去,高校就会面临现金断流的危机。

3.向银行借款遭到拒绝或发生困难

高校向银行借款遭到拒绝或发生困难,或许也意味着现金断流的风险。如果是因高校运行性质的需要而向银行借款,也就表

明财务危机即将形成。同时也需注意到,向银行借款遭到拒绝或发生困难的判断有很大灵活性,要根据政府对高校贷款的导向政策和各金融机构对高校贷款的具体政策倾向和要求进行评估,可能因为不同高校所处的地区不同、隶属关系不同、学校类型不同而有较大差异。

4. 校办产业或其他对外投资遭遇重大财务风险

校办产业或其他对外投资遭遇重大财务风险,而高校并无有效的应对措施,这种风险就会逐步传递到高校,或由高校承担相应的连带责任,影响高校财务的健康运行,从而导致高校现金支付金额突然增大,现金短缺,乃至现金断流

特征事件内部指标可设计为七项:A、正常预算支出延期支付的金额和比例;B、当年银行贷款利息超过当年校级预算中公用经费的金额和比例;C、举债超过标准值规模的金额和比例 D、发生有一定影响的资金运作和校办产业财务风险事件;E、财务状况连续失衡;F、向银行贷款受到拒绝:H、存在资金运作和校办产业的重大隐患等。

具体到整个预警体系(包含现金流、特征事件和财务指标等)的设计,A 到 C 可以并在财务指标体系中,并考虑增加其的权重:D 到 F 可以作为重要的财务风险特征事件,并考虑各内部指标权重。

第三章　高校预算管理研究

第一节　高校预算管理概述

一、高校预算管理的定义

《高等学校财务制度》（财教〔2012〕488 号）中将高校预算管理定义为："高等学校根据事业发展目标和计划编制的年度财务收支计划。"高校预算管理是学校各三级单位日常部门收入、支出的主要依据，是高校资源分配的具体体现，也是学校规模和发展动态的货币反映。

高校预算管理是财务管理的重要内容，其主要由收入预算及支出预算两个重要部分构成。预算管理贯穿高校财务活动的全过程，包括预算编制、预算执行、预算控制、预算评价四个环节。通过预算编制，明确工作目标；通过预算执行和控制，逐步实现并优化工作目标；通过预算评价，分析成果和目标之间的差距，为未来预算的编制提供信息。

二、高校预算管理的分类

（一）根据内容划分

根据内容将高校预算管理划分为收入预算管理和支出预算管理。收入预算管理是指高校对年度内各种形式及渠道可能取得的,可用于进行教学、科研及其他活动的非偿还性资金的收入计划及其管理,具体包括上级补助收入、财政补助收入、教育事业收入、科研事业收入、经营收入、附属单位上缴收入和其他收入预算管理。收入预算管理是完成高校事业项目计划的保证,体现了高校经费来源结构。

（二）根据范围划分

根据范围将高校预算管理划分为校级预算管理和所属各级预算管理。校级预算管理是指高校除国家和地方政府拨付的基本建设资金和独立核算的校办产业经营支出以外的全部资金收支计划及其管理。校级预算管理的核算直接反映学校预算收支执行情况。

三、预算管理的原则

高校预算管理总体上应当遵循"量入为出、收支平衡"的原则,收入预算上坚持"积极稳妥"的原则,支出预算上坚持"统筹兼顾、保证重点、勤俭节约"的原则。

（1）预算管理总体上贯彻"量入为出、收支平衡"的原则。"量入为出、收支平衡"是预算管理中收支预算的基本要求,"效率优先,兼顾公平"是预算管理中合理分配预算资源的依据和标准。学校预算资源的安排在效率优先原则的基础上,还要兼顾公平,在预算分配过程中必须立足于全局考虑。

（2）收入预算坚持"积极稳妥"的原则。抓住当前教育发展的有利时机,挖掘潜力,积极拓展资金来源,增加收入。预算编制时,按照相关规定将学校所有收入列入预算,不遗漏,也不高估,并且充分考虑影响收入的各项因素,做到不漏算、不重复,贯彻"积极稳妥"的原则,做到收入预算项目明确、数字准确。

（3）支出预算坚持"统筹兼顾、保证重点、勤俭节约"的原则。高校支出预算以收入为基础,必须量力而行,不能超出学校的综合财力编制赤字预算。编制的每个预算项目数据要有客观依据，要充分体现学校的办学方向和各学科差异，适应学校未来发展需要。在一切从实际出发、厉行节约、勤俭办事的前提下，分清主次、统筹兼顾、保证重点、合理地安排使用各项资金，发挥资金的最大使用效益。

四、高校预算管理的职能

随着预算管理理论的不断发展，预算管理的实践也得到进一步的深化和完善，当前高校预算管理的职能主要有以下几方面。

（一）规划职能

预算管理以学校管理者对高校的发展预测为基础，预测能够反映高校事业的发展规划。预算的编制使高校的规划成为计划，并通过预算的执行得以实现，这体现了预算管理的规划职能。

（二）协调职能

预算管理的协调职能主要体现在以下几方面：

第一，要实现预算总目标，各个部门的预算及其所属的其他分支预算之间必须相互协调、配合密切。

第二，预算将各部门联结在一起，合理配置资源，使高校利用有限的资源获得最大的经济效益。

第三，高校需要及时调整各项事务安排以适应外界环境的变化，以便更好地执行预算。

（三）控制职能

在预算管理过程中，控制职能作为基本职能链接整个管理过程。预算编制属于事前控制，预算执行属于事中控制，预算差异的分析属于事后控制。

第二节　高校会计与学校预算管理

高等学校预算集中反映了学校预算年度内的财务收支规模、经济业务活动的范围和方向。高等学校加强对预算编制和执行全过程的管理构成了学校财务管理的主要内容，它是高等学校进行各项财务活动的依据和前提，对学校教育事业计划的完成以及国家对高等学校的管理等都有着十分重要的意义，在学校财务管理工作中起着主导作用。

一、高等学校预算管理与会计核算

高等学校的预算管理和会计核算都是从价值角度反映高等学校的经济活动，有效的预算管理离不开会计核算为其提供的以货币为计量的信息，会计核算同样也离不开预算管理对高等学校财务行为的规范。它们之间是相互关联、相互促进的，其共同的目的就是规范财务行为，为学校领导和有关部门提供经济信息。

首先，高等学校的预算管理是对高等学校收入、支出、结余及其分配以及资产、负债等财务资源的组织、分配和使用，它涉及高等学校会计要素的全部内容，构成了会计核算中的确认、计量、记录和会计报表编制的基础。同时，高等学校预算从事业发展总体规划的高度对学校经济行为进行了具体的计划，构成了会计核算的主要经济业务对象。从这种角度看，会计核算是预算管理工作的细化和延伸；预算体现学校事业发展计划，核算体现计划执行的结果。预算管理和会计核算分别从高等学校经济活动发生前、发生后两个方面反映了学校的发展规模和水平。

其次，高等学校预算是学校事业发展计划和工作任务的货币表现，是高等学校日常组织收入和控制支出的依据，也便于对收支情况进行分类核算。高等学校预算收支内容与会计核算收支内容绝大部分口径是一致的，通过会计核算，能够直接反映预算收支执行情况,有利于及时掌握收支总体规模,分析和考核预算执行情况。因此,预算管理是对高等学校经济活动进行事前控制的重要措施,会计核算对预算执行进行事中控制起着重要的作用,其共同的目的就是做到收支管理相结合,积极组织收入并加强对支出的管理和监督,控制资金支出的随意性和各种浪费现象。

再次,高等学校预算一经审批确定,就对学校的各种经济行为具有极强的约束力,如果学校增加支出预算,就必须有相应的资金来源做保证。会计核算在预算的完成过程中起着重要的反映和监督作用,有利于保持收支平衡,积极依法组织收入,节约各项支出,形成自我约束机制。因此,会计核算有利于强化预算的约束性,增强高等学校预算管理的责任。

最后,财务分析和财务监督是预算管理和会计核算的重要任务之一。通过会计核算所反映的各种信息以及预算执行结果报告,可以检查和分析预算的执行状况,掌握学校内部经济活动运行规律和特点,为财务决策提供科学可靠的依据;通过对各项业务活动合理性、合法性和真实性的监督以及对财务资料的完整性、及时性和准确性的检查,可以检查预算执行进程和预算安排的合理性。财务分析和财务监督对高等学校内部建立健全符合实际的定额标准,确保事业计划的实现,合理、节约、有效地使用资金,实现经济效益和社会效益的统一具有重要的作用。

总之,高等学校的预算管理工作和会计核算工作是密切联系的,他们共同配合完成对高等学校经济活动的管理。但是,两者也有着明显的区别,体现在管理与核算的基础、对象及其职能等各个方面,有着各自的规律、特点和规范要求,这是由其基本性质所决定的。

二、高等学校预算的执行和调整

高等学校预算执行与调整是预算管理的重要环节,它贯穿于整个预算年度的始终。预算编制是预算管理的开始,预算执行是预算管理的中间环节,而预算执行结果报告的完成才意味着一个预算管理循环的完成。

（一）高等学校预算的执行

高等学校在收到财政部门和上级主管部门审查批准的预算后就进入了预算执行阶段。高等学校要完成事先安排的事业计划和财务收支目标,主要依靠正确地组织好预算的执行工作,即收入预算的执行、支出预算的执行和预算平衡。具体说来,预算执行中必须做好下列工作。

1. 合理分解年度预算，落实经济责任

高等学校要按照"统一领导、分级管理"的原则,及时将学校预算期内的事业发展目标和与之相应的预算收支目标分解下达到各责任单位和部门,同时要提出相应的管理目标、要求和责任,并以责任书的形式予以确定,以充分调动校内各部门理财的责任和积极性。财务处（室）在预算管理过程中,要加强对校内各部门财务管理工作的指导,合理控制用款进度,保证预算期间各阶段的资金需求。

2. 积极组织收入，保证收入计划的完成

高等学校的收入预算是完成事业计划的保证。但是,收入预算中由学校组织的那部分收入是尚未实现的,这要求高等学校必须按照规定积极组织收入,将应该取得的各项收入及时、足额地收纳入账;对应予回收的水电费、人员经费、资产占用费等,要有切实可行的目标措施;对产业收入要以责任书的方式予以确定,确保收入目标的实现。同时,要加强对收入管理的监督,检查收费是否符合有关的政策规定,应缴财政专户的收入是否及时足额上缴,各单位有无截留、占用、挪用、坐支或拖欠以及账外账和"小金库"等问题。

3.合理控制支出，提高资金使用效益

高等学校的预算一经确定,财务部门就必须以财务制度和财经纪律为准绳,按照预算、事业进度和规定的用途使用资金,并将应拨付给所属基层会计单位的资金及时、合理地予以拨付。在财务开支中,要坚持"一支笔"审批制度,特别是对一些大额支出或临时追加经费项目必须严格审批,避免在预算和计划之外出现新的项目,造成预算的失衡。学校各级财务机构要不断强化单位财务收支管理,充分挖掘内部潜力,增收节支,合理配置资源,提高资金的使用效益。同时,要加强对各责任单位、部门支出管理的监督工作,检查是否按照预算的安排和各项规定办理支出业务,是否划清了各种支出的界限,有无擅自扩大开支范围、标准等问题。

4.加强预算控制和收支分析，确保年度预算的完成

在预算执行过程中,应当建立健全定期财务检查、分析和考核制度,及时掌握预算收支执行情况,检查收支预算的执行进度是否与事业计划进度相协调,并将检查分析结果及时反馈到决策部门,以便采取相应的措施。对因事业计划的变动或者编制预算时未能考虑到的大额收支业务或因其他原因引起的收支额变动较大的项目,要及时地予以调整,以求达到新的平衡。加强预算控制和收支分析,就是要使收支计划的执行进入有效控制状态,全面实现学校事业计划和年度预算。

（二）高等学校预算的调整

为了保证预算的严肃性和有效性,高等学校预算经财政部门批准后,一般不予调整。但在预算执行过程中,为保证事业计划的实现并因特殊情况的需要,可以按照规定的程序报批后予以调整。

高等学校在预算执行过程中,如果国家有关政策或事业计划

有较大调整,对学校收支预算影响较大,确需调整时,可以报请主管部门或者财政部门调整预算。如国家提高职工工资标准,出台新的补贴政策,经过批准增加、合并或者撤消机构等,高等学校可以按照实际情况,编制预算调整方案,并按规定的程序,报经主管部门或财政部门批准后,办理年度预算的调整。

高等学校在预算执行期间,如果事业计划发生了重大变化或者原定预算指标预计不周,引起收支项目和金额的变化,此时,高等学校可以自行调整。调整方案必须经过学校最高财务决策机构的审查批准,并报主管部门和财政部门备案。此种情况的预算调整一般是此增彼减,不突破原预算总额;当预算总额发生变化时,收入预算调整后,必须相应调增或调减支出预算。在没有收入来源时,不得追加支出预算。财政补助收入和从财政专户核拨的预算外资金收入一般不予调整。确需调整时,应按规定程序逐级报请主管部门或财政部门审批。

（三）预算执行结果报告

高等学校在会计年度终了后,必须按上级主管部门的要求编制年度决算,学校应在此基础上汇总编制年度预算执行结果报告,反映预算执行的实际结果。预算执行结果报告的主要内容包括:事业计划的完成情况;预算收支的实际完成情况,与年初预算的差异及差异分析,预算收支的平衡情况;影响预算实际收支的重大问题及其影响程度;预算管理中存在的问题、改进措施以及经验等。预算执行结果报告是高等学校预算管理的最终环节,也是年度学校经济活动管理的总结性文件,必须做到数字准确、内容完整、说明清楚,为下年度预算的编制工作奠定良好的基础。

三、预算管理科目设置的基本原理和作用

高等学校预算的编制、审批、执行、调整和预算执行结果报告构成了高等学校预算管理循环。为了真正实现预算的作用,强化预算的约束力,加强对预算收支及其执行过程的控制,有必要建立一个有效的预算控制系统,改变高等学校会计核算与预算管理相互脱节的现象。

（一）预算管理科目设置的基本原理

根据高等学校会计制度,国家教育部门要求其直属高校在执行会计制度时,必须设置和使用"预算收入""预算分配"和"预算结余"三个管理类会计科目,并建议设置和使用"约定支付"和"约定支付准备"两个管理类会计科目。这五个会计科目构成高等学校预算管理的基本科目。其中,前三个科目主要用于反映高等学校的年度预算及其调整,评估预算的执行情况,强化预算控制;后两个科目反映高等学校对已经签订的支付合同的履约情况,是防止挪用资金和控制预算支出的重要手段。

"预算收入"核算高等学校在年度预算中确定的各类收入预算数,以及预算年度内的收入预算调整数,属收入预算控制科目;"预算分配"反映高等学校年度预算中确定的各类支出预算数,以及年度内支出预算调整数,属支出预算控制科目;"预算结余"用于核算高等学校在年度预算中确定的收支预算差额,为收支预算差额控制科目。

高等学校在确定年度预算时,按各类收入预算数借记"预算收入"科目,按各类支出预算数贷记"预算分配"科目。收入预算数大于支出预算数的部分贷记"预算结余"科目,收入预算数小于支出预算数的部分借记"预算结余"科目。在年度预算调整时,增加收入预算数,借记"预算收入"科目,贷记"预算分配"或"预算结余"科目;减少收入预算数借记"预算分配"或"预算结余"科目,贷记"预算收入"科目;增加支出预算数借记"预算收入"或"预算结余"科目,贷记"预算分配"科目;减少支出预算数借记"预算分配"科目,贷记"预算收入"或"预算结余"科目;在校内各单位或各类支出预算之间调整预算,同时借记和贷记"预算分配"科目。预算年度结束,按照调整后的年度支出预算数借记"预算分配"科目,按照调整后的年度收入预算数贷记"预算收入"科目,按照两者的差额借记或贷记"预算结余"科目。年末结账后,上述三个科目均无余额。

"约定支付"科目核算高等学校已经与其他单位签约,并需要届时付款的合同金额;"约定支付准备"科目反映高等学校为履行已经签订的合同而准备的资金,是"约定支付"科目的对应科目。高等学校在与其他单位签订合同后,尚未付款前,按合同金额借记"约定支付"科目,贷记"约定支付准备"科目;实际付款时借记"约定支付准备"科目,贷记"约定支付"科目,同时借记"应收及暂付款"等科目,贷记"银行存款"科目;如合同撤消借记"约定支付准备"科目,贷记"约定支付"科目。年末结账前,"约定支付"科目的借方余额为学校对外承诺在一定条件下将支付的款项总额,"约定支付准备"科目的贷方余额反映学校为履行合同准备的资金总额。年末结账,按科目余额借记"约定支付准备"科目,贷记"约定支付"科目,下一年度再以相反分录转回,两个科目年末均无余额。

高等学校为强化预算管理而设置的五个专用科目与会计制度中的其他科目相比,其特点表现为不参与高等学校资产、负债、净资产、收入、支出等会计要素的核算,而是按照预算金额或者合同金额记账,并且五个科目具有独立的勾稽对应关系,一般不与其他类别的科目发生关系。

(二)设置预算管理科目的作用

预算管理科目的设置和使用,从会计核算体系上为强化预算管理提供了可靠的保证,解决了高等学校会计核算和预算管理相互脱节的现象,完善了高等学校的会计核算系统,保证了会计为高等学校内部的经济决策和实施内部管理制度提供信息的全面性和准确性。具体说,设置和运用预算管理科目的主要作用表现在以下三个方面。

1. 能够全面反映预算执行情况，促进事业计划的完成

高等学校设置和使用预算管理科目，建立了"预算收入—实际收入""未实现收入""预算分配—暂付款—实际支出—约定支付—预算余额"的关系。通过"预算收入""预算分配"科目余额与实际收入、支出类科目余额的比较，可以随时掌握收支预算的完成情况和进程，随时审查学校内部各单位、部门或者各种项目预算资金的使用和结余情况。通过分析和检查，可以及时发现预算执行与管理中存在的问题，便于及时地进行调整和制订新的管理措施，保证学校年度事业计划的顺利完成。

2. 可以全面反映年度预算调整情况，保证预算收支平衡

高等学校在预算执行过程中，往往需要根据事业发展的进程对年初安排的预算项目和金额进行适当的调整。但在实际的预算管理中，预算调整、尤其是追加预算项目或者调增预算金额时，经常会出现带有一定盲目性和随意性的决策，给预算执行以及预算平衡工作带来较大的难度。预算管理科目的设置和使用，可以全面提供学校收支状况信息，为预算调整提供科学的依据，确保"量入为出、收支平衡"原则的实现。对于已经发生的预算调整项目，还可以根据预算管理科目及其他相关科目、凭证的记载，查明原因，防止"领导项目"或"批条子资金"现象，从而有利于"一支笔"审批制度的落实，防止预算失控。

3. 能够保证签约项目的资金来源，强化对预算支出的控制

高等学校在与外单位签订合同购置设备后，由于种种原因，往往要间隔一段时间才支付货款。从预算管理的角度看，合同的签订就意味着支出预算数中的一部分已经被安排用于履行合约，无论是否实际支付了货款，只要合约不被撤销，这部分资金都不能另行安排使用。这种预先准备好资金的做法，比实际付款时才扣除预算指标的方法更易于防止预算支出的失控。另外，合同管理是高等学校内部管理的一个重要方面，由于种种的原因，有些

合同的履行可能需要几年的时间,或者在履行的过程中出现意料之外的事情,可能会形成遗留问题,预算管理科目的使用对强化合同管理、查清遗留问题的来龙去脉都有着重要的作用。

高等学校在会计核算体系中设置和使用预算管理科目,还可以明确校内各单位、部门的责任和任务,便于进行工作业绩的考核和评价,为高等学校编制预算执行结果报告提供全面的信息。

高等学校的预算管理是学校财务管理的中心内容,但在实际的管理工作中,对预算收支的控制与管理一直采用账外控制的方式,缺乏行之有效的管理方法和手段,致使预算管理中长期存在一些难以解决的问题,制约了高等学校财务管理水平的提高。预算管理科目的设置可以满足高等学校对预算管理的基本要求,因此,建议各高等学校根据实际情况予以使用。

第三节　高校预算管理存在的问题及其原因分析

一、高校预算管理存在的问题

伴随着我国高等教育的改革与发展,越来越多的高校认识到预算管理的重要性,并在预算编制、预算控制等方面取得了一定的成果。但是高校对预算管理仍存在很多认识和实践上的盲区,如缺乏完善的预算管理体系、对高校预算管理的认识不够全面等。一些高校在预算编制时仍然沿用粗略的估算方法,预算的执行也存在比较大的随意性,频繁增减预算项目,认为对预算执行结果没有考核和总结的必要等。

（一）预算编制中的问题

1.预算编制前瞻性和科学性有待提高

长期以来,高校主要以以前年度的日常收支作为预算编制的基本标准,并适当考虑影响收支的因素,凭经验而定,缺乏可靠的基础和规范的方法,缺乏科学的分析预测,只是在既定的收支之间安排资金,没有很好地将预算编制与学校未来收入能力的预测结合起来,缺乏前瞻性。这样就使得原先巧立名目、预算虚高的部门,资金更宽松有余,而未来可能获得高绩效的项目归属部门反而得不到资金支持,资金流向不合理,严重影响资金的使用效率。

预算编制人员往往不参与学校战略规划的制定,对学校的发展方向了解不够,对下年度的工作计划和学校复杂的业务活动知之有限;各部门之间缺少沟通;预算编制也很少让学校全体成员参与讨论,导致预算与学校发展战略的相关程度降低,无法实现预算的增值功能,不能实现学校资源的有效配置,阻碍了资源的共享。因而预算编制内容通常不够全面,失去了应有的科学性,预算目的扭曲。

各具体项目的预算编制多缺乏必要的论证,诱发导向性错误。在人员经费预算的校内津贴部分,高校普遍根据教师完成的教学工作量、获得的科研经费数额、发表的论文数量、出版的学术专著、申请的专利数量、获得的教学科研奖励等来决定其应得校内津贴的数额。在实际工作中,这些考核标准很复杂,其不合理性滋生了学术腐败,导致科研成果数量增加的同时,质量下降。另外,不少高校采用综合定额的方法来确定公用经费预算,但对综合定额的制定缺乏充分的论证,导致综合定额的组成内容和计算动因不科学。对于项目支出的管理,在预算申报环节,虚报预算的现象十分严重。

预算编制的不科学还表现为对高校预算编制缺乏有效的监督上。预算编制是学校管理中的重大活动,学校各部门均应参与协调性论证,并对预算编制过程进行监督,而实际的预算编制过程主要由财务部门负责,缺乏有效监督,在预算中或多或少地出现了领导项目、关系项目。同时,由于缺乏科学的经费支出标准预算编制部门只能主观核定支出,既不准确又比较严重地影响了预算安排的公平和效率。

2. 预算编制没有风险意识

当前来看,高校的预算管理一般只是收支预算管理,忽视了对一年中不同时段资金需要量与供给量差异的预算,忽视了筹资需求和筹资能力的预测,以致学校的发展规划与资金供求计划脱节,缺乏风险意识,不利于学校规划的实施。目前高校预算管理风险意识缺失主要表现为债务预算管理的不完善。随着高校规模的急剧膨胀,高校的银行贷款也快速增加,还款压力给高校造成了极大的经济负担,甚至出现学校年度剩余财力不足以支付贷款利息的现象。高校负债运营可能带来的财务风险在预算编制中缺乏体现,难以实现预算平衡。多校区办学的高校更是存在办学成本高、学校经费投入分散等弊端,抗风险能力较弱。

3. 预算编制内容不够全面

当前,高校实行全校当年总收入和总支出的综合预算管理。理论而言,高校预算的编制应当具有综合性,更能反映学校资金运转的全貌。但是在实践中,由于高校资金来源渠道的不断增加,出于多种原因,高校某些院系、部门的资金并没有全部纳入高校预算体系,脱离了预算监督,形成了资金在高校预算管理控制外循环,容易滋生腐败和贪污,影响资金安全。纪检部门查处高校违纪经济行为的有关资料显示,高校的预算外资金主要包括:被有关专业系部截留的各类办学收入;各部门私下收取的学生有关服务费用和住宿费;按规定应该上缴学校的培训费和图书、教材折扣费;各部门应上缴学校的各项对内对外服务收入;出租、变卖学校资产设备的收入等。《高等学校财务制度》为了如实反映学校资金收支的总规模,提出了高校预算新理念,并规定了"大口径"范围。但是在实际工作中,各高校编制的预算往往只是教育事业费的收支预算,而没有将科研收支、基建收支、经营收支和其他收支等纳入学校的预算编制范围,未能体现"大收大支"的预算编制原则,也没能形成"大预算"的格局。

高校在编制收入预算时,对于财政拨款、事业性收费和科研经费三类主要收入及其他收入预算很难做出准确估计。对于财政拨款而言,由于其每年指标下达的时间严重滞后于高校预算的编制时间,而且高校在预算执行过程中,追加财政拨款也是常见现象,导致高校无法正确估算财政拨款,使得预算收入的整体性受到了影响;对事业性收费而言,高校预算编制的时间通常在年末,尚无法准确预算年度的入学学生的专业、人数及学费减免情况,导致无法准确估计学费收入,而只能在往年基础上进行增量预算,这往往与实际情况相差甚远;对于科研经费,高校在编制科研收入预算时,关于科研收入来源于哪里、是否能够实现什么时候可以实现、科研项目的执行期多长、科研拨款是按进度还是按时间拨付等问题,通常给科研预算编制带来极大的不确定性。

此外,支出预算的编制同样具有不确定性。虽然相对于收入预算而言,支出预算的可控性更强些,但是对于未来发生的支出,高校同样无法做出完整的估计。高校可以采用提留机动经费的办法来应对无法估计的未来支出,但又会面临机动经费的预算编制问题:机动经费不足,可能造成预算执行中无款可支的局面:机动经费过多,又会增加预算执行的随意性。

4.预算编制方法科学性有待提高

高校在编制预算时,基本上采用的是基数加增长的预算编制方法。这种编制方法操作简单,但不透明、不规范、不科学,更不符合公平原则。采用基数加增长的方法编制预算,在上年的预算基础上进行,这等于忽视了上年预算中不合理的部分,认定上年预算收支情况合理。这种方法固化了资金在校内部门的分配比例,使得各部门盲目扩大预算规模,却不关注预算的执行情况,资金使用效率低下,浪费现象严重,甚至导致高校重要发展项目因得不到充足的资金而无法进行。

部分高校采用零基预算法编制预算。零基预算是企业预算编制的有效方法,是加强高校预算管理的一种尝试。目前在我国高校推行零基预算制度存在以下问题:

第一，编制零基预算要求机构设置精简，职责明确，以便于确定决策单位与控制一揽子决策的数量。目前我国高校的预算编制职能机构设置不合理，部门间职责、权限界限不清。在这种条件下采用零基预算编制法，会导致决策单位不明，可能在制定一揽子决策中出现偏差，使资金支出过大而使用效率低下。

第二，目前高校的零基预算只反映预算内资金的日常经费收支，不反映预算内安排的建设性支出和事业发展性支出，更不包括预算外资金和自有资金。

第三，编制基本支出预算时，由于取得的基础数据大部分来自各个部门和单位，因此数据不完整、不准确、不真实的情况时有发生；对于灵活性较强的项目，软指标不易确定，使得一揽子决策方案的制订和选择带有很大的主观随意性。

第四，零基预算编制过程烦琐，编制技术要求高，需要进行复杂的预算分析和数学模型构建，而且涉及大量的预算信息收集和处理工作，使得零基预算的可操作性大大减弱。

5. 预算编制人员不符合要求

预算编制是高校的重要工作之一，涉及各个部门和全体成员，各部门和教职工均应积极参与协调性论证。但现状是预算编制过程不公开、不透明；下属部门和教职员工对预算编制的重要性缺乏足够的认识，认为预算编制是学校领导和财务部门的事，对参与预算编制热情不高，对预算编制过程缺乏有效的监督。虽然预算编制涉及学校各部门和全体员工的利益，理应由大家共同参与、协调完成，但在实际工作中，一般由财务部门单独完成，导致预算安排中的某些不合理现象不能及时得到纠正，影响了分配的效率、公平和学校的发展。

另外，预算编制人员的素质良莠不齐也会对预算编制产生不利影响，导致同一经济内容的预算编制口径不相同，造成项目资金重叠投放。例如，不认真的预算编制人员在编制预算时会把若干金额较低的项目合并管理，对于合并项目实施粗放的核算和监督,从而使得预算不真实、不完整,与预算编制的明细反映原则相悖。

6.预算编制时间不合理

充足的编制时间是保证预算编制质量的前提条件,但目前高校一般都是在十二月份才布置下年度的预算编制工作,一月份就要完成编制,全部时间不到两个月。时间的不充足导致预算项目论证不足,甚至重点项目也缺乏精确的分析数据。预算编制晚、时间短是导致预算编制不准确、不科学的重要原因,也必然形成预算执行中要求追加经费的局面,影响了预算管理的严肃性。

(二)预算执行中的问题管

高校预算编制后,一经批准,即具有严肃性和权威性,应严格执行。当前来看,多数高校的预算管理在执行过程中不同程度地存在以下问题。

1.预算执行机制不健全

高校在预算执行过程中往往缺乏资金预算管理的有效机制。比如,高校中不按预算编制口径支出的情况就很常见:高校不同程度地存在项目支出界限不明朗,将项目之间的经费混乱使用,报销经费不归口的问题。另外,由于部分高校采用传统的成本中心模式进行校内预算拨款管理,将预算支出指标分配至管理部门,再由管理部门将指标逐级分配至院系或者具体项目,在具体执行过程中,由于预算编制粗略,执行的中间环节过多,经常出现主管单位截留和挪用下属单位经费的现象,从而导致下属单位资金不足,难以实现既定目标。

2.预算执行缺乏约束力

高校预算具备很强的权威性,一经批准下达,一般不得改变,校内各部门单位和个人都无权对已批准的预算做出增减的决定。但是目前高校的预算执行过程中,预算的严肃性、权威性都没有得到很好的体现,预算执行随意性强。在收入方面,经常存在预算收入不及时入账或长期挂账的现象,导致会计报表信息失实;在支出方面,资金节约意识不强,预算指标到位率低,或者即使到位,也因人为因素在预算执行中频繁追加,年度支出数往往高于预算数,导致资金不能按原有的预算项目口径运行。这违背了收支配比原则,使得高校预算管理发生偏离,削弱了高校预算的约束力。

3. 预算下达不及时

一般来说,高校的校内预算到当年四月份前后才能下达,此时全年时间已经过去四分之一。这样一来,内部预算尚未下达的几个月中,高校实际上处于无预算管理状态。由于预算未下达,各部门的运行资金只能靠预算赤字解决,在预算支出上也只能参考上年的经费指标执行,从而给高校预算执行带来很大的隐患。这种情况严重影响了预算的严肃性和权威性,降低了高校管理的有效性。

(三)预算控制中的问题

加强预算控制,必须建立起有效的预算控制体系,缺乏有效的预算控制,再好的预算也不能达到预期的目的。高校预算控制体系包括事前控制、事中控制、事后控制三项内容。目前有些高校对全面预算控制的认识不足,尚未建立完整的预算控制体系,有的虽然已经建立,但控制不力,形同虚设,使得高校的预算管理部门缺乏对预算执行过程中因各种主、客观因素影响而造成的变化进行快速反应的能力。预算控制力度不够削弱了预算管理的权威性。

1. 事前控制的问题

很多高校长期发展规划意识不强,对整体资源的合理安排和规划不够完善,甚至对学校未来一年内的运营能力、现金流动性和一年以后的财务状况缺乏必要的分析与判断。同时,事前控制还存在预算下达滞后的问题。高校预算反映学校年度内所要完成的事业计划和工作内容,同时也反映学校的事业发展规模和目标,预算下达的时间滞后,必然会使学校管理的有效性降低,目标的实现受到一定程度的影响。由于预算编制时间不充分和预算指标下达滞后,事前控制成为一种事后预算,失去了事前控制的作用。

2. 事中控制的问题

从原则上来看,我国高校原执行全面预算管理,但从实际情况来看,预算控制主要以事后控制为主,缺乏事中控制。预算下达后,如果不进行严格的事中监督与控制,就失去了其应有的意义。部分高校在预算执行的过程中,由于管理手段的局限和责任感的缺失,常会出现预算执行部门对于本部门的预算执行情况掌控不准确,只有在预算即将超标或已经超标时才对年度预算开支内容及合理性进行分析的现象。此外,因预算申报口径与预算支出口径不一致而引起的支出缺乏控制现象,在实务操作中也没有得到很好的解决。事中控制的不严肃使大量不合理的支出被忽视,这是引起舞弊和错误的重要原因之一。加强事中控制,高校必须强化预算执行的审批制度和程序,审批权限上也要充分考虑职权牵制,保证编制的预算能够严格、有效实施;明确高校各级主管领导、各个部门负责人审批的权限和范围,要求其在预算指标内审批并承担控制预算的责任;规范项目的审批程序,防止多头审批、重复审批的发生;考虑重要性原则和成本效益原则,对重点项目严格管理,其他项目则尽量简化,提高学校运作效率。

3. 事后控制的问题

目前而言,高校对预算执行事后控制的认识仍不全面,"重会计核算,轻预算分析"的现象十分常见,认为只要支出按规定列支且不突破预算指标,就是预算的良好执行。同时,事中控制的无力导致管理人员不能及时取得预算执行情况的真实数据,也是事后预算控制分析不够具体、翔实的原因。这样的事后控制很难对以后的年度预算形成有意义的指导，也很难对教职员工进行有效激励。

（四）预算评价中的问题

1. 评价部门不明确

高校各个部门都是预算的执行部门，只有激发每位教职员工努力完成预算评价考核标准的行为，才能实现预算管理约束和激励的目的，保证预算被全面彻底地贯彻，同时辅之以内部审计和严格的预算控制考核制度的监督，保证预算评价的执行力度。而目前高校预算评价没有实现具体到每位员工的全面预算评价，所以很难真正起到绩效考核激励和约束的作用。

2. 评价内容不具体

高校预算评价体系的设计包括两个维度：一是评价预算目标的完成情况；二是对预算组织工作的评价，即对编制的准确度、上报的及时性、控制分析的全面有效性等方面的衡量。在评价指标的设计上可以引进平衡积分卡的模式，不仅要考虑财务指标，还要通过非财务指标评价内部流程的合理性、高校未来的成长能力、组织员工学习与成长的能力等。评价指标的设计要简单明了、可操作性强，具有长期稳定性，以便进行趋势分析，总结经验。

3. 评价方法不科学

评价方法也不应仅仅局限于目前的固定年终考核，而应同时开展可在平时采用的突击考核或者其他周期更短的定期考核，以避免机会主义的产生，及时掌握预算目标和实际执行情况之间的差异，落实责任。当前高校预算评价中的考评方法简单、片面，导致预算评价不科学，也必然导致奖惩的不合理、不严谨。我国高校的预算考核主要是年末的综合考评，即预算期末对于各部门预算完成情况的分析评价。由于大部分高校预算编制的不够合理及预算执行中的调整不足，导致部门预算指标计划与评价的脱离；同时,由于评价体系本身存在着不完善,评价结果随意调整程度较大,导致实际评价结果并不能完全反映当期预算的执行情况,无法起到对下一期间预算指标编制的指导性作用。

4.评价制度不标准

奖惩制度是预算评价中的重要环节,是将高校对所属部门和员工的约束和激励具体化到可实施层面的有效手段。理论上,在通过预算管理实现对高校发展战略规划的量化的同时,也产生了学校预算评价所需要的依据和标准,这样有依有据的奖惩制度科学、公正和透明,也有益于学校战略目标的实现。但是由于目前大多数高校的预算管理制度尚不健全,也缺乏科学的预算管理激励机制,导致节约的部门没有奖励,浪费的部门也没有惩罚,使预算评价失去了应有的公正性和权威性。更可能因为预算评价监督的缺失而引发各部门在编制预算时为了防止年终没有钱花,随意夸大支出项目和金额,资金使用效率降低,浪费严重,无法实现学校的发展目标。

二、高校预算管理不力的原因分析

（一）对预算管理的认识层面出现的问题

对预算管理作用的认识不足,是高校预算管理工作开展不力的原因之一。预算是高校全方位计划的数量说明,是全校各部门和所有成员共同参与组织、执行的综合性管理系统。预算管理是高校财务管理的中心内容。但在我国,不少高校将预算当成财务预算,认为预算就是财务表格和用款指标,认为预算管理就是编制财务预算。特别是二级学院的领导,认为预算主要是学校财务、行政部门的工作,预算申报随意,预算执行刚性不强,在这种观念指导下出现错报、漏报现象也就很自然了。也有的部门仅根据财务部门提供的项目,报一些主观性的财务指标,敷衍了事,有时甚至多报、虚报经费指标,导致一级预算平衡、二级预算失衡,进而造成预算编制和执行的脱节。

对预算管理作用的认识不足,使得高校只关注经费使用数额是否超出预算,而忽视经费使用内容与年初预算内容的一致性,以致每到年末,为了防止下年度预算消减,所属部门对未消费的预算额度突击使用,使预算失去了应有的严肃性。更有甚者认为加强预算管理制度的做法不利于调动各单位、各职能部门及职工的积极性和创造性。

忽视预算管理的全局性和对高校发展的重要意义,导致高校预算管理只注重资金分配,忽视财产物资管理及业务活动管理。预算编制、资金拨付、物资采购、业务活动等环节,未能形成统一管理,致使财务部门对部分业务活动的具体情况不清楚,给预算管理带来诸多问题。事实上,预算管理不仅要反映学校预算年度的财务指标,还应反映各项事业的计划和任务,应涵盖教学、科研及管理的所有环节,应将预算管理从单纯的管钱向钱、物、业务三者统管发展,从而真正发挥预算管理财务筹划、预测、组织协调的综合职能。

（二）外部环境具有复杂性

我国市场经济体制的不断发展和高等教育国际化进程的加速,使我国高校面临着日益复杂的外部环境,这对高校的预算管理产生了很大的影响。这主要表现在两个方面:

第一,近些年高等教育市场的放开,高校间竞争的加剧对预算管理产生了很大影响。随着高校招生规模的不断扩大,学校的学费总收入不断增加,高校的教室、宿舍、图书馆等硬件设施建设,以及教师师资水平、学校科研能力等办学软环境在一定程度上得到了改善。但是,伴随着高校间竞争的加剧,一些教学、科研水平较低或缺乏专业特色的高校已经出现招生乏力、生源不足的情况,每年新增学生数与招生计划不符,学费收入不能准确测算,使预算的准确性受到了严重影响。

第二,银行贷款过多对预算也有较大的冲击。为了满足高校扩招带来的建设需要以及符合教育部评估的场地规模要求,近十年间,我国绝大多数高校都以举债的方式进行了学校扩建或搬迁工程,有的高校一次性的贷款数额就相当于该校十年预算的总和,高校依靠自身力量顺利偿还本息几乎是不可能的。为了避免数额较大的赤字预算,高校往往不将贷款列入预算,而是将发生的贷款全部挂在应付款科目内运行,或者将贷款列入预算,但是只将当年能从预算外收入中归还的贷款本息数列入预算收入与支出,无法归还的贷款本金仍挂在应付款科目内,从而造成虚假的预算收支平衡,严重影响了预算的真实性。

（三）预算管理中的信息不对称

高校项目预算管理中的信息不对称主要表现在以下几方面:

第一,政府主管部门与高校之间的信息不对称。对于高校具体项目的真实情况,政府主管部门和高校之间存在着信息不对称的现象,项目预算的批准额度在很大程度上取决于该项目申报者的游说能力、公关能力和决策者的偏好,虚报预算现象十分严重。

第二,高校高层管理者与预算编制部门之间的信息不对称。高校实施预算管理是为了高校生存、发展,并不断实现高校价值的提升。学校的管理者希望在高校战略要求和发展规划的基础上,进行符合本校实际情况的预算管理。高校高层管理者与预算编制部门间的信息不对称,使得预算编制部门方面在编制预算过程中,即使按照规定的程序来编制,也可能造成实际预算脱离了学校目标,无法满足学校管理者需要的情况;另一方面,如果只考虑学校管理者的意愿,又可能会令各预算执行部门不满,在预算执行时产生各种问题。

第三,预算编制方与预算执行方之间的信息不对称。预算的执行方一般是高校的下属各部门,是预算执行的基本单位,它与预算编制方基本上处于对立的位置。预算编制方倾向于将预算支出指标定得低一些,以便更灵活地安排全校的整体活动,使高校整体项目顺利完成;对于预算执行方而言,争取较宽松的预算是各预算执行方的基本出发点,预算支出指标定得高些可以减轻资金压力,便于各项活动的积极开展。由于预算编制方与预算执行方之间的信息不对称很有可能导致在两方的博弈中,真正需要的部门没有获得应得的预算额度,却将资金分配给了不应获得资金的部门。

（四）有效的权力制衡机制缺乏

预算编制、执行、控制和评价过程中缺乏有效的权力制衡机制,也是预算管理出现问题的原因之一。高校预算编制后要经过校内的三个环节批准：分管财务的校长、校长办公会、职工代表大会。在现行管理体制下,职工代表大会只具有否决预算权而没有更改预算的权力,对预算的编制程序没有实质改变。预算编制部门在编制预算时往往留有一定数额的机动资金,以应对意外,实际工作中对这部分资金的使用限制很少,常常用于填补预算执行严重超值项目的资金损失。就预算评价考核而言,这种做法不是奖励成功,而是奖励失败。预算编制、执行、控制和评价中权力制衡机制的缺失是预算编制不合理,预算控制失效,预算执行失误,预算评价不力的主要原因。

（五）高等学校预算管理改革滞后于部门预算改革

政府部门预算有三个特点：一是基本支出预算实行定员定额的编制方法；二是对项目库中的延续项目实行滚动管理；三是推行预算绩效评价。

自2000年以来,财政部门预算实现了从"基数预算"到"零基预算"的转变,从"年度预算"到"滚动预算"的转变,从"投入式预算"到"产出式或绩效式预算"的转变,这几个转变使财政预算水平得到质的提高,部门预算不断细化、规范。然而,在此期间高校预算管理虽然也取得了一定程度的进步,但是仍远远滞后于部门预算改革。高校预算管理与财政部门预算管理的步调不一致,预算管理制度的不唯一和不稳定,造成高校预算管理人员在制定预算时缺乏可靠的依据,常常依靠主观认定,进而造成预算制定与部门预算要求的偏差。同时,目前高校的机构设置和职责分工无法适应预算编制的要求,预算编制的公众参与度低,预算审批也存在着巨大的漏洞,造成预算松弛的现象。

当前来看,财政部门的预算改革远远超前于高校预算改革,以事业单位来衡量高校,则会出现考虑不够全面的现象。由于高校的特殊性及其经济活动的复杂性,其预算编制很难细化到财政部门预算要求的程度。特别是在实行国库集中支付后,高校对大部分资金的调整缺乏灵活性,造成突击花钱等弊端,大大降低了资金的使用效率。以"零基预算"为例,理论上讲,"零基预算"的编制有许多优点,但是在进行实际编制时,若管理水平没有达到编制零基预算的要求,是无法真正做到"零基预算"的,过度的追求细化只会导致事倍功半。以"绩效评价"为例由于高校人才培养、科学研究、社会服务等的特殊性质,使其与工厂不同,"产品"的效益很难在短期内显现出来,而且生产的社会效益和经济效益同时存在,甚至社会效益大于经济效益,因此绩效评价很难像企业那样完全以量化标准来进行。

(六)高校总体管理水平有待提高

在预算管理中,高校总体管理水平低下,影响了高校预算管理编制、执行控制、评价等环节的运行效果。

第一,高校管理水平低下表现在对"全员管理"的漠视着。管理是全体成员的管理,而不仅仅是组织领导者的工作。全员管理意味着一方面管理活动应当将全体成员纳入控制和监督的范围,另一方面也同时要求建立适合全体成员共同参与的管理体制,实现和尊重所有教职工参与管理的意愿,使其更好地为组织的发展作出贡献。全员管理应该体现在高校管理的所有领域,特别是对高校发展至关重要的预算管理上。正是对全员管理的忽视导致了预算管理中很多问题的发生。比如,由于缺乏"全员管理"的观念,有些高校将预算划归财务部门负责,预算编制人员也全部是财务相关人员,而其他了解高校运行及建设发展的相关人员没有参与到预算编制工作中。同时,在编制预算时,高校根据总体经费结合各院(系)师生人数、工作量等情况分配各单位的项目经费预算,而不征求各下属单位的意见,导致预算不切实际。在预算执行上,对于各执行单位的能动性不够重视,不要求其编报经费使用计划,无法落实对具体支出项目的控制。在预算评价上,多数高校在预算评价指标制定过程中没有实现全员参与,仅仅由管理人员来制定,往往会脱离实际:预算评价标准过高,大多数教职工未达目标,会导致教职工缺乏信心,人心涣散;或者预算评价标准过低,又会造成资源的浪费。

第二,高校管理水平低下表现在学校管理的急功近利。由于高校的中高层管理者普遍实行任期制,各级管理者都想在任期内有所作为,因此发展项目较多,在资金供应有限的情况下,管理者决策往往不是从学校长远的发展角度来评价,而是强调短期效果,希望在任期内就能有所回报,缺乏长远眼光,造成学校发展的急功近利。

第四节　高校预算管理的改进与加强

加强预算管理是实现高校财务管理现代化、制度化的基本途径和重要手段,是规范学校内部管理秩序的必然要求。高校应在坚决贯彻《中华人民共和国预算法》的同时,结合本校的办学实际,从预算编制、预算审批、预算执行及预算评价四个方面,完善和细化预算管理制度,提高预算编制质量,硬化预算约束,促进学校可持续发展。

一、高校预算管理改进与加强的基础工作

（一）从认识层面重视预算管理工作，强调预算管理的参与性

预算管理工作是高校最重要的工作之一，涉及学校的方方面面，因此要广泛宣传预算管理的意义，强化学校及下属各部门领导的预算管理意识，提高他们的预算管理技能，从思想上为学校预算管理工作的有效开展奠定坚实的基础。同时应加深对高校预算管理的认识和理解，充分调动各部门、各单位的积极性、主动性。

预算作为学校管理工作的一项系统工程，绝不是财务人员单打独斗所能支撑的，要在学校的统一管理下，调动各级单位的积极性，使其参与到学校的预算管理工作中来。在预算管理中强调参与意识，可使高校预算管理更加民主与合理，积极沟通，在保证整体利益的情况下明确各自的职责及目标，提高预算指标的可靠性和预算执行的效果。

（二）规范预算管理制度，完善高校预算管理体系

高校应制定规范可行的预算管理制度，明确预算收支范围及预算编制、执行、控制、评价的程序、原则和方法。高校预算管理细化的程度，取决于对高校管理活动复杂情况的判断，取决于获取到的与管理相关的信息的多少。一般来说，对基本支出按照定员定额标准核定，实行零基预算；对项目支出按项目库排序，实行滚动预算；对项目评价，不采用投入式预算，而提倡产出式（绩效式）预算。在编制预算时，各预算编制参与部门须反复沟通，对所有支出项目逐一审核、评估：认真核实申报经费的内容和依据，细化收支范围、分类制定定额标准，明细核算，按项目重要程度排序，及时发现预算执行中的异常情况，找出原因予以控制；对已完成项目及时组织验收，做好预算评价。

（三）建立预算委员会，完善预算管理组织

完善的预算管理组织机构是加强高校预算管理的前提和基础。高校预算管理的组织机构应包括预算委员会、常设预算管理工作组（直属于预算委员会，负责日常预算事务的处理，由学校总会计师或财务处长负责）及预算责任网络，其中预算委员会是最重要的部分。

预算委员会是高校预算管理的最高决策和管理机构，负责对校内各单位申报的预算进行审核，由校长直接领导。目前各高校预算委员会的成员主要由学校各校区主管领导及下属各部门负责人构成。鉴于大多数高校实行分层次预算管理体系，为了提高预算编制的准确性，使其符合学校长期发展的需要，合理配置高校资源，加强预算管理，需要建立以教授为主体的预算委员会，选取学校知名教授及会计、财务管理、审计等学科有威望的教授进入预算委员会，以增加预算委员会的科学性和权威性，同时体现"教授治校"的高校教育管理理念。

以教授为主体的预算委员会与以分管领导为主体的预算委员会进行比较来看，可以避开学校在平衡预算方面的困扰，便于采用零基预算、绩效预算等更先进的预算方法，更合理、更科学地安排预算，提高预算资金的使用效率；以教授为主体的预算委员会还可以更好地适应教学工作，更好地支持高校教育教学改革。但是，以教授为主体的预算委员会并不能代替校领导在预算上的决策作用，它只是提高了校领导在预算决策上的科学性，最终仍然是预算委员会向校长办公会和党委常委会提出议案，由校领导进行决策。为了避免预算管理决策中的权力腐败，可以对学校领导的预算决策进行有效监督，建立大学理事会。大学理事会不是参谋机构，而是决策机构，其主要功能是监督学校的运行情况、制订高校整体发展规划、审批投资项目和经费预算。预算编制要经过听证、辩论由理事会投票决定理事会的人员组成必须要体现独立性、科学性和权威性，校长可以是理事会的理事，但和其他理事会成员拥有相同的权力。这样可以从根本上解决或缓解高校预算管理中的内部人员控制问题,对领导者进行有效的权力监督。

二、预算编制的改进与加强

(一)树立预算编制的全局观念

为了更好、更快地实现高校战略,高校在编制预算时必须在预算方案中充分体现学校的主要发展目标、实践路径以及影响目标实现的关键因素。预算的编制要在学校整体规划的基础上,紧紧围绕学校的中心工作制定,以强化各部门的参与机制,使教职工更了解自己的工作职责和本部门、本学校的现实需要、发展潜力及未来变化。这样编制的预算指标也一定更接近学校实际,预算的准确率也更高。

(二)做好编制预算的基础工作

第一,建立和健全预算编制机构。高校应在预算委员会指导下建立预算编制小组,负责预算编制的项目审查、定额核定、指标分解与调整等业务。各下属部门要确认一人负责预算编制工作。编制预算时,财务部门负责组织召开预算工作布置会,明确各部门预算编制人员的职责,统一预算口径。各部门根据预算编制小组下达的预算目标,结合本部门的特点,提出本部门的具体预算方案。预算编制小组根据学校的发展规划和实际情况对各部门上报的预算方案进行审查、汇总,综合平衡,提出修改建议,以保证高校总预算的准确度。

第二,在编制年度预算之前,要认真学习上级部门颁布的预算编制及其他文件,领会高等教育的政策变化,了解新的收支标准;把握学校的年度工作要点,明确重点项目和常规项目,保证预算编制的政策性、科学性;核实预算年度教职工人数、招生人数、毕业生人数等各项基本数字较以前的变化,确保预算编制中

的工作量适当和定额标准的准确性

第三,对上年预算管理工作进行分析和总结。财务部门要认真分析上年度的预算编制和预算执行情况,分析各项预算标准完成或未完成的原因,找出问题,总结经验;在广泛听取各部门预算编制要求的基础上,汇总各单位材料,充分论证,对合理的建议和意见及时采纳,对上年预算中出现的问题进行有效的改进和调整,使预算的编制更加科学、合理。

(三)协调高校预算与财政部门预算

当前来看,财政部门的预算改革远远超前于高校预算改革,财政部门应根据高校的管理需要,尽早出台相关的预算调整办法和审批程序。在相关文件出台前,高校的预算编制工作应做好以下两点:第一,编报时间要衔接。高校的预算一般在上年年底编制,预算年初发至各部门执行,而部门预算的编制时间较早。为了与部门预算相配合,高校的预算编制也应适当提前。第二,高校会计科目的修订。目前的高校会计科目在科目设置、核算口径和内容上均与部门预算不相适应,不利于预算的执行和控制。只有将科目设置加以完善,进一步明确适用范围及口径,增加科目或扩展科目内涵,才能为高校预算与部门预算的协调一致奠定基础。

(四)多种预算编制方法结合使用

当前高校不合理的预算编制方法影响了高校预算管理的效果。预算编制方法的改革,不是简单地抛弃过去的方法,采用全新的预算编制方法,而是在预算编制时,根据当时的具体情况,将零基预算、复式预算、滚动预算、绩效预算等方法结合使用。

零基预算是一种对所有的预算支出均以零为起点的预算编制方法。它打破了以前年度的习惯,重新研究、分析和判断每项预算支出的必要性和具体额度。高校在确定各部门、各项目的预算数时,可采用零基预算方法。如对教职工工资性支出,按照标准逐人重新核定；对事业性支出、人员经费支出等重新分类，将预算编制到具体项目中。零基预算方法有助于压缩经常性经费开支，优化支出结构，将有限的资源用于学校发展最需要的项目上。与传统的增量法相比，有明显的优越性。

对建设性支出预算，高校可采用复式预算方法：一是将学校总预算分为经常性支出和建设性支出两部分；二是将建设性预算支出依照项目重要程度建立项目库，并根据实际进展及时进行相应调整；三是根据学校的资金情况依次安排。在建设性支出预算的执行过程中，可以根据学校预算收入的增加或者经常性预算支出的节支调整建设性支出的金额，依次递补滚动预算方法考虑中长期发展规划与资金供给的协调关系。在编制学校的中长期预算时，应采用滚动预算的方法。运用滚动预算方法可以依据学校实际对中长期预算不断地进行调整和修订，以避免中长期预算因期间过长脱离实际而引起的盲目性，进而提高预算编制的科学性和准确性，充分发挥预算的指导作用。

在编制校内部门预算时，可采用绩效预算的方法。绩效预算方法将部门预算经费与其工作任务、工作业绩及其所产生的效益或效果直接挂钩，实行浮动的激励措施，加强学校对部门经费预算的管理、督导和考评。

（五）远近结合，编制中长期预算

高校的中长期预算编制除了上面所述可以与赤字预算相配合外，还具有更重要的意义。可持续发展是高校生存的首要目标，而中长期财务预算是高校可持续发展的基本保障。中长期预算是基于高校长远发展的更高层次的预算，可以是 3~5 年期预算，甚至可以是 10 年期预算或更长。中长期预算编制时要将学校的营运与发展相结合，充分考虑可持续发展，紧紧围绕高校的战略目标来进行。中长期预算的编制还要注意不同时期、不同阶段的变化，要根据预算对象的多元化，突出不同的预算重点，既要立足眼前又要兼顾未来。

（六）适度赤字预算

高校预算管理一直在"量入为出,收支平衡"的原则指导下进行,但如今高校预算的编制应该突破以往的约束,条件许可的高校可实行适度赤字预算。在高校支出逐渐增加,资金供求矛盾日趋严重的情况下,采用适度赤字预算可以保障高校重点发展目标的实现。本文所倡导的赤字预算不是永久性的赤字预算报告,而是在特定时期内的短期存在,若从高校发展的中长期看,赤字应逐步减小,直至消除。

在特定时间内编制适度赤字预算,有助于高校中长期发展及科学规划:能够集中财力在短时间内办大事,保证学校重点项目的完成。赤字预算打破常规的发展方式,抓住发展机遇,明显提高学校的办学条件或科研水平,提高学校的竞争力;综合权衡财务费用和未来通货膨胀对教育资金的影响以及高校所获不动产、无形资产的未来升值,编制赤字预算更是利大于弊。与赤字预算相适应的,高校要在除目前以一年为期的常规年度预算外,补充编制中长期预算,将期间年度预算和学校的中长期发展规划结合考虑。克服过去仅有年度预算而带来的短期行为,使得学校的预算收入能够在未来更长的时期内实现动态平衡。即允许某些年度预算结余和另外一些年度的预算赤字,使高校在未来一定时期内(2~3年)实现自我调节,从而使预算编制贴近高校的发展实际,充分实现资金的使用效益。

（七）下属部编制责任预算

高校各下属部门有使用预算经费的权利,也必然要对预算编制负有责任。编制责任预算,必须设置责任标准。高校各部门(责任中心)在申报部门预算支出草案时,要同时申报经费支出报告,阐明各项预算经费的原因、金额标准、预期使用时间、责任目标以及按照预算使用经费的承诺书。财务部门在收到预算经费支出编制报告后,编制预算收支报表和资金流量计划表,并将各部门的预算目标统计归总,提交预算委员会讨论。对于预算期内责任目标的设定,如果全部交由各部门(责任中心)完成将造成预算管理松弛,若完全由预算委员会设定则容易脱离实际。理想的责任预算编制应是两者的结合:制定方针—责任中心编制—责任中心上报—学校汇总—委员会讨论决定。

（八）合理预算收入，科学安排支出

预算编制包括收入预算编制和支出预算编制。高校收入预算编制必须坚持稳健性原则,把学校正常条件下可以实现的合规、合法收入全部纳入学校的预算编制,不得高估收入,将无经济依据的收入纳入预算:当然也不能过于保守隐藏收入,使收入预算失去可靠性,进而影响支出预算的合理编制。要把收入预算编制工作落实到各下属部门,按来源测算收入,并按部门汇总,使收入预算的编制更加具体、准确。对于高校取得的商业银行贷款,作为一项资金来源,高校可将对应相关支出,作为收入编制预算。需要注意的是,商业银行贷款所对应的支出主要是高校的基本建设支出,在编制预算时,原则上不得将商业银行贷款对应学校基本建设支出以外的项目支出。

高校预算支出的编制需要将实事求是、科学客观当做出发点。编制的支出预算应符合学校的实际情况:预算编制的支出项目和金额要真实体现下属部门的事业效果;编制支出预算时要注重支出结构的优化,分清轻重缓急,倡导勤俭节约。例如,对于公用经费的预算要根据各院系、行政部门等经费性质的不同,实行分类分档编制,院系按学生人数、层次,根据日常维持费、实验实习费等综合定额与专项定额相结合的方式确定公用经费:行政部门按照职责范围的不同,制定不同的分类分项定额,并辅以特殊支出如学科建设、教改项目等的专项补助;后勤经费对绿化、保洁、水、电消耗等,按经费的不同用途,分别按照学生人数、保洁面积或实际成本消耗等,采取不同的标准确定经费额度。

三、预算执行的改进与加强

再好的预算,若离开有效的执行,也只能是一纸空文,因此严格地执行预算是保证预算管理落到实处的关键环节。

(一)完善国库集中支付制度

完善国库集中支付是保证高校预算执行效果的基础和前提。修订与国库集中支付不相适应的法律规章,完善相关的管理办法:保留学校基本账户,对学校非税收入采用集中汇缴方式,并以基本账户作为非税收入过渡户,归集、记录、结算非税收入款项;允许学校零余额账户向学校基本账户和基建账户转付特定的资金,以解决项目资金归属、基本建设拨款、向后勤集团和分校区划拨资金等国库改革中遇到的各种问题。

(二)强化内部控制

建立和强化高校的内部控制制度,有利于预算的执行。在资金有限的条件下,加强财务监督,在资金运作的全过程建立有效的内部控制,以防止资金使用过程中的错误和舞弊的发生,提高资金的使用效益和预算执行的效果。高校可以建立有效的支出内部控制,如差旅费、电话费、招待费等公用支出,实行按支出标准的定额管理;水电费由各部门落实包干;建立采购和领用内部控制:对材料、办公用品等设立材料仓库明细账,进行定期或不定期材料盘点;对教学科研仪器设备做到全校一盘棋,建立全校统一的实验中心,实验中心按照企业成本核算方法实行内部核算,使用实验室设备要收取相应的费用,收取的费用用于设备的维护和更新。

(三)强化政府集中采购管理目

要做到预算执行与预算相一致,还要强化政府集中采购管理。如今,高校规模逐渐扩大,内部管理权限越来越分散,商品采购品种多、技术含量高、时效性强。政府采购具有时间长、审批严、程序多的特点,在政府集中采购管理下,高校预算执行要做到预算编制相一致确实不易。因此,积极强化政府集中采购制度,在保证效果的情况下缩短审批时间,对有效执行预算,规范和管理国库现金及债务,及时准确地提供完整的预算执行报告具有重要的意义。

（四）细化预算

预算的明确、细化是实施有效执行预算管理的重要前提。将预算项目、目的、经费、责任、指标、定额等全方位进行细化,分解到每个参与部门与个人,可以保证预算执行有章可循,提高工作效率,防止扯皮;预算细化还有利于费用分析,寻求节约执行预算成本的有效途径;分解到人的指标和定额细化还有助于预算执行结果的考核。

（五）人本管理

在预算执行中提倡人本主义,通过内在激励,使教职工自觉执行预算,达到事半功倍的效果。预算执行是建立在财务指标基础上的人的行为管理,管理的核是人,因而必须摒弃以往"以物为本""绝对服从"的旧思想,树立"以人为本"的预算管理新观念。

以人为本的预算执行要求对预算执行者适当授权,通过财权和事权的下放,监督权和处置权的集中,在高校中实现分权与集权的统一,以增强教职工的主人翁责任感,从而提高预算执行的效果。罾養,高校要建立相互关心、互相帮助、彼此尊重与信赖的有利于预算执行的工作环境,从而提高工作效率,增强各项事业任务完成的效果。

（六）严格预算执行

在预算执行期间,不允许随意追加、削减预算,下属部门必须在部门年度财务预算计划数额以内使用；必须超预算支出的,应按照规定先申请预算调整,经批准后方可按新的预算方案执行。

高校要将非税收入全部纳入学校预算管理,确保预算收入的实现。在支出方面,设定审批权限,严格执行预算,对超出定额或预算标准支出的项目,一律不予支出。不论是学校领导,还是下属部门负责人,不论其权大权小,都不能在已批准预算外随意变更预算。各部门负责人对本部门预算支出业务的合法性、真实性及用款进度按规定权限审定,财务部门依据原始凭证和已批准预算对全校经济业务的合法性,以及原始凭证的合理性负责,对预算、超预算的开支,有权拒绝执行。预算执行中除发生预算项目确实不能继续或不需继续的情况外,都要严格执行,以保证预算管理的严肃性,实现高校发展目标。

四、预算控制的改进与加强

（一）加强事中控制

加强事中控制主要表现在硬化预算约束上,要强调"以预算为中心"的预算控制原则。预算年度开始后预算尚未批准前,各部门可根据上年度同期的预算数额安排支出,但预算一经批准,除国家政策或招生规模等不可控原因造成的影响外,对预算的变更一定要严格控制,不得擅自调整。同时为了便于事中预算控制的有效实施,对各项目预算经费可以采取分季划拨、年终汇算的拨付方式,从而均衡地控制整个预算期内的项目实施。好的预算方案是进行预算事中有效控制的基础,所以各高校要尽力提高预算编制水平,严格预算编制程序和审批手续,增强预算的准确性和科学性,不留缺口。

（二）改进预算控制方式

高校预算控制包括纵向控制和横向控制两项。对预算控制方式的改进也应从这两方面入手，既要加强财政、教育等主管部门对高校预算管理的纵向监督，又要加强校内预算控制。首先，要建立由财政、审计、社会中介机构、社会舆论等部门或组织共同构成的覆盖事前、事中、事后的纵向高校预算控制体系，强化控制职责，加强高校预算控制力度。高校预算控制体系从高校预算申报起就开始进行严格的审查，对预算执行和预算绩效评价等进行有效的控制。预算控制的内容除对程序的监督外，还包括对具体内容的控制。其次，要完善高校内部横向预算控制制度。将学校全部资金纳入控制体系，明确财务、审计等各部门的职责分工，做到相互协调，信息共享，强化校内预算控制。最后，要实现学校预算公开化。将预算定期向全校师生公布，接受监督，并在预算执行后和预算评价时，接受师生的评议，真正做到预算控制透明化，将预算控制落到实处。

（三）改进预算控制手段

1.设置多段监控点

在预算执行开始后，财务部门要注意及时设置预算控制额度。实行计算机报账系统的高校，可设置多段监控点控制日常经费的预算。这样有利于控制预算支出进度和资金流量，使预算支出均衡地发生，杜绝突击使用经费的情况，提高资金使用效益，防止预算宽余，也有利于日后预算评价的实施。目前大多数高校分上半年和下半年两段实施监控时，上半年预算支出安排一般为总预算的45%，下半年预算支出则为总预算的55%。这样既前紧后松，留有余地，又基本上保证了预算支出的均衡发生。另外，也可以通过类似的方法实施月度、季度的多点监控，使得预算支出适时和发生均衡。这种方法适合日常费用的控制。

2. 建立有效的分析机制

为了实施有效的预算控制,财务部门应按责任中心编制预算统计表,其中包括以支出功能分类和以支出经济分类为统计口径的两种预算统计表总量平衡。预算统计表便于事中控制分析。财务处根据预算统计表按月比较实际发生额与预算之间的差异,并通知各责任中心的预算负责人进行分析和控制,以利于本期预算的执行和下期预算的编制。对于预算差异的分析,主要从以下几方面进行:

第一,账务处理正确性的判断。高校会计核算时,要判断收入、支出的入账时间、科目、金额是否正确,以及与已批准的预算方案是否一致。

第二,外部条件变化的判断。要判断是否存在由于高校外部条件变化而导致的预算定额标准的变化。如预算编制时,博士生生活费按每人每月 200 元发放,在执行预算期内,接到国家相关文件,将博士生生活费调整至每人每月 1000 元;预算中拟购入某产品或服务,由于技术进步等原因,发现购买另外的产品或服务更能够节约资金或满足需要等。对于外部条件变化导致的差异,可能造成预算超支,也可能节约预算经费,预算管理部门要重点分析,做出正确判断。

第三,内部环境变化的判断。学校内部环境的变化也会造成预算执行时出现不能预期的情况。比如某部门突然接到任务,要求安排计划外活动;或者项目比预期更重要,难度也更大,实际花费的时间和资金比预算要多得多。高校应实时监督预算的执行情况,定时做出分析,找到预算差异的真正原因并实施控制

(四)借助网络手段实时控制

如今信息技术不断发展,高校可以开发相应的财务和管理软件,充分利用日益发达的网络,进行预算支出和使用的查询,使各部门可以随时随地确认自己的预算执行情况,并与已经细化的预

算方案相比较,实施部门预算控制。除可以查询预算支出使用外,还可以在财务和管理软件中增加横向、纵向比较指标,一方面可使部门负责人对本部门的预算支出额、项目进展程度等全面了解,另一方面也可以对本部门的预算支出绩效做横向和纵向比较。

五、对财务风险合理进行控制

高校预算评价是根据预算目标进行的全面考核,是对高校预算执行情况及效果做出的全面、准确、客观、合理的描述和评价。高校预算评价既要考评高校资源总量是否符合高校整体运行的客观要求,还要考评资源的使用效益是否最大。这是发展高等教育事业和优化高等教育资源配置的要求,也是完善现行高校预算管理体制的内在要求。

（一）建立健全预算评价体系

高校要加强对预算执行情况的评价与考核来提高预算执行效果;改进预算编制的程序和方法,激发广大教职工工作的积极性。高校预算评价必须通过一套科学、合理且行之有效的评价体系实施。建立健全科学、可行的考评机制是开展预算考评的基础。高校应按照科学、实用、重要、完整相统一的基本原则建立以绩效为核心的预算考核评价系统。构建高校预算评价指标体系,积极开展预算评价,是高校合理配置资源和提高资金运行效益的有效手段。评价系统一旦建立需要长期稳定,不能朝令夕改令员工无所适从。评价系统的长期稳定除可以使各部门、各个员工明确考核依据,按照既定目标不断努力外,还可以保证评价结果的纵向可比,以此来全面掌控一定时期内预算的总体运行状况。

高校建立健全预算评价体系,首先要确定预算评价的领导组织机构和相应的评价监督制约机制,实现预算评价工作的制度化和规范化。预算评价体系的设计要兼顾社会效益、经济效益、项目投资评价。预算评价指标的设定应遵循短期、长期效益相结合和定量、定性相结合的原则。由于各高校的类型不同、规模不同、层次不同,其所建立的预算评价指标体系也很难完全统一,但是合理的高校预算评价体系一般应包括平衡计分卡评价体系和关键指标评价体系两部分。这两部分均采用量化标准,以绩效目标为出发点进行设置。通常来看,高校预算评价的关键指标体系至少应包括以下具体指标:财务综合实力评价指标,用来评价高校经费来源及学校规模和办学条件的指标;运行绩效评价指标,包括经费自筹率、高校年度收支比、校办产业资本增值率、学科建设评价指标、人才培养评价指标等;发展潜力评价指标,包括现金净额增长率、自有资金动用程度等;偿债能力评价指标,包括资产负债率、流动比率、速动比率等。除预算评价的关键指标体系外,构建高校预算评价体系还要制定切实可行的绩效考评工作程序和考核指标,以及按照绩效考评结果实施奖惩的制度。

（二）强化预算执行结果的分析

预算执行结果的全面分析是高校预算评价重要的基础工作。高校预算执行结果的全面分析是指对校级预算和各部门预算的执行效果、执行差异的原因分析,并提出改进措施,编制预算结果分析报告的过程。

第一,要合理界定预算分析的内容。预算执行结果分析包括预算收入执行分析和预算支出执行分析两部分。高校预算收入按来源分为外部收入和自创收入两大类。外部收入包括财政拨款收入、社会捐赠收入等;自创收入包括学费收入、产学研合作收入等事业收入和经营收入。高校预算支出按资金流向分为教学业务费、教学管理费。教学业务费是与教学科研直接相关的支出,包括教师课酬、教学设备费、资料费等;教学管理费是与教学科研间接相关的支出,如管理部门的接待费、办公费、办公室人员支出等。

第二,要选择合适的分析方法。高校要根据分析目的和内容选择适合的方法,做出公正、客观的分析。自前,高校预算执行结果分析的可选择方法有比较分析法、因素分析法、差额分析法等。随着财务分析理论和实践的不断发展,还会有更多更好的方法以备选用。

第三,要坚持全面分析与重点分析相结合的原则。出对预算执行结果的分析是建立在对学校经济活动的整体情况全面把握的基础上的,只有全面了解学校运行的整体情况,才能分析预算收支的执行情况,分析预算数与实际数的差异原因,总结预算执行中的经验和问题,提出改进意见和措施,为下一年度的预算编制打下良好基础。同时,还要杜绝没有重点的全面分析。结合高校实际对预算年度的经济活动的主要方面进行重点分析,有利于形成正确的分析结论,取得事半功倍的效果。

第四,差异分析是预算执行结果分析的重点。高校预算执行结果分析的重点应放在分析差异及产生差异的原因上。预算收入执行分析的重点是发现预算年度各项实际收入与预算收入的差异,并找出导致收入增加或减少的原因,形成报表及书面报告;对预算支出执行结果的分析重点是对各项目经费的支出、结余、任务完成率等情况做分项分类详细说明,并形成报表及书面报告。差异分析要从定量和定性两方面进行。定量方面分析收支的进度与结构、偏离预算的差异大小等;定性方面分析产生实际与预算差异的主客观原因。公正的分析结论不仅可以用来作为预算评价,也对未来的预算管理提供基本材料,是高校提高管理水平的重要依据。差异分析还分为横向差异分析和纵向差异分析。横向差异分析是指学校可以选取合适指标与同类型、同规模学校进行比较,也可以在学校内各院系间进行指标比较;纵向差异分析即学校自身选择以前年度同类指标进行比较。无论横向差异分析还是纵向差异分析均须考虑比较对象间的可比性,切忌盲目比较。

（三）分部门实施预算评价

在高校整体预算评价体系下,针对重要预算项目和部门的包干经费,高校应设定不同的预算评价指标和标准,分别进行预算评价,考核其经济活动的真实性、合法性、科学性、效益性,并将评价结果与各项目或部门负责人的业绩评价相结合,实施激励。各部门的预算评价指标综合来说可以从以下三个方面来设计。

一是投入。投入指标如资金、人力、场所、设备等,用于衡量预算项目所消耗的资源,包括"生均教学经费""生均教学面积""生均教学设备"等指标。成本测算对采用投入指标进行预算评价的部分具有重要作用,需要完善相应的会计核算系统。

二是产出。产出指标是预算期内完成的工作、提供服务或产品的数量,包括"收入完成数""毕业生一次性人数""自筹经费完成数""接待来宾次数""档案入档册数"等指标。产出指标的计算相对比较容易。

三是结果。结果指标用来衡量项目或服务的结果,包括各院系的"英语四、六级通过比例""国家资格考试通过数"等指标;;各科研单位的"国家级课题占全部课题金额比例""国家级课题占全部课题数量比例""SCI、SSCI文章发表数""有国际影响文章发表数"等指标;管理部门的"收入预算完成比率""支出预算完成比率""解决来访问题满意率""处理问题及时率""各项检查合格率"等指标;后勤部门的"绿化率""食堂就餐率"等指标。结果指标是预算评价指标体系中最重要的部分。

根据部门和指标特点对不同部门采用不同的预算评价指标进行考核有利于各部门的业务发展和激励。例如,对各部门的预算评价,重点应放在节支增效上对专项工程的预算评价,重点应放在"决算（比预算）节支程度""验收工程质量是否达标"上。同时各高校的情况不同,需要根据各自的具体条件安排部门预算评价,在全部高校建立统一的预算评价体系,往往达不到考核的目的,对各高校的发展也不利。

（四）根据评价结果实施激励

预算评价必须以激励机制为补充，否则就没有意义。而激励也只有以预算评价为基础，才能有的放矢，要根据评价结果对部门和个人进行必要的物质、精神奖励或惩戒。明确的激励制度，可以让各部门和教职工在预算执行前就了解业绩与激励之间的关系，将个人、小团体与学校的整体目标紧密结合，保证预算执行的效果。如果激励机制不合理、不完善，往往会使预算评价流于形式，评价指标将丧失约束作用，预算管理会失去应有的功效。在进行预算评价时要客观公正、结合实际，形成准确、科学的评价结果，充分调动教职工的积极性和创造性。激励要坚持责权一致的原则，坚决按照规定兑现奖惩，有奖有罚，赏罚分明，不打折扣，保证预算的严肃性和学校目标的实现，确立预算管理在高校的核心地位。设计与完善高校激励机制，并与预算评价相配合，能够更好地促进预算管理的实施，这也是学校管理中应当考虑的重要问题。

第四章　高校效益与成本管理研究

高校进行教育成本核算和计量,构建教育成本管理运行体系十分必要。通过成本管理,高校不仅可以有效地挖掘内部潜力、优化资源配置,还可以降低成本、提高效益,从而增强高校核心竞争力。建立高等教育成本控制机制,尤其是探讨在高校经营下的成本控制与成本控制的基本规范,对于高校管理的意义更加深远。高校成本管理的目的有三个:一是选择成本效益管理基本路径;二是走出财务困境;三是构建地方高校成本效益管理新模式。

第一节　教育成本、效益与成本管理概论

教育成本是指为培养学生所发生的物化劳动和活劳动的耗费。作为经济范畴,这种耗费既同社会生产力相联系,也同社会生产关系相联系。教育成本不仅与经济效益相关,也与经济利益相关。一方面,教育成本是反映各个方面对于教育资源消耗的重要指标。另一方面,教育成本是国家确定教育投资及教育收费的主要依据;不仅是评价教育投资效益的必要前提,还是考核和提高教育管理水平的重要措施之一。

一、对教育产品经济性质的认识

(一)公共产品的含义

公共产品,是由英文"public goods"一词翻译过来的,在中文

里除了有"公共产品"的含义之外,还有"公共物品""公共品""共用品""公共商品""公共财货"等意思,在翻译上见仁见智,不一而足。与此同时,在英文中,除了"public goods"的说法之外,还有"collective goods"和"social goods"等表达方式。

公共产品和公共财政首先是与市场经济相联系的。在市场经济环境中,市场机制对资源配置起着基础性的作用,市场活动的主体是"经济人",包括自然人和法人,是追求自身利益最大化的具有理性的经济主体。经济主体在追求自身最大利益的动机的驱使下,依据市场信号(价格)的变化,从事经济活动。所谓"看不见的手",便是比喻市场机制通过市场价格信号而自发地发挥作用。然而,值得指出的是,市场机制并不是在任何条件下都能够有效地发挥其资源配置的作用。这种"市场失灵"主要是由公共产品、外部性、自然垄断、收入分配不公等多种因素所造成的。

（二）公共产品的分类

1. 纯公共产品

公共产品的第一个特征是非排他性。人们在消费公共产品时,之所以无法同时排除他人消费这种产品,是由两个因素决定的。第一,在技术上不具有可行性。以典型的公共产品———国防为例,在某一地域(国家)内,如果要想将此地域内的某一个人排除在国防保护之外,几乎是无法做到的。另一个有非排他性特征的纯公共产品适例是海上航标灯。显然,灯塔对附近所有的船只具有导航作用,而不可能专门将某一船只排除在外。第二,退一步讲,即使排除他人消费在技术上是可行的,但由于费用极其昂贵,甚至在经济上远远超出了所得到的回报,所以使排他失去了意义。以城市立交桥为例,在上下班的高峰时间里,从理论上讲,可以按照排他性的原则收取过桥费。但这样做要付出很高的代价,即造成上下班期间的交通堵塞。这种排他显然不能现实地加以运用,所以就是无意义的,于是便有了事实上的非排他性。

公共产品的第二个特征便是非竞争性。非竞争性是由公共产品的不可分割性决定的。它告诉我们,每增加一个消费者并不会减小任何他人对该公共产品的消费。路灯是非竞争性公共产品的适例,它所提供的服务(即照明)可以为行人甲所享用,但同时也不妨碍行人乙和丙乃至更多的行人所享用。由此也决定着,此类公共产品的投资,难以通过定价的方式迅速地予以收回。上述分析表明,非排他性和非竞争性体现了公共产品本身质的规定性,严格意义上的公共产品必须同时具备上述两个特征,二者缺一不可。

2. 准公共产品(混合产品)

准公共产品亦称为"混合产品",这类产品通常只要具备上述的非竞争性或者非排他性这两个特性中的一个,而另一个则表现得不充分。准公共产品具体又可以分为两类:一类是具有非排他性和不充分的非竞争性的公共产品;另一类是具有非竞争性特征,但非排他性不充分的准公共产品,如公共道路和公共桥梁。

这里要说明的是,在实践中,纯公共产品的范围是比较狭小的,而相较于纯公共产品,准公共产品的范围比较宽。例如教育、体育、公路等,向社会提供准公共产品;还有实行企业核算的自来水、供电、邮政、铁路、港口、城市公共交通等单位,也在向社会提供准公共产品。

(三)对教育产品的定性认识

根据上述理论,归纳起来,对于教育产品的经济性质的认识有公共产品、准公共产品和私人产品三种。

1. 教育属于公共产品的认识

有部分人认为教育是一种"事业",强调教育的外部性,认为教育通过人才资本的提升能对经济发展做出贡献。例如,义务教育是作为公共产品由政府承担的。

2. 教育属于准公共产品的认识

教育实际上是一种服务,这种服务具有非排他性和非竞争性。高等教育作为准公共产品要由政府和受益者共同承担。

3. 教育属于私人产品的认识

主张教育属于私人产品的认识,完全简单地照搬了公共产品理论和企业理论,认为教育有足够手段来排斥消费者。不过,此认识放弃了教育"育人"的本质特点,也忽略了高等教育传承文化的功能。

二、教育成本与效益的一般界定

(一)教育成本的一般界定

1. 教育成本的内涵

教育是一种生产性的投资,它既存在着投入和产出的比较问题,同时也会存在成本和效益的计算问题。因此,教育部门应当像其他的物质生产部门一样,进行成本的预测和核算。英国教育经济学家约翰·希恩指出:"教育部门,同其他经济部门一样,要使用一部分宝贵资源。这些资源如不用于教育部门,就可以用于别的部门。"美国著名经济学家舒尔茨认为:"学校可以视为专门生产学历的厂家,教育机构(包括各种学校在内)可以视为一种工业部门。"这些论述无疑是经济生产中的成本理念运用于教育领域的坚实理论基础。因此,西方教育经济学者把教育成本视为生产教育产品所投入的资源价值。

2. 教育成本的作用

教育成本的具体作用有以下几个方面:

第一,教育成本是衡量培养各类人才的消耗的尺度;第二,教育成本是衡量教育成本—效益的前提,是计量教育成本利用的经济效益的必要条件;第三,教育成本是测定未来劳动力报酬的重要依据;第四,教育成本是对各级教育进行管理,规划以及对各项教育活动进行决策的有力依据。

（二）对于教育效益的理解

随着教育改革与发展,人们对教育的观念发生了巨大的改变,由消费性观念逐渐向投资性观念转变,导致对教育投资的效益进行衡量,以说明教育投资的必要性和重要性,并与其他物资资本效益(或收益)相比较,以实现"经济人(个人或国家)"的最大利益。人们在判断是否接受教育时,不再单纯地考虑文化传统的影响,而对教育投资预期带来的收入、职业选择和社会地位方面的利益越加重视。

（三）利益相关者理论及作用

利益相关者理论为高校经营及效益管理提供了理论支持,根据利益相关者理论分析,高校的利益相关者是创造高校价值、有能力影响高校的活动并受高校活动过程或结果影响的人或组织。按其与高校的密切程度,高校的利益相关者可以分为三个层次:一是核心层,包括教师、学生、高校管理人员;二是中间层,包括政府、校友、科研经费及贷款提供人等;三是边缘层,包括周边社区和社会公众。

这些利益相关者不同程度地参与了高校的活动并受其影响,都期望从高校的活动中得到收益,因此高校不仅要管理而且要善于经营,才有能力更好地满足利益相关者的各种需求。经营与管理是有区别的,高校可以不以营利为目的,但是不能没有收益。

三、成本管理概述

（一）成本管理的产生与发展

现代成本管理是成本管理发展到一定阶段的产物。成本管理理论与实践的演进历程，以作业成本管理（Activity-Based Costing Management，ABCM）为分水岭，大体可将成本管理分为经验管理阶段、科学管理阶段和现代成本管理阶段。

1. 经验管理阶段

19 世纪初至 20 世纪初期是形成阶段，即经验管理阶段。随着生产力的发展和产业结构的出现，经济活动和经济关系开始复杂化，客观上要求在生产过程中计算企业的生产费用支出并确定产品成本，于是开始实行成本核算。第一次工业革命后，企业规模不断扩大，"生产主导型"战略初步形成，企业竞争日益激烈，主要表现在生产成本的高低，这样就使成本计算与会计核算结合起来，形成了成本管理。这一时期的成本管理强调应用会计的原理、原则来计算成本，以事后核算和控制为重点，尚处于成本的经验管理阶段。

2. 科学管理阶段

20 世纪初期至第二次世界大战前是发展阶段，即科学管理阶段。

20 世纪初，"生产主导型"战略方兴未艾，美国管理学家泰勒认为，企业管理的根本目的在于提高劳动生产率，要求企业把可以避免的各种生产经营损失和浪费尽可能地缩减到最低限度，通过实现各项生产和工作的标准化来提高企业利润。这给成本管理提供了启示。实行标准成本制度后，成本管理开始由事后成本计算转向事前制定标准。

3.现代成本管理阶段

第二次世界大战后至今是成熟阶段,即现代成本管理阶段。

第二次世界大战后,企业战略管理模式由"生产主导型"战略向"需求主导型"战略转化。现代企业管理的思想,提出了"生产的重心在经营,经营的重心在决策",把成本管理推向现代化管理的地位。因此,现代成本管理的主要特点是成本与管理相结合,以成本干预生产。20世纪50年代以后,随着经济的高速发展,成本管理理论也在更新,同时也孕育了现代成本管理。现代成本管理是成本管理技术的集成,即在一定理念和文化下,运用一系列的成本管理方法从全局、系统的视角来降低企业成本,同时培养和提升企业核心竞争力,从而形成企业的可持续发展战略,其中最典型的是战略成本管理。

(二)战略成本管理的基本内涵

战略成本管理的基本思想,包括成本的源流管理思想、与企业战略相匹配思想、成本管理方法措施融入思想和培养职工的成本意识等,主要是从战略角度来研究成本的各个环节,从而进一步找出降低成本的途径。要想正确理解战略成本管理的基本思想,就要把握以下内涵。

1.战略成本管理以贯穿成本源流管理为核心理念

战略成本管理认为,成本降低的主要根源是控制成本发生的基础条件,因此它是强调以改变成本发生的基础条件为目的的方法措施,其主要方法有重构价值链、控制成本动因等。

2.战略成本管理实质上是一种全面成本管理

战略成本管理是一种集全方位、全过程和全员管理于一体的现代成本方式,原因在于:第一,它强调从产品设计就关注成本的意义;第二,它强调从成本预测、决策、计划、核算、分析以及考核等各个方面找出降低成本的途径;第三,它强调培养职工的成本意识,要求人人参与,不能只有领导参与成本的管理。笔者认为,管理要从成本发生的源流着手,控制成本需要全体职工的共同参与,要培养职工的成本意识。

3. 战略成本管理以产品全寿命周期成本为主要管理对象

战略成本管理以实现企业可持续发展战略为最终目标,站在整个物质产品的循环过程来看待成本的耗费及补偿,注重对产品整个寿命周期进行目标成本管理,并实行规划和产品设计的一体化管理,从根本上降低成本,实施技术与经济的最佳结合。

4. 战略成本管理的主要环节

成本管理的内容和环节,取决于成本管理的职能,一般包括成本预测、成本决策、成本计划、成本控制、成本核算、成本分析和成本考核七项。成本核算是基础,是原始的成本管理,也是狭义的成本管理;成本管理的其他内容是在成本核算的基础上,随着企业经营管理要求的提高和管理科学的发展,逐步发展形成的。现代成本管理是广义的成本管理,实际上就是成本会计。

（三）成本管理中的有关成本概念的界定

1. 相关成本和无关成本

相关成本,即与决策有关的成本,与无关成本对应。沉没成本是一种典型的无关成本,即过去已经发生而无法由现在或将来的决策所能改变的成本。下列属于相关成本的范畴:一是差量成本,即决策者在两个备选方案中进行选择时,就同一项或同一类可比成本之间的差异或差量;二是机会成本,即因选择某项方案而放弃其他方案所损失的收益。

2. 可控成本和不可控成本

不可控成本是指管理者不可控制或者在管理者控制范围外的成本。从成本管理的角度看,那些可控的成本才是责任成本管理需要解决的主要问题。不过,可控成本与不可控成本也是相对的,在一定条件下,二者可以相互转化。

3. 固定成本和变动成本

按照成本与业务量的依存关系,成本分为固定成本和变动成本。固定成本是指在一定时间和一定业务量的范围内,其费用发生总额不随业务量的增减而变化的成本。变动成本是指在一定时间范围内,其费用发生总额随业务量增减变化的成本。正确理解变动成本要注意:一是单位业务量分摊的变动费用是相对固定的;二是其中一些费用虽然也随业务量的变化而变动,但不成正比例变动,这部分费用称为半变动费用。

4. 标准成本和责任成本

标准成本,即为了达到控制成本的目的,在生产经营活动开始前,根据产品结构和生产工艺过程,采用科学方法进行测算所预先制定的产品生产经营耗费限额。责任成本,即为考核成本责任者的成本责任而制定的一种成本。责任成本提出的目的在于落实成本责任,考核成本管理工作绩效,为加强成本管理提供信息。

四、支出、费用及成本的比较

(一)在一般及经济上意义的比较

1. 一般意义上的含义

在日常英语中,支出一般为"pay""expend"等,费用一般为"cost""expend"等,而成本一般为"cost"等。按照《现代汉语词典》上的解释,"支出"有"付出去、支付"和"支付的款项"(跟"收入"相对)两层含义;"费用"为"花费的钱、开支";而"成本"解释为"产品在生产和流通过程中所需的全部费用"。《辞海》中"成本"解释为"产品价值的一部分的货币表现",此解释属于一种经济上的界定。实际上,一般意义上的"成本"常常被理解为"为特定目的而发生的各种耗费",如经常提到产品成本、各种各样的投资成本等。

2.教育经济学上的含义

我国教育经济学上经常提到的"办学成本"一般是指学校培养成本,即"学校为培养人才所需耗费的物化劳动和活劳动的货币表现"。此处成本作为一个理论概念,是指培养出一位人才新耗费的劳动,所以办学成本在教育经济学上也可以称为办学费用。

由上可以看出,在含义外延和使用范围上,办学成本相对办学支出、办学费用来说较窄。但是,在实际生活中,三者常常相互混用,尤其是办学费用和办学支出。在教育经济学上,并不严格区分费用和成本,办学成本可理解为办学费用。虽然成本在传统经济理论中一般界定为"生产成本",但是,因西方经济学上的成本的内涵,还包括了一部分利润(称为正常利润),所以其内涵较我国经济学上的成本内涵要丰富,所包括范围要广。

(二)在高校财务意义上的比较

1.办学支出和办学费用

在高校财务中,办学支出仍比办学费用所包含的范围要广泛。只有那些在学校教育教学活动中为培养高素质人才而发生的各种支出,才是费用;而其他原因发生的支出,如偿还借款、支付应付账款、为购买固定资产而支付的款项等,都与培养人才无关,都不能构成学校的办学费用,并不是所有的办学支出在一发生时就是办学费用,但是办学支出或早或迟最终都转化为办学费用。

一般来说,高校的办学费用按经济用途可分为应计入培养成本、科研成本的费用和不应计入培养成本、科研成本的费用。其中,前者又可分为直接费用和间接费用,后者可分为管理费用、财务费用和营业费用(即组成期间费用)。按照经济内容可分为劳动对象方面的费用、劳动手段方面的费用和活劳动方面的费用。

2. 办学费用和办学成本

办学成本是指对象化的费用。例如,高等教育的成本是相对于一定的人才而言所发生的费用,是按照人才培养层次等成本计算对象对当期发生的费用进行归集而形成的;办学费用是资产的耗费,它与一定的会计期间相联系,而与培养哪类人才无关;高校教育成本与一定种类和数量的人才相联系,而与发生在哪一个会计期间无关。因此,在高校会计工作中,办学成本的含义和一般意义上的成本一致,即一种为特定目的而发生的耗费。

资产的耗费即是办学费用的实质所在,但并不是所有的资产耗费都是办学费用。在高校财务中,教育成本的确认过程即一定时期办学费用归集和分配的过程,即从办学费用对象到某一人才的过程。一定时期所发生的办学费用构成了办学成本的基础。在高校财务管理中,办学成本较为宽广,其确认要依其专门界定,某一项成本总是有专门的界定或确指,如固定成本、沉没成本、机会成本等,现代成本管理还引入了作业成本等。

第二节　高等教育成本的界定及核算

对高等教育成本的不同界定,决定了对高等教育成本核算方式的不同。高等教育成本计量是提高经费办学效益的客观需要,也是不同成本核算对象公平分担成本的内在要求。高校经费支出并非都是属于教育成本核算的范畴。

一、高等教育成本概述

（一）高等教育成本的相关概念

1. 高等教育成本的含义

高等教育成本是指高校在教育活动中用于培养学生所耗费

的教育资源的价值,具体有广义和狭义两种理解。

广义的高等教育成本,是指培养一位合格的高校毕业生,国家、家庭和社会所耗费的全部费用,或学生在高等教育阶段,接受教育服务所耗费的资源的总价值。

狭义的高等教育成本,是指高等教育机构用于培养学生所耗费的,可以用货币计量的教育资源的价值,是一种通过财务系统专门的方法计算的实际成本,不包括社会和个人投资于高等教育丧失的机会成本。

2. 高等教育成本的特点

高等教育产业自身的特点决定了高等教育成本较一般意义上的成本概念有其自身的特点:高等教育成本补偿的间接性;高等教育成本的区间性;高等教育成本的递增性;高等教育成本与效益在时间上的不配合性;高等教育共同成本的难分摊性;高等教育成本与效益的不完全对称性;高等教育成本的不确定性。

3. 高等教育成本的分类

我们大体上可以将现阶段高等教育成本分为以下几种:(1)资本化成本与经常性成本;(2)固定成本与变动成本;(3)总成本与生均成本。

（二）高等教育成本的构成

狭义上的高等教育成本,主要由以下几部分组成。

1. 教学费用

教学费用即高校在培养学生的过程中直接用于教学的费用,具体包括:(1)直接服务于教学的教师的基本工资、绩效工资以及社会保障所缴费用;(2)直接用于教学的费用,如仪器购置费用、教学中的消耗性费用及其他教学物资购置费用;(3)教学辅助费用,如图书馆的建设、网络信息资源的购置、学术报告举行所需的费用等。

2. 学生费用

学生费用即直接用于学生的各类费用开支,如奖学金、助学金、特困补助、学费的减免、学生的医疗费补助等。

3. 科研费用

科研费用包括纵向科研费用和部分横向科研费用。参考美国卡内基教学促进基金会制定的高等教育机构分类,根据一定周期内纵向科研费用数量,将目前我国的高校分为研究型、研究教学型、教学研究型以及教学型四类,据此各类高校的办学成本应该有所区别。对横向科研费用,各高校都应该根据自己的实际情况将适当比例的科研经费计入办学成本之中。

4. 社会服务费用

在办学成本构成中增加社会服务支出,是为了促进高校成为社会发展的助推器,引领社会前进的力量。例如,产学研基地和农业特派员费用等。

5. 管理费用

管理费用即学校管理部门所发生的各项费用支出,具体包括:管理和服务人员的工资以及这些人员要维持学校的正常运转所花费的各项费用支出。至于后勤服务支出,应根据高校后勤社会化的改革要求,依不同情况具体对待。

6. 折耗及修缮费用

固定资产都是有一定使用年限的,因而固定资产的投资应该按其使用年限分期计入办学成本之中。与之相关联的是,固定资产在使用过程中还需要不断维护和修缮,因此这笔费用也要计入相应期间的办学成本中。

此外,按成本对教育运行的功能可分为人员经费、公用经费和专项经费。人员经费包括基本工资、补助工资、其他工资、职工福利费、社会保障费和助学金;公用经费包括公务费、业务费、设备购置费、修缮费、其他费用和房屋折旧费等；专项经费包括按照项目管理的不在上述分类中的有专门用途的费用。

（三）高等教育成本的特性

1. 成本补偿的间接性及滞后性

高等教育成本与制造业成本是不一样的。学费只是教育成本的一部分，不能完全补偿高等教育投入。高等教育成本的补偿不是发生在教育过程中，而是发生在学生毕业后所从事的各种工作之中。同时，与物质产品周期比较，高等教育成本回收期更长，往往要等到学生毕业之后通过就业或创业才会有补偿的可能。可见，教育资金投入产生效益具有明显的滞后性。研究发现，教育成本回收周期虽长、效益滞后，然而这种投入的效益是显性的甚至是加倍的，比一般物资生产领域的投入所产生的效益要大得多，并且这种效益是持久而稳定的。

2. 成本核算区间的不确定性

在企业里，不同期间、不同产品的生产成本的界定是非常清晰、明确的。高等教育的中心任务是人才培养，教育成本投入涉及经济效益、社会效益。高等教育成本的界定在不同期间、不同专业乃至不同毕业生之间的界定存在较大的模糊性或不确定性，具体表现在：第一，成本项目或要素内容的不确定性，即哪些费用支出应计入教育成本核算，目前没有一致的规定。第二，费用支出计入教育成本时数额的不确定性。高校教育成本项目部分费用支出要准确界定出计入成本的数额，存在相当大的困难，如科研支出等，为社会解决应用性问题所进行的科研，其成本支出较少与培养学生有关。第三，成本受益对象和受益期间合理划分不是一件容易的事。

3. 单位成本递增趋势

在物资产品生产领域，随着科技进步和管理的加强，单位产品的生产成本是递减的。随着时间的推移,教育成本却在不断上升。造成成本递增的原因是多方面的,主要受资金取得额度大小、人才培养质量要求、现代科技在人才培养领域中的运用等因素的影响。事实上,高校教育并不以追求成本最小化为目标,相反,大量的高校存在着追求成本最大化的倾向。美国教育家霍华德·R.鲍恩对此作过深刻的分析,他认为,院校的主要目标是办学成绩卓越、名声显赫、影响深远。为了追求这些有成果的教育目标,高校所需的费用实际上是无止境的,无论开支多少也难被认为足够了。也就是说,高校费用支出的刚性决定了教育成本不断递增的特性。

4.人力成本构成比例偏高

在我国高校成本构成中,人力成本一般占到经常性支出的50%左右,老牌高校更是接近60%,教育活动协作性强,教育资源共享程度高,各项人力投入具有综合性,如行政管理人员、教辅单位人员的工资性支出。尤其是随着教育改革的深入,许多地方高校非常重视高层次人才的引进,导致高层次人才引进费用不断增加,更加重了人力成本构成比例。

二、高等教育成本的核算和计量

(一)高等教育成本的核算

1.高等教育成本核算的含义

高等教育成本核算就是利用一定的技术手段和方法,对高等教育运行过程中各种费用的发生和成本的形成进行核算,以此确定在人才培养过程中用于一定人才对象的劳动价值耗费的总和。高等教育成本核算包括两个基本环节:一是按照规定的成本开支范围,对各项费用进行汇集,计算出为培养学生而支付的实际发生额;二是根据成本核算对象,采用适当的方法计算出高校教育总成本和生均教育成本。

高校作为以人才培养为中心的事业单位,不像企业单位那样直接从事物质资料等有形产品的生产和销售,但同样存在着投入和产出,需要消耗大量资源。因而,在市场经济条件下进行高校教育成本核算,对微观办学和宏观教育管理都具有十分重要的意义。

2.高等教育成本核算的基础

高等教育成本核算的基础是指通过会计核算方法来计算成本所采用的记账基础。会计核算基础具体有四种,即完全的应收制、修正的应收制、完全的实收制和修正的实收制。从我国目前高校的实际情况来看,以修正的实收制为核算基础较适宜。

3.高等教育成本核算的基本内容

高校经费支出并非都属于教育成本核算的范畴。教育成本核算不同于一般的成本核算,也不同于高校的日常收支核算。因为高校的教育经费支出并不都是用于教育培养,如不承担教育教学任务的离退休人员的工资和其他费用等支出,原则上应计入教育成本。

(1)确定教育成本核算对象。确定教育成本核算对象就是反映归集费用的对象。教育资源耗费的受益者应当就是成本归属的对象。

(2)确定教育成本开支范围。教育成本核算的过程,实际上就是费用的归集和分配的过程。为了正确归集和分配各种费用,应根据权责发生制和"谁受益谁负担"的原则,正确划分费用的归属期,由受益期的各受益对象合理负担。

(3)教育成本费用应该做到登记明细账。

（二）高等教育成本的计量

高等教育成本计量是提高经费办学效益的客观需要，也是不同成本核算对象公平分担成本的内在要求。通过高等教育成本的计量，可以为确定学费及财政补助标准提供主要的参考依据或方法。

1. 高等教育成本计量的特点

高等教育成本计量具有模糊性，主要表现在以下方面：

（1）成本构成项目的模糊性。教育经费支出中有哪些项目归属成本范畴，学术界至今意见不一，尚无统一规定。

（2）成本计算数额的模糊性。因计量方法的不同或分配标准的不确定性，使得某些支出项目较难准确计算出应计入成本的金额。如高校科研具有服务教学和服务社会的双重功能，其中计入教学成本的金额需具体分析。

（3）成本标准的模糊性。由于培养合格人才的具体标准尚未统一，因此培养学生必须投入的软件和硬件设备没有统一要求，培养学生的成本标准与成本定额没有明确界限。

（4）共同费用分摊的模糊性。高等教育由于教育活动协作性强、教育资源共享程度高，支出中共同性费用较多，使教育成本的核算较物资生产企业更为复杂。如图书资料、体育设施等投入均属于共同性费用，科学合理的分摊方法直接影响到成本计算的准确性。

2. 利用统计调查法计量教育成本

（1）计量学校成本

我国学者早在 20 世纪 90 年代便开始采用统计调查法计量学校成本。例如，蒋鸣和等用 491 个国家级贫困县小学的经费数据估算小学生均成本，但他们直接使用了当年基本建设支出的数据，而不是计算固定资产的折旧。因此，其分析对象实际上是教育经费而不是教育成本。叶向阳利用贵州、江西、甘肃、安徽、四川 5 个省 29 所小学 1995 年的统计数据估算学校成本,并考虑用固定资产的折旧(用 8% 的折旧率)而不是基建支出,在方法上更进了一步。但分析表明不同省区之间的差异太大,结果难以令人信服。蒋鸣和利用 1994 年我国普通高校经常性经费和固定资产原值的数据,利用 5% 的折旧率,估算出普通高校本科生的生均经常性成本和生均建设性成本。袁连生和崔邦焱利用 1952 年、1965 年和 1979 ～ 2002 年的统计数据,以生均教育事业费衡量生均运行成本,发现按不变价格计算的生均运行成本提高缓慢,主要是因为学校规模的扩大和生师比的提高减缓了生均成本的上升。

(2)计量个人显性成本

孙志军利用"甘肃基础教育项目"在甘肃省 20 个县的农村住户调查数据,估算了家庭的"基本教育支出"(指学校收取的各类学杂费和家庭支出的书本费、文具费)和"教育总支出"(指基本教育支出加上补习费、校服费、为求学而支出的交通费、住宿费、伙食费以及其他用于子女教育的支出)。由于农村地区家庭很少有与学校教育无关的教育支出,因此孙志军估算出的家庭教育总支出可以视为个人显性成本。

(3)计量个人隐性成本

相对来说,计量个人的隐性教育成本是比较困难的,因为需要知道如果孩子不上学可能获得的收入。对于发展中国家的一些研究从不同层面估算了个人的隐性成本,如在印度尼西亚,12 ～ 14 岁的少年可以负担成年劳动力 2/5 的工作量,15 ～ 19 岁的青年则可负担成年劳动力 9/10 的工作量;在泰国,一个 6 年级学生可以挣到成年人工资的 1/4;在缅甸,11 ～ 15 岁青少年的劳动力价值是户均收入的 1/4 ～ 1/3。

三、新财务制度下高等教育成本的运行机制

高校教育成本核算的范围是一个交叉性的集合,一个多功能的整体和一个综合的系统。新财务制度下如何保障高等教育成本核算的有效运行,是一项复杂的系统工程。

(一)全面而深入地实施新的高校财务制度

2013年1月1日施行的《高等学校财务制度》(以下简称新制度),从权责发生制要求和便于成本核算的角度,增加了如下内容。

1.规定了费用的定义、计入方法及内容

费用是指高校在开展教学、科研及其他活动过程中发生的资产耗费和损失。界定费用概念是开展成本核算的基础。在权责发生制基础下,对不同类型的支出采取相应方式归集费用,是成本核算所必需的前提。高校的支出应当分为资本性支出和收益性支出。高校发生的收益性支出计入当期费用;发生的资本性支出以资产折耗的形式分期计入费用。资产折耗包括高校的固定资产折旧和无形资产摊销。

2.进一步明确了费用核算的方法和内容

成本计算的过程实际上是一个将费用归集和分配到成本对象的过程。成本核算是指将高校业务活动中所发生的各种耗费按照核算对象进行归集和分配,计算出当期的总成本和单位成本。因此,费用归集后才能进行成本核算,而费用按其用途归集分为教育费用、科研费用、离退休费用、管理费用和其他费用。同时,将教学、科研的费用具体组成内容区分为人员费用、公用费用和资本折耗费用,将教学费用、教辅费用、学生事务费用均归并到教育费用。教育费用是指高等学校在教学、教辅、学生事务和其他教育活动中,发生的人员费用、公用费用和资本折耗费用。教育费用相当于人才培养成本的范畴。

3.其他间接费用的有关规定

(1)明确管理费用的组成,主要包括:高校行政管理部门发生人员经费、公用经费和资产折耗等费用；高校统一负担的工会经费、诉讼费、中介费、印花税、房产税和车船税等。将行政管理部门的费用和其他期间费用并入管理费用，有利于对管理费用的管理与控制。

（2）将"离退休费用"独立出来。离退休费用是指高等学校统一负担的离退休人员社会保障和福利待遇方面的各类费用。将其独立出来主要是考虑：高等学校是人力资本集中的地方，离退休人员费用比重较大且必须加以保证，如果将其归并到管理费用之中势必会加大管理费用的口径，不利于真实客观地反映管理费用。

（3）其他费用定义为高校无法归属到上述费用中的其他各项费用。一般来说，主要包括对附属单位的补助，向上级缴纳的费用，用于财务及捐赠的费用。

（二）逐步建立全面成本管理体系

高校要像抓教学质量那样，推行全面成本管理，坚持专业管理和群众管理相结合的原则，形成全员抓成本管理的网络，使成本管理渗透到高校教育教学管理的各个方面、各个环节，真正形成人人关注成本、人人控制成本的新局面。

1. 成立专门机构，明确成本管理职责

高校财务部门应设立财务成本管理科或者成立高校教育成本管理中心，明确成本管理职责，定期向学校反映高校教育成本核算信息，为高校加强财务管理等提供准确的财务管理信息。

2. 制定切实可行的全面成本管理方法

从成本管理的角度看，高校办学成本高、办学效益低的原因，除成本意识淡化外，主要是责任不清、措施不力、管理不严等。高校应针对这些问题，建立一套完整的成本管理保证体系，实现多层次的成本费用管理目标责任制，将成本费用目标层层分解、落实，建立横向分解落实到学校内部有关部门、纵向落实到教研室及教师个人的管理网络,并把成本管理目标责任制同经济责任制挂钩,贯彻责权利相结合的原则,把目标成本完成的好坏与经济效益结合起来,奖优罚劣。

(三)建立各级财务成本管理的工作机制

虽然国家、各级教育主管部门和各级各类教育单位,都为提高教育经费使用效益提供了不少办法,做了不少工作,也开展了一些探讨,诸如教育规模效益、合并效益、经费支出绩效评价等,但是至今高校教育成本工作运行机制还没有真正形成。

1.高校主管部门明确成本核算职责,加强对高校的指导

高校教育投资效益问题若不从规范成本、核算成本、降低成本入手,则好比"无本之木"和"无源之水"。因此,建议在高校主管部门内部建立高校教育成本核算工作机制。比如,在教育部财务司设立高校教育成本核算中心,各省(市)教育厅财务处明确专人负责高校教育成本核算工作。同时,指导高校开展成本管理。比如,可以通过实施高校教育成本核算试点工作,在试点的基础上将成功经验在全国高校内全面铺开,加快高校教育成本核算实践的发展步伐。

2.增设高校教育成本核算考核指标

在高校办学水平评估指标体系中,建议增设高校教育成本核算考核指标,加大指标权重,目的在于增强高校成本意识,促进高校财务管理科学化、规范化,并合理配置高校教育资源和提高办学效果。这对全面改善和加强高校管理,节约开支,防止或减少损失、浪费现象,从而提高学校发展能力有着积极的现实意义。

第三节　高等教育成本控制

一、高等教育成本控制概述

（一）高等教育成本控制的含义及内容

1. 高等教育成本控制的含义

罗绍德（2005）把成本控制描述为"企业在生产经营过程中，按照既定的成本目标，对构成产品成本的一切生产成本和经营管理费用进行严格的计算、分析、调节和监督，及时发现实际成本、费用与目标的偏差，并采取有效措施，保证产品实际成本和经营管理费用被限制在预定的标准范围之内"的一种管理行为。

一般认为，高等教育成本控制可以理解为：高校管理者通过预算等手段对教育成本进行规划、调节，并使其实际按照预期的方向发展。

2. 高等教育成本控制的内容

成本控制是一项系统工程。高等教育成本控制内容大体分为以下三部分。

（1）事前成本控制。事前成本控制也可以称为成本计划控制，即科学地制定目标成本计划，力求对运行结果通过预算手段实行目标管理。成本计划的基础是成本预测，即根据学校的办学目标和实际条件及有关历史资料，采用科学的方法对各项目的成本进行预测，以此为编制成本计划提供依据。成本计划的主要内容实质上是人力、财力和物力的优化配置。

（2）事中成本控制。为确保目标的实现，在成本管理中还要重视教育运行过程中的成本控制，让成本管理渗透到每一个运行过程，即要做好事中成本控制。

常用的方法：一是计划分解，也就是将成本控制的标准分解到各部门、岗位和各个阶段、环节,让部门领导和教职工都明确意义,并使成本管理与切身利益挂钩;二是事中分析,如日报、旬报及月报成本分析等;三是日常检查;四是日常信息沟通。

(3)事后成本控制。事后成本控制即通过成本会计核算对财务报表及其他渠道形成的信息,运用成本分析法,定期(一般是会计年度终了后)或定项(一般是项目验收交付后)进行综合分析、评价和考核,以总结经验、发现问题,并找出原因和提出控制措施。控制措施,主要是针对执行结果与计划的偏差提出的。

根据偏差的大小和控制能力,控制措施常划分为两种:一种是通过改变预定目标来控制偏差;另一种是通过适当改变投入的标准、质量和数量,以及人、财、物、信息和系统结构等来提高系统控制力,使其尽快满足目标成本要求。

(二)高等教育成本的考评及分析

1. 目标成本制度下的教育成本绩效考评

为了提高教育资源的利用效率,以最小的投入获取最大的产出,高校应当针对学校的特点,参考企业广泛实施的目标成本管理方法,制定出合理的成本控制制度。做好定期的成本绩效评估,是现代成本控制的重要内容及主要环节之一。

(1)岗位成本目标的制定。实施高等教育成本控制责任制,关键在于各岗位成本目标的制定。作为成本控制的努力方向和衡量实际资源消耗水平的依据,成本目标的制定要遵循常态性。所谓常态性,既包括只考虑正常条件制定成本目标,也包括目标一经制定就应保持其相对的稳定性。制定高校的成本目标的一般程序如下:

①测算全年可安排的教育经费总额即可支配经费财力。高校各项能够实现的、稳定的收入数据加总,测算本年度的学校总收入,扣除用于学校基建投资和其他与教育活动无关的研究、服务活动的开支,算出下一年能够用于教育活动经费总额。

②测算全年目标成本总额。首先,高校按照确定的招生规模,计算出学校在校生总额。其次,在不计算专职研究人员、服务人员的条件下测算出师生比和教职工(不含离退休人员)报酬。最后,确定生均人员经费支出。同理,还可以测算出生均公务费支出、生均业务费支出、生均修缮费支出、生均折耗费支出等项目。按照成本项目构成将以上项目加总后,即可测算生均教育成本和全校教育总成本。这里的全校教育总成本,如果超出全年可安排的教育活动经费总额,就依上述各生均经费指标下调。通过这样的方法,可测算出下年全校教育活动的目标成本总额,即下一年全校教育活动的成本上限。

③层层分解全年目标成本总额。具体有三层:首先,由学校根据预算等文件将下一年全校教育活动的成本总目标分解到各职能部门;其次,由职能部门根据年度任务分解到各学院和全部门;最后,由学院具体分解到具体岗位,各个岗位依据所涉及的学生人数,并结合特定的误差修正值来确定具体的成本目标数额。

如上所述,由于高校教育成本计量的特性会导致制定目标成本比较困难,所以高校的成本总目标如何分解为各个岗位的成本目标,以及这种分解是否具有合理性都需要认真研究。在制定过程中,要注意两点:第一,在技术方法上只适合采用直接制定目标成本一种方法,而企业可采用直接制定和根据目标利润制定两种方法。第二,制定过程的专业性和群众性的有机结合。在参与的部门中,一般由财务部门牵头,教学、科研、人事等有关部门选派人员参与,而这些人员在业务上对教育成本比较熟悉。

(2)教育成本控制绩效的考核与评估。成本考核是指定期对成本目标的实际完成情况进行测评和总结,以督促各岗位做好成本控制,提高目标成本控制水平。目标成本的考核必须与责任制结合起来,对成本考核的结果还应进行一定的分析、评估,以得出基本评价。一般认为,进行各岗位的绩效评估并不难,难的是经考核所得的绩效如何评价。

2.高校办学效益分析

（1）高校办学效益分析的基本原理。按照现代经济学理论的解释，高校的产生及功用是和外部性特征密切联系的。一方面，利用正向的外部性特征，以连带性、非排斥性功能，为社会提供高质量人才，满足社会共同偏好，促进社会经济发展；另一方面，可以帮助克服负向的外部性，平衡社会的不同偏好，克服"市场失灵"，实现社会公平与正义。同时，高校作为一种实现帕累托最优的资源配置的机构，其存在会减少人数众多时获取个人关于公共物品和外部性偏好的信息所需的交易成本和谈判成本，可以这么理解，高校的产生站在整个社会的角度是为了降低整个社会的教育总成本。高校在处理与社会的外部关系时，目的是减少社会成本。高校真正意义上的讲求成本，必然要理顺教育行为中直接成本与间接成本、业务成本与非业务成本、必要成本与连带成本之间的关系。如果使这些可操作性的机制形成制度性的规范，约束其行为，就可以在相当程度上减少浪费。

（2）高校办学效益分析的方法。办学效益指在保证办学目标方向的正确性，并在给社会带来有效成果的前提下，办学活动的产出与投入之间的比率，可用公式表达为：办学效益＝办学产出/办学投入。其中，办学投入即为办学成本，高校办学效益则可表达为：高校办学效益＝高校办学产出/高校办学成本。

二、高等教育成本控制方法与要素

（一）高等教育成本控制方法

成本控制方法是实现成本的重要手段，是完成成本控制任务和达到成本控制目的采取的措施。不同的成本管理阶段，如果面临相同的或类似的问题，所采用的成本控制方法就有可能不一样；在同一个阶段，如果遇到不同的成本对象或出于不同的管理要求，成本控制方法也会不尽相同。因此，如何选择一种适宜的方法来强化成本控制,使得成本控制更具有全面性、及时性,进而满足成本信息使用者的需求,就成为成本的重要目标。成本控制主要有以下几个步骤:第一,构建成本整体框架,设置科学合理的控制环节;第二,建立成本控制权责管理体系,确定行之有效的岗位制度;第三,完善成本控制专项监督机制,实现定向的目标。

（二）高等教育成本控制要素

同企业成本控制一样,高等教育成本控制既是高等学校内部控制的内容之一,也是高等教育管理体系的有机组成部分。鉴于高等学校是一类具有特殊运行规律和管理需求的组织,因此,应当在构建其内部控制系统和设置内部控制要素时,既基于《企业内部控制基本规范》和《行政事业单位内部控制规范(试行)》的基本思路,又能够充分结合高等教育的特色,体现教育事业发展的规律和要求。高等教育成本控制要素主要有:

1. 控制环境

（1）成本控制系统的基本状况。成本控制系统是由高等学校内部的一些部门(或作业中心,以下简称作业中心)组成的,通过设定成本控制目标,并采取一系列控制方法和措施,对各部门发生的实际成本的目标的偏差进行调整,使得高等教育成本符合预期的管理系统。

（2）成本控制机制的建设状况。成本控制机制的建设是有效实施成本控制的基础。成本控制机制建设的关键在于:一是要建立不同作业中心之间的沟通协调和联动机制;二是要建立成本控制的决策、执行和监督的有效分离机制;三是要建立成本控制的决策机制、岗位责任制、内部监督机制。

（3）成本制度的完善程度。机制的建立健全离不开管理制度的制定与完善。

2. 事业活动和控制

（1）事业活动的成本预算和控制。事业活动的成本预算，是由每个作业中心单独的成本预算组成的，反映该作业中心为开展一定的事业活动所消耗的资源。

（2）事业活动的支出管理和控制。事业活动的支出管理，是把握事业活动成本是否按照批准的成本预算执行的关键。

3. 信息沟通和监控

信息沟通和监控是有效实施高等教育成本控制的有力手段，使得整个成本控制系统的信息能够及时传递和交换，适时提出增补、修改、调整、废止等管理建议。

三、地方高校成本控制的基本规范

（一）制定高校成本控制基本规范概述的必要性

高校价格竞争力不是建立在规模实力基础上的，而是建立在成本管理水平不断提高基础上的。所以提升高校价格竞争力的途径，只能是成本管理规范化。

第一，只有通过成本管理规范化的系统思考，才能保障企业从整体统一的思路实施成本控制，以保证成本管理不会流于形式。成本管理规范化，并不是寻求单独一个岗位或者一个环节投入的最小化，而是要保证在企业整体效益最大化的前提下，实现成本控制的优化，使每一个岗位上的每一个环节的投入最小化。企业是一个有机整体，成本控制不能盯住局部算小账。只有通过规范化管理的实施，才能避免局部算小账、整体发生大浪费的事件。

第二，成本管理措施必须通过规范化予以稳定，以避免朝令夕改的事件发生。好的成本控制思路和技术方法，必须通过制度规范的形式固定下来，作为一种事先达成的共同约定，对企业组织每一个成员都产生约束作用,才能保证从上到下全面贯彻落实。好多企业成本控制不力的一个重要原因,就是运动式地搞成本控制,集中抓一阵子后,领导人的呼声一降低,下面成本控制的热度就没有了,浪费的习惯就又开始产生作用了。

第三,有效成本管理的关键点是形成成本控制激励机制。而这种成本控制激励机制,没有成本管理规范化的实施,以稳定成本管理的约束和激励,以形成一种自主产生作用的力量,也就不可能形成。

第四,要保证成本控制效果的不断改进,只有通过成本管理规范化,把不断完善改进的程序管理方法,确定为成本控制的基本规范,才能保证有效的成本控制方法能及时投入企业组织运行过程中。

第五,要保证成本管理制度能不折不扣地得到贯彻,必须使这些制度标准得到全体员工的认同,并积极、创造性地实施。这也只有管理规范化才能保证每一个员工发自内心地认同这些制度标准,以使成本管理由一种外在约束变成一种自我约束。

（二）高校成本控制基本规范概述

教育成本控制基本规范作为教育成本控制管理行为的基本标准,是对教育成本控制管理人员和教育成本信息处理具有约束、评价和指导作用的一系列基本标准。

1.高校成本控制基本规范的特点

虽然高校成本控制具有企业财务成本管理的部分共性,但是一般认为,高等教育成本管理基本规范的特殊性源于教育具有特定的经济效益及社会效益。地方高校成本控制基本规范也就不可能完全按照企业财务成本管理模式去制定和运行。更确切地说,高校成本控制基本规范的特点更多地体现在教育产品的特殊性。

2. 高校成本控制基本规范的作用

实现教育成本信息生产的标准化与解决教育成本信息失真问题是确立教育成本管理基本规范的主要作用和重要意义。成本控制基本规范是高校实施成本核算、成本评价的依据。对高校成本执行结果的评价，都要求在全社会范围内对成本管理工作的质量得出结论。

（三）完善地方高校成本控制基本规范的建议

1. 更新成本观念

更新成本观念具体体现在两个方面：（1）成本效益观念；（2）成本动因观念。

2. 引入作业成本法

"产品消耗作业，作业消耗资源"是作业成本法的核心所在。作业成本法的特点可分为两点：第一，以作业为核算的核心和重点，将成本核算深入作业层次；第二，对间接费用的分配，应当采取按因分配，即按引起间接费用发生的多种成本动因的不同进行分配，并深入追踪到最终产品的成本，使得计算结果与实际之间的误差更小。

3. 建立成本管理体系

一系列的成本管理行为标准组成了成本管理基本规范的完整体系。首先，从法律规范的角度来说，成本管理体系包括了与成本管理有关的法律和教育法规。其次，从理论规范角度来讲，成本管理体系包括了成本管理的目标和原则、成本管理的要素、成本核算的基本前提及其成本信息处理程序和方法等；最后，从技术角度来说，成本管理体系包括了对成本核算实务处理提出的要求和准则、方法和程序以及成本管理职业道德规范等。

第四节 控制高校成本提高教育效益的路径选择

随着教育投入的多元化以及教育需求的不断增长,人们对教育成本及其效益的关注度与日俱增。目前在我国,教育成本数额居高不下、成本项目不明确,严重影响了教育效益的提高与教育公平。在学校内部,只讲成本、不讲效益,只讲经济效益,不讲社会效益,只讲当前效益、不讲长远效益的无效或低效的成本管理模式依然存在。现拟从教育成本、效益及教育成本管理的角度,对教育成本低下的效益管理模式进行深入地剖析,并在此基础上提出改进建议。

一、地方高校成本效益管理及基本路径

(一)地方高校成本效益管理的意义

1. 地方高校实施成本效益管理的紧迫性

近几年,我国高等教育毛入学率有了很大提高,目前高等教育毛入学率约为23%,但我国高校发展的数量扩充还有空间,为达到社会经济发展和创新型国家的目标还需要高校培养数以千万计的专门人才。这对于承担大部分任务的地方高校来说,尤为艰巨。国家教育财政支出按目前每年1%的速度增长,主要用于部属高校及名校;而地方高校受地方经济局限,实际上生均办学经费近些年一直呈下降趋势,经费压力将持续存在。从学校而言,办学成本越来越高。

2. 地方高校实施成本效益管理的现实意义

高校要想可持续发展,其本质要求是数量和质量的统一,而高校的办学质量应为效用和效益的统一。高校走"内涵式"发展模式,即主要通过挖掘现有学校的办学潜力、优化学科结构、提高

资源配置和资源的使用效率等,是我国新时期的重大战略思想和战略任务,规模、质量、效益有机统一的高校运行模式是和谐社会的重要支撑,也是大学重要的社会责任。现代高校拥有众多的利益相关者,其期望值各不相同,但良好的办学效益是其在高等教育领域中的根本利益。据统计,从中等教育水平到高等教育水平人才培养的边际投资为12.1万元,若不能做到质量与效益的真正统一,会给高校的相关利益者带来极大的损害,会给国家、社会、人民群众带来极大的浪费和负面效应,甚至影响社会稳定。在高等教育大众化普及过程中,高校办学效益也不断提升(包括产出质量及管理质量),否则无法解释高校功能的扩大和对社会影响的加深。尤其是从20世纪60年代起高校办学经费的短缺,使筹资成为校长的第一要务。内涵发展成为高校重要的改革方向,全力以赴抓质量成为一种浪潮。改革的社会措施如通过社会评估强化高校质量意识、强化高校的办学责任、促进办学经费多元化等。

（二）高校教育成本效益管理的基本路径

1. 加强内部控制，完善学校治理结构

一般认为,加强内部控制,完善学校治理结构,也是有效防范行政化倾向进而从源头上控制成本的根本方法。目前,我国地方高校管理的行政化管理特征主要有:"官本位"思想突出,资源按权力分配,内部机构及非教学人员较多,导致人头经费、行政设备费用、办公经费等大幅攀升;行政层级过多,部门间的阻滞、封闭和内耗增多,信息传递低效、失真,协调成本加大。随着高校规模的扩大,我国应该建立现代高校制度,注意管理重心下移,发挥市场对教育资源配置的调节作用,培育高校的内部竞争观念并使之制度化,通过竞争提高办学活力和效益。

2. 凸显成本效益意识，构建成本效益管理模式

这是减少教育成本非效益、防范教育成本不效益、提高教育

成本效益的核心,主要有以下内容。

（1）强化三种理念:成本理念、经营理念、勤俭节约理念。这是减少教育非效益、防范教育成本不效益、提高教育成本效益的先导机制。

（2）完善全面成本管理。这是减少教育非效益、防范教育成本不效益、提高教育成本效益的运行机制。这就要求地方高校:统一各类成本口径,正确核算教育成本;强化全面预算,全程控制教育成本;引入激励机制,科学考评教育成本;重点关注不良教育成本,尤其是要加强资产的成本管理,如对大额经费的使用进行可行性论证、提高经费使用的科学性、避免重复购置。此外,应建立经费使用的公开透明机制,建立人权、事权、财权平衡协调机制。

（3）加大教育成本信息披露力度。这是减少教育非效益、防范教育成本不效益、提高教育成本效益的社会监督机制。这主要包括制定包括教育成本在内的财务信息披露制度,尤其是要面向利益相关者及时披露财务信息,建立以教育主管部门为主的信息披露监管制度。

二、地方高校走出财务困境的几点思考

（一）走出财务困境：一个地方高校亟待解决的现实问题

财务困境又称财务危机,是指会计主体履行义务时受阻,具体表现为流动性不足、权益不足、债务拖欠和资金不足四种形式。一般而言,当债权人的承诺无法实现或难以遵守时,就意味着财务困境的发生,近年来,市场经济的发展使得我国高校财务管理环境发生变化,伴随着高校持续高速增长带来的繁荣,高校的建设性、发展性债务规模与日俱增,尤其是部分地方高校因过度举债等导致资金异常紧张,陷于难以应付的艰难境地。

（二）走出财务困境：必须解决的几个认识问题

1. 校长的认识

校长对高校财务部门的地位和作用以及存在的风险,必须有高度、清醒的认识。

2. 财务人员的认识

财务部门及财务人员对高校财务管理模式的变化及财务的职能,必须有科学、全面的认识。

目前以"报账型"为主的财会工作模式严重滞后于高校改革,并与市场经济发展的要求不相适应,主要表现在以下四方面：

（1）财会工作基本停留在以核算为主的模式上,存在"重收入,轻支出；重项目,轻效益；重资金,轻物资；重购置,轻管理"的状况,形成了市场经济环境下财务的职能有所削弱的反常现象。

（2）财务管理目标不明且层次较低。在实际工作中,财务人员的任务就是按照领导的意见把钱用好,其管理仅停留在一般意义上的收拨、分配与使用资金；很多人对于在市场经济体制下高校财务管理"应该做什么,如何做"不甚了解,从而决定了财务管理是低层次的。

（3）财务人员管理意识淡薄,观念较陈旧,导致了财务工作面临的压力和矛盾增加,财务管理职能难于发挥的局面。

（4）不重视财务分析。许多高校财务对资金的结构、状态、支出结构、效益缺乏分析,以至于无法科学考核学校整体和各部门资金的使用效率。

3. 全体教职工的认识

全体教职工对本校建设、改革和发展中财务所做的贡献和财务出现的问题,要有冷静、客观的评价。

如今,面对日益严峻的财务状况,有的高校的教职工由于受传统影响和"养尊处优"意识的影响,不能立刻适应,普遍存在着情绪,以至于对学校财务包括财务部门及人员存在不冷静、不客观的评价。一方面,面对日益严峻的财务状况,高校财务部门为学校的建设、改革和发展做出了积极贡献,发挥了巨大的调控和财力保证的作用。另一方面,作为一个综合职能部门,财务机构对于目前的财务困境也是有责任的。高校财务部门还存在着职能作用发挥不够、参与决策主动性不强、内部会计控制制度建设欠深入等方面的不足,尤其是在更新观念、参与资金运作发挥财务部门的职能作用方面要做的工作还有很多。

4. 高等教育系统及全社会的认识

高等教育系统乃至全社会对高校的调整、扩招以及高等教育改革与发展所取得的成果,要达成共识。

经过扩招,我国高等教育终于改变了它诞生百年以来的精英教育性质,进入国际公认的大众化阶段,它不仅每年为数以百万计的青年学子提供了可能改变他们一生命运的圆梦机会,而且对我国从根本上促进社会公平,变人口大国为人力资源强国,增强总体竞争力,保证我国经济稳定、健康和持续的发展,实现建成小康社会、和谐社会和创新型社会的宏伟目标,具有重大战略意义。"十五"以来,高校发展速度之快,办学规模之大,改革举措之多,教育惠民之广,已为社会所瞩目和认可,高等教育改革与发展所取得的成果有目共睹。

(三)走出财务困境:当前面临的主要矛盾

1. 教育优先发展与教育投入不足的矛盾

国家提出教育优先发展,高等教育大众化已成必然,高等教育遇到"跨越式"发展的机遇。教育优先发展在高校规模上得到了显现。政府对高等教育尤其是地方高校投入不足或不到位。其中,《中国教育改革和发展纲要》明确提出的"一个比例、三个增长"没有较好地执行。在连年扩招的情况下,地方高校生均教育经费支出和财政性公用经费支出却处于低增长甚至大幅下降之势。

中央财政安排的教育经费支出主要用于重点高校,部分用于划转地方高校和专项转移支付。地方因受经费总量、学校数量以及与中央共建部分高校等因素影响,地方高校面对高等教育大众化显得力不从心,往往不像重点高校那样能够应对自如。虽然《中华人民共和国教育法》(以下简称《教育法》)明确了各级政府及其有关行政部门要优先安排学校基本建设的职责,但是自《教育法》颁布以来,拨付高校的基本建设经费不但没有增加,反而逐年减少。与此同时,层次不同院校的投入反差在增加,仅就生均拨款经费而言,不少省属高校的生均经费只是部属院校的一半。

2. 高校的发展速度与其承受能力的矛盾

20 世纪 90 年代末期,在政府实施高校大规模扩大招生政策的指引下,我国高等教育的发展进入了一个数量上高速增长的时期。高校承受能力有限:一是师生比过高,其直接反映就是不少课堂的学生人数过多、大班课过多、任课教师中新任教师比例升高、代课现象增加等;二是生均教学用房及图书等持续下降,高校在物力方面的压力日趋加重。

3. 高校"吃饭"与"建设"的矛盾

地方高校收入总量小、收入结构比较单一,尤其是自住房公积金、职工基本医疗保险政策实施以来,学校按政策应到位的人头经费资金缺口大。许多学校连基本工资、课时津贴等都一拖再拖,迟迟不兑现,便是明证。地方高校办学条件虽然有了很大改善,但是与实际需要相比,还处于较低水平,特别是新开办的专业师资严重不足,实验设备十分短缺。事关学校发展的重点建设工程资金缺口也在加大。

4. "财务集权"与"财务分权"的矛盾

由于受传统思想的影响,许多高校习惯了"统一领导、集中管理"的财务管理体制,强调确保集中财力办大事。有的甚至认为在财务紧张的情况下,期望这种体制能发挥他们所想象的作用,他们担心学校全面下放权力可能导致调控能力削弱。但事实是,事与愿违;各部门只用钱不理财,造成理财和事业管理脱节,很少考虑使用效益;用钱的与管钱的在思想上存在"两张皮"。一些地方高校学科、专业门类趋于齐全,资金流量快速增加。学校教育管理日趋细化,经济管理层面增多,财务关系复杂化,高校财务管理的内涵日益丰富和充实。由此,实行分级管理体制的优势日益显现,要求学校在下放办学自主权的同时,要把人、财、物尽可能下放到二级经费单位。

5.制度性缺陷与财务管理的矛盾

目前,我国高校制度的突出缺陷是"所有者缺位":高等教育出资人主要是国家,国家是高校净资产的终极所有者,但国家并不要求偿还其提供的资产,也不要求分享经济上的利益,而是将这些资产交给高校自行经营和管理。对于高校而言,国家对其投资,但并不对其进行财务管理,因而造成投资的所有者缺位;高校管理者独立行使法人权力,但并不承担具体的受托责任,导致资源缺乏有效的管理和监督。高校财务不进行成本核算,不计算损益,财务管理的弹性大,在很大程度上弱化了高校财务管理的功能。

三、构建地方高校成本效益管理新模式

美国经济学家舒尔茨认为:"成本问题是教育经济研究中的基本问题。"因此,高校研究管理问题的核心是成本。以地方本科院校为例,在阐述成本效益管理内涵及现实意义的基础上,分析其现状,提出:要减少成本非效益、防范成本不效益,最终提高成本效益,应构建高校成本效益管理模式,并由此提出具体的现实问题。

（一）成本效益管理及其现实意义

成本定义为企业在生产经营过程中发生的活劳动和物化劳动耗费支出的总和。实际上，不仅盈利组织有成本，非盈利组织也有成本。马克思认为："教学会生产劳动能力。"也就是说，办学有成本、教育有成本。

1. 办学成本的含义

办学成本可以理解为狭义的教育成本，可以理解为在办学，教学活动中所消耗的人力物资的支出总和，是学校为实现教育基础职能和基本目标而发生的费用。办学成本与教育成本是两个不同但又有联系的概念。办学成本并非完全意义上的教育成本。完全意义上的教育成本，其承担者，除高校外，还有政府、个人乃至社会等。

办学成本与企业生产经营成本比较，除具有成本补偿的间接性、成本的不配比性以及成本计算期与会计核算期的不一致性外，还有两个特性：一是成本的完全性。二是办学效益的迟效性。笔者认为，成本效益目的在于提升财务管理的效能，同时提高办学的效益，因此其实质上是基于效益分类划分的一种成本管理模式，这种模式的精髓在于效益，成本则是重点所在，它能够为实现可持续发展提供物质保障。

2. 地方高校实施成本效益管理的重要性和紧迫性

（1）实施成本效益管理是加强内涵建设、实现可持续发展的必然选择。一方面，高校大规模扩张已明显放慢；另一方面，虽然我国现在高等教育投入绝对数在持续增加，但是也展现出诸多问题，随着招生规模不断扩大，有限的教育资源与经费落实到高校的建设，已经是所剩无几。其中最为明显的问题便是资金及经费，这一问题已经成了阻碍高校发展最为严重的问题，因此，成本控制与提高办学效益上升之间的矛盾已经成为高校办学进程中的主要矛盾。尽快实现发展和管理转型，已迫在眉睫。因此，按照科学发展观的要求,尽快将追求办学规模和速度转到注重办学质量和效益上来,全面提高人力、财力和物力等各类资源的利用效率,构建人尽其才、财尽其力、物尽其用的成本效益模式,是学校加强内涵建设、实现可持续发展的必然要求。

（2）实施成本效益管理是有效化解债务、尽快走出财务困境的现实需要。

（3）实施成本效益管理,通过全面成本管理,能起到有效控制成本的作用。

实际上,大多数高校的人力资源成本已经占到了本校总成本比例的50%以上。由于高校人力资源成本呈现面临着社会趋同与均衡性的要求、人力资源成本逐步上升等,高校必然会存在较高的人力资源管理成本。高校往往既面临人才资源缺乏、人才层次不高,又存在资金投入有限等问题。为此,要有效控制办学成本,必须突出人力资源成本管理。实施成本效益管理,一方面应该将办学成本全部纳入管理范畴,另一方面,要将控制人力资源成本作为主要的控制内容,使其发挥有效成本控制的作用。

（二）成本效益管理的现状及存在的问题

目前高校的成本效益管理现状不容乐观,呈现"一个不多、两个不少"特征,即不效益的不少、非效益的不少、有效益或高效益的不多。具体表现主要有以下几方面。

（1）认识不高,理念不强,制度不到位。高校管理者缺乏成本意识,对办学成本状态不清楚,总是考虑如何花掉经费,很少思考如何节省成本;总是一味地靠举债过日子,甚至不惜违规集资,很少思考收入的拓展与财务风险的防范;错误地认为高校是国家的,举多少债都没事,国家是不会看着高校因还不了债务而倒闭的;更没有把建设节约型高校作为全校人员明确的奋斗目标;没有把注重成本效益提升到立校、兴校的一个基本原则的高度;没有形成一整套从上到下以注重成本效益为导向的规章制度和实施办法。理念和制度的缺失,必然导致在实际行为上出现一系列不效益或非效益问题。

（2）财务计划科学性不强,疏于预算管理,"顾此失彼",以致超支严重。一些经费预算项目:无论证或论证不充分,执行无标准或标准不准,无计划、超预算现象时有发生,甚至基本运行常常"寅吃卯粮"。在具体分配预算经费时,不能正确处理好"公平"与"效益"的关系,或者"一刀切";有的一般性消费支出居高不下等。诸如此类,大多是成本非效益管理的具体体现。基本建设片面追求"高、齐、全",各种违规问题、浪费现象时有发生。有的基本建设脱离实际,超标准或只关注外表形式,不考虑整体性、科学性、实用性、可行性;有的把"千方百计"争取到的资金,用到"楼堂馆所"上;有的不少新建的楼房成为"问题房""闹心房""跑冒滴漏",各种问题层出不穷,不断维修,加大成本;有的在教学设备采购中,用举债资金购买基本不用、少用甚至是多年未开封的设备;有的不断被查出包括乱收费在内的违法违规问题等。这些都是成本不效益的具体现象。

（3）资源配置不合理,增收政策措施乏力,筹资渠道单一、有限。不少高校没有资金只会想到高息"借",缺少多方筹资的途径,增收无力。另外,校内一些项目资金的提留和分配办法不够完善。一些有形和无形的国有资产用于经营所取得的收入应该直接进入学校,或由学校统一管理分配,实际却相反,造成学校资金流失或浪费。这些都严重影响学校办学效益的提高。

（三）构建成本效益管理模式

1. 成本效益管理模式须明晰的一个目标

高校推行成本效益管理是为了降低办学成本、提升管理效能、提高办学效益,使有限的资源发挥出最大效能,确保学校可持续发展。

2. 成本效益管理模式须贯穿的两条主线

为有效推进成本效益管理达到主体目标,就要抓好"两条主线",并将其始终贯彻于成本效益管理的整个过程中。

（1）培植意识。在办学指导思想和理念上,不要把成本效益仅仅看成纯技术性的、财务部门的事情,而应该作为治校理政的一个基本原则,一个主要因素,一个始终要提到学校领导面前的重要议题,一个始终要坚持正确解决的具有战略意义的永恒性课题。

（2）实践执行。具体分三个步骤来实施:第一步,调查研究;第二步,明晰权责;第三步,总结完善。

3. 成本效益管理模式须重视的两项改革

成本效益管理下的高校改革包括:推行二级管理,改革财务政策执行体制;强化成本管理,改革办学成本控制方式。

4. 成本效益管理模式须提供的四项保障

实施成本效益管理需要的四项保障包括:法规保障;科技保障;人员保障;机制保障。通过机制的建立健全,解决高校财务管理过程中的实际问题,保障高校财务管理效能的提高。

5. 成本效益管理模式须弹好"五根弦"

成本效益管理模式须弹好"五根弦",具体包括:弹好"定位"弦,向特色要效益;弹好"收入"弦,努力做好做大蛋糕;弹好"预算"弦,充分发挥预算的配置效益;弹好"资金"弦,切实提高资金的使用效益;弹好"考评"弦,建立业绩导向的资金使用机制。

第五章　高校财务绩效管理与控制研究

　　一般来说,人们对于绩效的定义主要有两种观点:一种观点认为"绩效是结果",另一种观点认为"绩效是行为"。所谓的绩效是指对在特定的时间内,由特定的工作职能或者活动所创造出的产出的记录工作的结果,也就是说,绩效是工作任务的完成、目标的实现以及所达到的结果或产出。表示绩效结果的相关概念有职责、关键结果领域、责任、任务及事务、目标、生产量、关键成功因素等。美国领导力研究中心的罗纳德·坎贝尔指出"绩效是行为",认为绩效并非产出或结果,并清楚地说明,"绩效是行为的同义词,它是人们实际的行为表现并是能观察得到的,它包括与组织目标有关的行动或行为,能够用个人的熟练程度(即贡献水平)来定等级(测量)",绩效不是行为的后果或结果,而是行为本身。

　　目前,许多地方高校在绩效管理的具体实践中,均采用广义的绩效概念,即包含了行为和结果两个方面,行为作为达到绩效结果的重要条件之一。这一观点在绩效管理学家布罗姆布朗奇(Brumbrach,1988)给绩效下的定义中得到了很好的体现。布罗姆布朗奇认为:"绩效指行为和结果。行为由从事工作的人表现出来,将工作任务付诸实施。行为不仅仅是结果的工具,行为本身也是结果,是为完成工作任务所付出的脑力和体力的结果,并且能与结果分开进行判断。"这一定义告诉人们,当我们对绩效在进行管理时,绩效目标将会分为结果指标和行为指标,既要考虑投入(行为),也要考虑产出(结果)。所以,绩效的含义应该包括结果和行为两个方面,即工作中应该做什么和怎么做。通常来讲,一所高校如果要想在激烈的社会竞争中实现自身的发展与进步,履行自己的职责,拥有一支高素质的教师队伍成为高校发展的重要保障,而完善的、科学的高校绩效管理体系就是实现这一目标的一个重要手段。目前我国高校在绩效管理工作中存在着许多问题,例如绩效评估制度科学化不足、评估理念过于陈旧、评估人员的专业化不强、评估结果沟通不充分等问题,这些问题将会严重影响高校管理的质量及教师积极性的提高。

第一节　整体计划控制

人们认为一个高校的管理,特别是地方高校的管理包括许多过程,如确定高校的目标、根据目标确定行动方案、根据方案要求进行组织和领导业务活动、调节与控制活动和检查高校的教学管理活动等。在这些过程中,首要的是对高校的教学与管理,要有一个整体的、可行的构想,既要确定目标,又要制订策略、政策和计划,拟定决策。这个过程一般称为整体规划阶段,即计划阶段。广义的计划定义是:从各个抉择方案中选取未来最适宜的行动方针。它不仅是最基本的一项管理职能,而且是实施其他管理职能的基础,任何高校的决策者都必须根据计划组织、配备人员、领导和控制活动。之所以把计划也列为控制活动,不仅仅是因为计划本身就是一种控制方式,例如预算控制;还因为计划与控制有着密切的关系,以至于无法加以明确分离,无论是从管理理论上,还是从管理实务上,都很难加以区分。如对教学活动所进行的整体管理,有的高校称为"教学规划",还有的高校称为"教学控制",规划和控制是建立整体管理方式的基础。有人认为计划仅包括制订管理计划(短期计划)和行政管理准则(长期有效计划);还有人认为计划包括选择高校及部门的目标,以及决定实现这些目标的方法,当然包括制订战略、政策、具体计划以及拟定决策等。整体计划控制是实行目标控制的一种合理的方法。这种方法不能离开具体的计划与决策,同时还要考虑未来教学环境的变化,它应该是一个开放系统的管理工作方法。

一、计划控制的方法

为了使高校能够取得良好的工作成效,最重要的任务就是明确总目标和一定时期的目标,使每个人明确组织期望他们去完成的目标及其实现目标的方法,这就是人们常说的计划职能。无论是一个高校整体,还是高校所属的各个部门都有其未来行动方针的许多可供抉择的方案,计划工作就是从中选取最适宜的方案,即要为高校及其部门选定目标并确定实现目标的方法。因此,计划工作的实质是选择,只有在出现需要选择的行动方针时,才会产生计划问题。计划也就是要作出决策。计划就是预先决定要去做什么、如何做、何时做和由谁做。计划可以使那些本来不一定发生的事情变得有可能发生。虽然准确地计划未来是不太可能的事,因为人们无法控制不可控因素的干扰,但是如果不去做计划,许多事情只能听之任之,管理工作就会变得毫无头绪、一团乱麻;如果计划工作做得不好,几天之内就会出现差错。任何高校都会受到经济、技术、社会和政治等外部条件的影响或冲击。变革和经济发展虽然给地方高校带来了机会,但是也带来了风险,计划和其他管理职能一样,已成为地方高校生存的必要条件,其任务也就是在利用机会的同时,使风险降到最低限度。计划工作可以促使高校把注意力集中在目标上,并致力于实现目标;计划工作具有预先性,可以弥补情况变化和不肯定性带来的问题;计划工作还具有领先性,它为其他管理行为提供了基础,指明了出发点;计划工作把高校所有人员的活动纳入控制之中,具有控制作用;计划工作有利于高校提高工作效率,达到经营上的经济合理性。要想使计划工作能充分发挥其功能,根据现代计划发展新趋势,计划控制设计应遵循以下原则。

（一）选择正确的设计程序

计划设计程序由两种不同的思想决定：一是保守的导向；二是前进的导向。以教学部门的活动作为整个地方高校活动的指导中心，即为保守的导向。这种思想适宜于竞争不激烈或根本无竞争的教学环境，可以把全部精神和时间集中在教学上、科研上。

（二）重视中、长期计划编制

传统的计划，以一年为一期的年度计划为主要内容，不注意建立目标和进行长远规划，往往导致地方高校只了解近期行为，而不了解未来发展，过一年算一年。计划既然包括任何一种未来的行动方针，应该拉长计划时间，否则难以进行发展控制和目标控制。目标性计划分为永久计划和长期计划两种。高校某种目标具有永远的指导作用，没有确定的止境及数量标准可供衡量，如高校的创建目标、基本的使命等即为永久性计划。高校设立的未来 8 ～ 12 年（甚至 20 年）的全面努力目标，即为长期计划。这类目标计划也只规定粗略的目标数字，而无具体的实施手段和措施。目标性计划适应高校进行长远控制、经营方向的控制，有助于克服高校的短期行为。高校设立的未来 4 ～ 8 年内各部门努力发展的目标及战略，即为中期计划。中期计划主要用以执行长期计划，有助于长期目标的贯彻与逐步实现，所以也称发展计划。

高校设立的一年内应完成的目标，即为短期计划或年度计划。它主要用以实施中期计划的目标及战略。短期计划除年度计划外，还应包括高校产销部门制订的半年计划、季度计划、月份计划及每周进度安排等。这类详细计划不应只含有金额收支数字，最重要的是应该有工作目标、方法、进度、负责人和经费预算等实质内容。

从本质上讲，任何计划过程的结果，都在于建立某种形式的目标。高校各层次主管参与计划过程，既制订短期计划，又设立长期计划与中期计划,其目的是形成一套上下、远近相互关联的目标体系。长期目标标明与制约着高校奋斗目标,中、短期目标是长期目标的分解与落实;高校上层主管的目标和手段,制约着中、下层的目标和手段,中、下层的目标总是上一层的手段之一,这样层层相连,就形成了完整的目标手段链,否则就谈不上目标控制。良好的目标体系,应具体规定项目名称、数量水平、绩效衡量标准和完成时限等。

(三)建立整体的计划预算制度

只有充分认识计划的多样性,才能编制出有效的计划,才能建立"策划、规划、预算"制度,以贯彻整体性、系统性目标管理精神。整体计划预算制度主要包括以下三个过程。

(1)策划:主要是指对目标、方针、政策的斟酌考虑。

(2)规划:以确定贯彻目标、方针、政策的执行方案。

(3)预算:在策划、规划基础上进行详细的经费预算。

整体计划预算具有层次性,其层次一般可分为:总体目标与基本使命的确定;分解为一定时期的目标;制定策略、政策、程序;制订方案;进行经费预算等。整体计划预算制度,不仅要求充分考虑计划的时效性和层次性,还要充分考虑计划的主题面、组织面、要素面、特性面等。以指导高校资源有效运用的各组织部门的计划,即为组织面计划。按执行层次来设定计划的,按静态性和动态性,分为不同的抽象或具体要素来划分的计划,即为要素面计划。将高校章程、种类、原则、政策、授权控制程序、办事细则,用人、用时、用材等标准做成的详细计划为静态性计划,由相关人员遵照执行,以改变"由人管理"的游击做法,实行制度控制。至少每年一次设定各种适当的数量性目标、策略、专项投资、行动方案及预算,即为动态性计划。动态性计划以静态性计划为基础,两者相辅相成,既有利于系统"稳定",又有利于系统"成长"。根据计划特性划分的计划,即为特性面计划。计划特性有复杂与简单之分,主要与次要之分,数量与非数量之分,战略与战术之分,秘密与公开之分,成文与非成文之分,正式与非正式之分,容易与困难之分,理智化与非理智化之分,弹性与呆板之分,经济与非经济之分等。任何高校都希望制订出有弹性、经济性、理智化、数量化、成文及容易执行的计划,那些无弹性、浪费性、感情用事、不成文及无法执行的计划越少越好。

（四）要注意授权管理的加强

计划要有利于最高主管把握决策权,经由"责任中心"体制,分别授予各级主管,使其能有效地发挥策划、执行、控制的机能。如要把用人、用钱、工作等权力,分别授予利润中心、成本中心与工作中心等,以利于进行利润控制、成本控制、工作量与进度控制。凡造成失控达不到目标者,应追究其应负的责任。

（五）注重信息系统的建立

决策的制定,有赖于充分、正确与及时的信息。因此,进行计划工作,必须注重相应的信息系统的建立与管理。信息系统的管理工作有利于获取高校外部与内部的各种信息。高校需要从外部获得政治、法律、经济、技术、金融机构及投资者等方面的情报;也需要从高校内部获得教学、人事、财务、研究发展等方面的信息。

计划控制的设计工作,除了应该遵循一定的设计原则,还应该遵循一定的步骤。

第一,估量机会。估量机会是计划工作开始前的准备工作,是计划工作的真正起点。其工作内容包括:估计未来可能出现的机会和本高校适应机会需要的能力;根据自身的长处与不足摸清所处的地位,进一步明确为什么希望去解决一些不确定的问题,期望得到什么样的结果。估量机会是确定可行目标的关键。

第二,确定目标。该步骤应说明预期成果的目标、应做的工作和工作的重点。高校目标应为高校主要计划的制订指明方向。高校主要计划要规定一些主要部门的目标。

第三，预测环境。即预测一些关键性的计划前提，并使有关人员认同。这些前提条件，也是计划工作的假设条件——计划实施时的预期环境，如说明事实性质的预测资料、适用的基本政策和现行的高校计划。这一阶段的关键工作是进行预测工作，预测可以为应变计划提供可抉择的前提条件，能保证前提条件的协调一致，并能传达信息。

第四，明确抉择方案。探索与考察可供抉择的行动方案，特别要注意发现那些不显眼的行动方案；同时要采用初步考察或近似计算的方法选取一些最有成功希望的方案，以备进一步分析和选用。

第五，评价抉择方案。根据目标需要和假设条件来权衡各种因素，并以此对各种备选方案进行评价。有的方案可能有助于获得较大利润，但所需资金大，回收也慢；有的方案可能获利较少，但风险也小；还有的方案可能会更适合该高校的长远目标。由于各种方案都会受不肯定或难以捉摸因素的影响，再简单的方案，也很难作出完全正确的评价，因此有必要运用运筹学、数学方法和计算技术等科学方法进行方案评价工作。

第六，选定抉择方案。根据评价结果，选定最优方案，这是作出决策实质性的一步。在分析和评价过程中，如果发现同时有两个或两个以上的方案是可取的，可以同时择取几个方案，而不是一个。

第七，拟订教学计划。为了保证已择定的方案得到充分实施，还有必要拟订辅助计划即派生计划，如围绕基本计划制订人力、设备、资金等方面的具体计划。

第八，编制预算。在作出决策和拟订具体计划以后，就应将计划转化为预算，即要编制高校的综合预算与具体的费用预算，以利于各类计划的汇总和作为衡量计划工作进度的重要标准。

二、计划控制的设计内容

（一）目标

目的或目标不同于希望,它们产生于严密而具体的思维,并使人员和组织为了实现它们而努力。目标的实现程度应当可以验证,目标能起到激励作用,并把个人的工作积极性引导到部门和高校的改善管理中,以提高经济效益和社会效益。任何管理者最基本的责任应该是保证组织有一个把个人、部门和高校目标结合在一起的目标网。这个目标网应该既要有总目标又要有具体目标。

任何地方高校都有一个社会赋予它们的基本职能和任务,这就是设立高校总目标与使命的依据。为了系统地阐述高校一定时期应达到的有意义的目标,就必须明确它的总目标或使命。但是不少高校对自己的使命往往是模糊不清的,一时很难回答。要确定一个高校的总目标或使命,应确定高校的服务对象,了解服务对象的期望和要求,以及满足服务对象的需要,逐渐明确高校自己的使命。地方高校的一般使命或总目标是赚取利润,因此就要有利润的基本目标,要实现这种目标,必须通过从事各种活动、逐步明确方法、实现各种具体目标和完成具体任务。

一定时期的目标或各项具体目标是高校教学活动所要实现的结果,它们不仅是计划工作的终点,也是各项组织工作、人员配备、领导工作和控制活动所要达到的结果。高校一定时期的目标构成了高校的基本计划。一定时期的目标或各项具体目标一定要根据高校的总目标、教学状况和教学环境来决定,而不是表现为某个具体的质量目标、数量目标。

目标具有等级层次性,由总目标或使命、一定时期的全部目标、专业性的全部目标、所属高校的目标、部门目标及个人目标组成;目标具有网络性,一个高校的所有目标是相互联系、相互支持的；目标还具有多样性，无论哪一层次的目标都是多种多样的。

设计目标有两种方法：一是传统方法，二是目标管理法。传统方法是由上级决定目标，并把它强加给下属。这种方法可能会引起下属的不满，也不能充分发挥下属的才智能力，存在着严重的弊端。目标管理法，是让下级在上级确定的范围内建立目标，如上级提供范围，下级就目标提出建议，上下级取得一致意见后，制定目标，下属对自己的工作进行计划和控制。目标管理过程包括先确定最高主管部门的目标、确定组织机构的目标、确定下属人员的目标等。目标管理法有利于管理工作水平的提高，有利于明确组织机构的作用与状况，能诱发人们对自己的工作成效控制承担责任，能使计划工作更加有效，有助于开展有效的控制工作。目标管理的评价方法、激励方法、系统方法及长远看问题的方法，在管理中得到广泛应用。但是目标管理法也存在着原理不清、指导方针不明、难以确定、趋向短期、不灵活、未形成网络、随意武断、没有坚持可考核性、过分强调数量指标、标准不适当等弱点。

（二）策略、政策和计划

1. 策略（战略）

策略或战略是一种军事术语，含有一种对抗的意思，是现在普遍用来反映地方高校教学、科研的一种概念。军事上的战略，是指计划军事行动和战场的部署等。地方高校管理上的策略是把高校置于有利的环境之中，作出最基本的和具有深远意义的计划，是指为全面实现目标而部署的工作重点和资源利用的方法。策略既包含目标、政策，也包含教学计划。策略的总目标就是通过一系列的主要目标和政策来决定和说明所设想的高校状况。策略指明了一个统一的方向、重点的部署和资源安排，但不确切说明如何实现目标，主要是针对高校的经营思想和行动而言的。策略具有的控制作用不仅在于它能够根据高校的弱点与力量制定出解除外部威胁与抓住机会的对策；还在于它是最高管理部门的职责，是一种对各级都有制约作用的精神；同时还在于策略是一种长期观点，而不是短期行为。

2. 政策

政策也是一种计划，主要表现在计划中的文字说明，以此沟通或指导决策工作中的思想和行动。所以有人说政策是决策的指导方针，一种政策反映一种目标并指导管理者和职工通过思考与判断接近目标。政策的范围包括制定政策、保证政策和目标的一致性、促成目标实现。政策有助于将一些问题处理方式先确定下来，使不同的人面对同样的问题选择相同的处理方法，并给其他计划提供一个全局性的概貌，从而有利于管理者控制全局。政策的规定有利于缩小决策的范围，限定了决策的幅度。政策层次与机构设置层次相适应，如有高校政策、部门政策及基层政策。政策也往往和某一机构职能相关，如财务政策就与财务职能相关。

一个高校有多种多样的政策，如有招工政策、提拔政策、奖励政策、职称政策、奖励政策等。所有政策一般可以分为明确的政策和含蓄的政策两类。以书面的或口头的作出规定，即为明确的政策，它向决策者提供了选择方案的依据。如把政策寓于既定模式的决策之中，并不写出或说出，即为含蓄政策。含蓄政策的存在，一是因为没有必要作出明确规定，只需要按领导者处理问题的方法行事即可；二是因为有些政策羞于提出或者是不合情理甚至是违法的，不便明确规定。有人往往把政策理解为规划，这是错误的。因为任何政策都是鼓励自由处置问题和进取精神的一种手段，它虽然一定的限度，但也有一定弹性，它只是决策时考虑问题的指南，而不是规则。此外，政策既然是为了促使目标的实现，就应当具有一贯性和完整性。这就需要尽量使高校各项政策有明文规定，需要减少政策制定的主体，并尽量作出统一解释以助于控制政策。

3. 计划

制订教学计划包括作出具体的安排以及完成由策略计划确定的目标和政策。教学计划确定了实现目标的方法、财力和时间。教学计划是策略计划的产物，是一种为了在一定时间内达到某些特定目标，在考虑有关的环境之后所采取的手段。教学计划应详细地反映出计划内容，计划何时、何地执行，如何执行和何人执行等。综合性计划也叫作规划，即包括为实施既定方针所必需的目标、政策、程序、规划、任务委派、所采取的步骤、使用的资源以及其他要素等。

教学计划的类型有以下几种：

（1）程序、规则。正如政策是思考和决策的指南一样，程序是行动的指导。它规定了如何处理未来活动的例行方法，详细地说明了必须完成某种活动应当采取的准确方式。程序在一个高校无处不有，而且多种多样，越到基层，其规定的程序点就越细，数量也就越多，其原因是要更加审慎地进行控制。程序和其他计划一样具有层次性，如果政策只是指导决策的方针，那么程序就是一种决策的结果或实现目标的方法。如高校政策规定职工可以享受休假待遇，那么程序就要规定如何具体执行这种政策，如确定采取轮休方式，以免影响生产；规定假期内工资支付办法及差旅费报销范围；规定申请休假方法及应办理的手续；规定销假与报销的办法；等等。程序虽然不能保证完全满意的效果，但有益于特别业务的处理，有益于节约时间和精力，促使业务处理的规范化和制度化。

规则也是一种计划，它是一种最简单的计划。它与其他计划一样，也是从抉择方案中所选取一种行动或一种处理问题的方法。规则要求按一定的情况采取或不采取某种特定的行动，它不同于政策，虽然规则也起指导作用，但人们运用它们时，没有自由处理权。规则与指导行动的程序有关，但它不说明时间顺序。可以把程序看成一系列的行为规则，但规则不一定都是程序的组成部分,因为有些规则可以单独出现或不连贯出现,如"禁止随地吐痰"或"禁止在教室内吸烟"等都与任何程序无关。

（2）预算。预算是决定某一预期时期内(一般为一年之内)收入和支出量的计划。作为一种计划,预算是以数字表示预期结果的一种说明书。预算,有反映收支的财务预算;有涉及经营方面的,如费用预算、教学预算等;有反映资本支出情况的,如基本建设费用预算;有说明现金情况的,如现金预算。预算作为基本的计划工作手段,也是一种控制方法,它能够反映计划的要求,可以用来作为控制的切实标准。

预算计划工作就其精确性、详细程度和拟定的方法而言,有相当大的不同。某些支出或成本对整个时期来说都是固定的,而不管销售或生产的计划和实际完成情况之间的差别影响。这种反映固定成本的预算称为固定预算,如折旧、维修、资产税、保险费和其他基本管理费用预算等。有些成本随实际的销售额或产量而变,如某些地方高校管理费和教学经费等,对它们的预算为可变的或灵活的预算。还有一种新的预算方法,即把可变预算和方案预算结合起来的方法,称为零基预算。零基预算是把每一项都作为一项新的计划提出,事事都从零开始,把所要达到的目标和为实现这些目标所需要做的工作从始点做起,这种做法可以促使计划工作做得更完善,而又不依赖于过去的计划。事实上,预算工作的主要优点就是促进人们去做计划,而且做得很完善。

计划除了上述内容外,还有时间安排计划,即就一项确定完成特定活动的时间期限进行计划。无论是简单的还是复杂的,时间安排均是一种关键性的计划工具。

（三）决策

决策渗入全部管理机能和过程,它是从体现某种工作方针的各个抉择方案中进行选择,是计划工作的核心部分。只有拟定了决策,才能说有了计划,决策是管理者的中心任务,决策实质上就是解决问题。合理思考和决定问题就是解决问题。如某些事情发生了,它需要回答;某些事情应该得到更好的处理,或者应该做些新的事情等,这都需要解决问题。

进行决策,首要的是提出问题与确定诊断问题,为了更好地把握现实,一般应进行系统思维来确定问题。在假设条件与获得事实阶段,理应获得全部事实,更主要的是要获得有选择的关键事实,这样的事实事关问题的关键,也就是能够决定成败的问题。当人们充分了解了事实以后,头脑中就已经形成了一种或几种解决问题的方案,事实掌握得越多,解决方案的数目也就越多,但人们必须通过研究和判断,借以发现各方案的限定因素或战略因素,以利于进一步评价方案。选出一些决策方案后,就应对其进行评价,然后再从中选出一个(有时是多个)最有利于达成目标的方案,这是决策的最后一步,也是关键的一步。评价工作既要考虑定量因素,即各种固定费用流动费用等,还要考虑定性因素,即那些无形的从而无法定量的因素,如劳资关系的特点、技术变革的风险、政治气候变化等,在比较方案中,理应对数量和质量因素同样重视。评价方案时,要进行边际分析、费用效果分析,要反复权衡;每一种方案对实现目标有多少贡献,是否符合高校既定的决策;每一种方案实施起来花费大不大,费用和收益相比的结果如何;怎样才能贯彻得更好等。选取方案时,应从三方面充分考虑:一是经验。要认真地总结过去的经验,正确地对待经验,把经验作为分析问题的基础,而不能仅凭个人经验作为未来行动的指导。二是实验。对准备选取的方案要进行实验,并仔细观察它们所发生的结果,然后加以确定。三是研究和分析。首先应了解问题本身,对影响每个方案实施的关键变量、限定因素、前提条件及相互之间的关系应进行研究。其次要把每个方案分解成有待研究的组成部分和各种定量与不可定量的影响因素,最后加以详细地推敲,如使用持平法、报酬矩阵、决策树、存货决策、线性规划、排队理论等定量分析方法。研究和分析方法的一个主要特点是拟出一个模拟问题的模式,以便于执行中对照检查。

第二节　组织人事控制

管理学中的组织是指为了使人们有效地工作以实现目标,必须设计和保持一种合理的职务结构。"组织"一词,如以人为对象,则是把许多人集合起来,发挥团队精神,以达成共同的目标;还有人说,它包括所有参加者的一切行为。对于大多数从事组织工作的人来说,它是指有意识形成的职务结构或岗位结构。高校规模扩大后,工作任务增多,有必要把主要的任务划分为部门的责任,并要使这些部门工作协调一致,共同努力实现高校目标。

两个或两个以上的人为了一个既定的目的,有意识地进行协作活动,即为正式组织。正式组织的实质是有意识地形成共同目的并能相互沟通、乐于尽职。正式组织应遵循目标一致的原则与效率性原则。任何没有自觉的共同目标,却能产生共同成果的活动,即为非正式组织。部门是指一个主管人员有权指挥既定活动的特定领域或分支机构。在地方高校,部门还表明了管理上的等级层次关系,如处长领导处、科长领导科。目前各高校组织形态,由上至下,外观上形成上小下大的金字塔形状。一个高校的组织工作,有利于明确责任与权力,主要通过规定什么部门做什么工作以及谁对谁负责;能够按工作责任把人们分成群体,并进行交流与控制;能够根据各种信息反馈资料拟定决策与改善决策;能够明确区分各种活动的地位,规定其应执行的部门。组织工作的上述功能,具有潜在性,必须进行正确的设计才能发挥其作用;同时组织工作不是一劳永逸的事,它具有连续性或周期性,必须要不断地适应变化着的形态。进行组织工作设计,必须要考虑战略、技术与环境等影响因素;组织结构必须要反映出目标、战略,因为任何高校的业务活动,均是从目标、战略计划推导出来的,形式必须服从职能,结构理应服从战略;组织结构必须适应高校任务与技术的需要,如对于简单生产系统,可采用扁平的组织结构,对于生产程序技术复杂的高校,可采用多层次的组织结构;组织结构还应该反映出周围环境需要,如果环境稳定又可预测,可进行永久性程序设计,如果环境动乱不定,则可进行临时程序设计;此外,组织结构,还一定要考虑高校主管人员的职权范围及人员调配等问题。总之,组织是伴随计划而存在的,若无合理而健全的工作计划,则组织设计与人力调配就无存在的价值;组织设计成果就是组织机构或称组织形态,不同的设计原则会出现不同的组织结构,不同的组织机构具有不同的影响与作用;组织设计要根据实际需要,不能生搬硬套,均要达到清晰的职位层次、畅通的信息渠道、有效的协调合作的要求,否则无法发挥运用物力、人力、财力、时间、技术、信息等宝贵资源的统合力量。有些高校领导不重视组织设计工作,只听主管发号施令,无所谓组织系统,随心所欲,既浪费资源又无效率。组织设计的方法很多,现代高校管理组织一般按照目标导向设计。组织设计的基本目的是执行计划、实现目标,其设计前提应从"事"着手,"依事寻人"而绝不能"因人设事",具体步骤有以下几方面。

第一,确定高校目标,并进行目标分解拟定政策和计划。

第二,将达成工作目标的各种"动作要素"构成有效的"操作、动作"。

第三,将各种适当的"操作活动"构成合理的"职务",并根据可利用资源和最佳途径来划分职务或业务活动。

第四,将各种职务分解成由各人所承担的职位,并将各种职务组成"部门"或具体"工作高校"。

第五,将部门按一定层次进行排列,构成完整的组织结构或系统。

第六,通过职权关系与信息沟通协调各部门工作。

一、组织机构设置

组织机构设计的关键是怎样划分部门。划分部门有多种多样的方法,其关键要使部门划分后所构成的结构体系适应战略、技术和环境方面的特定条件。传统划分部门的方法有两种:一种是按数量划分,另一种是按时间划分。单纯按数量划分的方法是:抽调出一拨无差异性的人,哪位主管统领,去完成一定的任务。这种方法的实质不在于这些人去干什么、在何处干以及在什么条件下干,而在于所需人力的数量。以人数为基础划分部门的方法,不适应劳动技巧的提高,也不适应专业化的需要,更不适应高、中层的管理,而仅仅适应组织结构的基层。按时间划分部门的方法是:根据时间来组织业务活动,如采用轮班制的方法。这种形式的主要缺点是不利于监督和提高效率,同时增加了中、晚班费用,也只适合基层管理的需要。目前流行的划分方法主要有以下三种。

（一）职能组织

职能组织即按高校的职能组织业务活动,以便每个系部都有不同的义务和责任。这里首先要确定的是一个高校的主要部门,即人数多、费用预算大、关系高校存亡的主要职能部门;如果每个主要职能部门管理幅度太大,就应进一步划分派生职能部门。职能组织的主要优点是合乎组织工作逻辑;能遵循专门化原则;能维护主要职能的权力和威信;能简化训练工作;能有效实施上层严密的控制手段。其缺点是仅仅由上层管理当局对绩效情况负责,过分强调专业化,不利于一般主管人员的培训,部门之间难以协调。

（二）区域性组织

以地理位置为基础的地区划分部门的组织结构,即为区域性组织。该种方法特别适用于规模大的学校,或者业务活动分散的地方高校。它能够像产品组织那样,确定单个业务高校的绩效责任,能够激励管理人员考虑区域性高校的全面成功,能适应不同区域的特点。其主要缺点类同于产品组织的缺点。

（三）矩阵组织

20世纪70年代，人们在同一个组织机构内将按职能划分部门方法和按产品划分部门的方法结合在一起，即为矩阵组织。这种组织也称"方格"组织，或"项目"管理、"产品"管理，实质上是一种折中的办法，这种办法能获得职能和产品两种结构的长处，同时又能避开二者的不足，有利于高校适应外部的环境，还有利于信息的交流，也有利于减轻经营和成本方面的压力。但是矩阵组织也有其弱点，如无政府主义的趋向，过度的权力斗争和开会及群体决策太多。

除了上述几种主要的划分部门的方法以外，还有面向市场的划分方法，按工艺和设备的划分方法及按服务部门划分的方法。任何组织机构的设计并不限于采用一种方法或类型结构，应努力使组织的不同部分适应不同的条件，采用复合设计法，以鼓励人们以最适应工作任务的方式进行思考和行动。此外，应重视一级高校的分组以构成完整的责任中心，一级高校设立标准，关系"事业部制度""目标管理""集权与分权"等现代化管理方法与知识的应用；完整的责任中心体系包括服务中心、教学中心、成本管理中心与工作中心。事业部制度组织是以"服务中心"制度为组织的设计。

二、协调关系设置

分工与协调是组织控制的两大职能。分工可以使组织内部活动专业化，而协调有利于部门上下级之间的配合。通过部门划分以后亟待解决的问题时，部门间必须加以协调使之成为一个工作整体。一个组织不只是由若干个有着各自目标的独立部门组成，为了取得工作成功，必须将各部门的努力结合成一个整体。如果一个组织协调不好，就会出现控制失灵、冲突严重、职权和工作能力分离、某些工作无人过问等现象。无论什么样的组织都是协调人行为的非人性质的体系,其协调方法多种多样。

（一）纵向协调设置

有意地建立一个职权等级,规定各级管理职务责任和上下级关系,旨在开辟指导职工活动和交往的途径。设计职权体系,是设计协调组织的起点,其目的是要建立一个强有力的指挥系统,使指挥系统中的每一个人都明确自己所处的位置,知道谁向他负责,他向谁负责;命令从上向下传,报告自下向上传。设计职权等级的原则是建立报告关系、负责关系及控制跨度。任何高校应建立从最高管理者到最低管理层的、相联系的和不间断的报告关系。这种报告关系也称为命令链,它要求从最低管理层开始,每一级都要对一位上级负责,并据此来检查每个人的行动是否违反了上级的期望,这样就有利于各级之间的协调。建立命令链的思想,要求人员之间的交流和对下属的控制不应间断,下级不应该背离上级指导;任何一级管理人员不应绕过其直接负责的部门,向更低一级的主管人员发布命令。根据统一命令的概念,下属只对一位上级负责,而不可能满足多头上级的要求,否则会造成不应有的紧张关系。为了便于纵向协调,还应适当注意各层次管理部门的控制跨度(管理幅度)。管理幅度是指对管理人员(或部门)所管理的人数或所属机构的实数的限制。管理幅度到底多大为宜,应根据部门等级、主管人能力、授权程度、被控制者素质、工作制度、工作程序、工作计划而定,并没有统一规定。如有人认为中级和高级管理人员应管理 3~9 名直接向他们负责的人为宜;有人认为高级管理人员应管理 4 人为宜;有人认为基层管理人员应管理 30 人为宜,也有人认为应管理 8~12 人为宜。影响管理幅度大小的主要因素是业务活动的多样性、不确定性、新颖性,下属工作的复杂性、随机性、责任性,下属人员的专业水平,标准化程序,非管理性工作量等。

（二）横向协调设置

任何组织除了纵向协调外，还必须注意横向协调，即部门间的协调。在设计横向协调时，必须注意需要协调的地方、需要协调的程度、协调机制、适用情况等。部门间之所以要协调，取决于部门间的相互依存性及其产生的结果。如教学和后勤部门，应根据教学需要进行协调，否则会导致教学质量的下降，直接影响高校管理水平和其生存发展。到底需要多大程度的协调，主要依据各部门从事的共同任务具有多大的不确定性来决定。任务不确定性越大，需要协调的程度越大，其决策者需处理的信息量就越大。因此有必要设计协调机制，即设计进行部门间信息交流和拟定决策的手段，具体内容如下。

（1）建立标准程序，以解决常规性的协调问题。

（2）建立垂直的职权渠道。如果存在的问题不太多，而部门间的利益冲突又难以解决的话，应通过有权做决定的上司去解决，但这种协调方法不经济。

（3）建立临时会议制度。当有关部门发生不协调情况时，应由各方派代表参加碰头会解决。

（4）建立定期会议制度。如果部门之间经常发生不协调问题，可以定期举行会议加以解决。

（5）明确协调责任。在部门目标和职务说明中明确规定协调责任及合作义务。

（6）建立协调机构或专设协调人员。如高校协调工作很多，理应设置协调机构或协调人员，专门从事责任划分工作，负责平时的协调工作。如设调查员、联络代表、协调人、计划员等承担中间人的任务。

此外，还可以根据矩阵理论设计协调机制，用以解决既相互竞争又很重要的两项工作。有了各种协调机制和手段，还应根据不同的需要进行选择，以保证其有效使用。

（三）参谋协调设置

除了纵向协调和横向协调,很多管理者还采用"参谋"协调的方法。参谋在管理学中有着各种不同的内容,有时是指管理人员助手的职务,有时指的是一种特别职务——处于从属地位,只向一名管理者负责。无论怎么说,参谋具有服务、咨询、监督与控制职能,参谋部门负有临时性的协调之责,还能起到帮助的作用。从整个组织机构来说,某些部门对整个组织而言,主要是参谋式的关系,另外一些部门主要是直传关系。要做好各部门的协调工作,不仅要注重按分级原则进行直线或阶梯式的职权关系的设计,还要注意具有顾问性质的参谋关系的设计。

（四）职权协调设置

把职权和决策权向上移称为集权,向下移则称为分权。更确切地讲,管理者如果把职权和决策权集中到高校结构的最上层,即为"集权";如果把职权和决策权分散到全体下级人员,则为"分权";有些管理者授予下属特别职权职责,即为"放权"。

如果一切问题均由最高管理层作出回答,这样有可能导致决策慢或作出不高明的决策;如果一切问题均由下层作出回答,又有可能造成失控,铸成大错。过分地集权和分权均有利弊这是显而易见的事,如何更好地进行职权控制,应采取随机制宜的原则。对一个特定的组织来说,在特定的时期内,它的某些职能最好实行集权,其他职能则实行分权,只有通过掌握特定的事实,在处理特定职能时权衡利弊后才能作出正确的决策。要把各种职能看成由不同的活动组成,而不能看成整体一块,对一些活动可以采用分权,对另一些活动则需要采用集权。

放权或授权管理,是一种较好的职权管理形式,它是指管理人员分配任务和分配完成任务所需的职权和职责的过程。授权控制应力求做到完全性、明确性和充分性。完全授权是指对每项任务分配时,授予被授权者应负的责任和应有的权力,以避免无人负责的现象。明确授权是指授权者应明确告诉被授权者对何种任务负责、有哪些职权,应使下级人员清楚了解自己的任务、职责和职权,在职权范围内无须事事请示。职权是发布命令的权力,职责是对结果所负的责任,二者应该平衡。授权的充分性是指授予下级的职权应能充分保证其承担相应的责任,这样有利于促进有关任务的完成。此外,应该注意的是,进行授权管理,并不能减轻上级应负的责任,上级应对下属职务范围内的行为负责。进行授权设计,必须遵循按照预期成果授权、明确职能界限、分级、分层、统一指挥、职责的绝对性、权责对等原则。

（五）影响力设置

要把职权变成影响和改变行为的力量,职权才能产生效率或效益。一个人的行为可以受到另一个人行为的影响,产生影响的能力即为力量。要使各阶层主管能够产生影响下属行为的力量,必须发掘各种力量的源泉。如采用合理的报酬、适当的处罚、合法的管理、模范的行为及专家型的指导等。只有当下级明白上级能给予他合理的报酬,他才乐于接受任务;只有当下级明白应受处罚的范畴,才能遏制下级无理的需求和使困难的任务得到接受;只有当下级明白了上级的指挥是合法的,他才能服从;只有上级以身作则作出表率,下级才能仿效;只有上级有能力满足下级需要的知识,才能使下级心悦诚服。

三、工作设置

明确了如何划分部门和如何协调部门的工作后,就应该进一步明确如何设计部门职掌和群体及个人应完成的工作。各部门的职掌是一个为达到共同目标分工办事的环节,若干环节形成的链才是大家共同维持其密切配合的工具。进行部门和个人工作设计时,要根据总体战略来设计,使各部门或个人的工作有利于总体目标的实现和战略的实施；要根据技术因素，进行专业化分工，即把大的任务分成若干小任务，以助于增进职工技巧和提高效率；要在考虑技术因素的同时，考虑到心理因素（职工价值观、责任感、成就感等），以满足职工对工作多样性、完整性、重要性、自主性与自动反馈的要求，以利于激励职工，唤起积极性，对工作感到充实而满意。职掌与工作设计，一般先从主要教学部门开始，再设计服务部门的职掌，如对总务、人事部门工作设计，然后根据工作程序一条一条地列举出来，进行整理归纳。

例如，拟订后勤部门职掌时，就要依照其工作程序，从采购教材开始，开列请购单、询价与订货、验货入库、登卡入账、安全保管、凭单发货，到检验、包装入库等；根据列出的职掌，依计划、执行、考核行政"三联制"进行核查，看有无漏列和应予补齐、调整的问题；纵向方面使职掌与程序衔接起来，横向方面将人、事、物连接起来，形成完整的部门工作体系或个人工作系统。例如，某教育厅主管其财务处主要职掌包括：研制与修订会计制度，并督促所属高校加强会计制度建设工作；编制本系统预算，并审核与汇总所属高校预算资料；汇总与编制月报、季报与年终决算；编制财务分析与成本分析报告；检查所属高校会计资料及有关会计事务的处理；检查所属高校预算执行与控制状况；指导与培训系统内会计人员，并负责会计人员的考核与职称评定工作；指导系统内的统计核算与业务核算工作，定期组织财务检查工作。

四、人事控制设置

人事控制的根本目的，就是要采取某种确保高校目前和未来都能正常运营的办法，为组织结构中各个职位配备合适的人员。人事控制不仅是人事部门的职责，而且是高校主管人员的职责。主管人员所从事的计划、组织、领导和控制等工作的职能，事事都与人员相关，人事控制是主管人员的一项决定性的职能，并且是一项决定高校成败的职能，任何领导都应该正视"人力资源开发"

的挑战,如果不能有效地进行人员的挑选、使用、考核与培训工作,那么整个高校就会变成一台腐朽的机器。

（一）选择设置

选择人员设计主要是对人员配备与人员选拔方法方面的设计。

人员配备工作应该与高校组织结构及计划目标工作协调一致。人员配备是一个复杂的过程,它可以作为管理人力资源的一种系统方法。高校任何计划都要人去贯彻执行,进行人员配备必须以计划为基础;组织计划是确定人员需求量的关键,同时还应考虑任命率、年龄、健康状况等其他因素;根据高校内部和外部人力资源状况,对主管人员需要量进行分析;招聘、选拔、安置人员,同时要做好考核工作。在人员配备过程中,应充分考虑到外部环境与内部环境的影响。尽管人员配备工作主要由人事部门和各管理层的主管人员来负责,但拟订人员配备计划、决定招聘范围、制订选拔程序、确定考核方法以及规划培养开发等人事政策,还是应由人事部门在高校最高管理者直接领导下贯彻、落实。

高校各类人员质量,特别是各级主管人员的质量,是任何一个组织取得成功的决定性因素之一。选择人员,特别是选择主管人员必然是整个管理过程中最关键的步骤之一。选择人员必须要遵循一定的步骤和使用系统的方法。要从以下方面有效地选择人员。

首先,要对各职位的要求进行客观的分析,即应明确各职位的工作内容、工作方式和需要的知识、态度和技能,要确定职务的适当范围,既不能过宽,也不能过窄。职位应包含饱和的工作量,工作应对任职者具有挑战性,使他们感到自己得到了充分任用;职务应反映所要求的工作技能,如要求专业技术人员应具备技术性技能、人事管理的技能、概括分析的技能、谋划设计的技能以及分析与解决问题的能力等。

其次,要对各职位的重要程度进行评价。这种评价不同于对工作成绩的评价,一般使用三种方法:一是采用"排队"比较法,来确定各职位工资标准和地位,一般是以薪金水平来表示职位差别的幅度;二是根据职务要素进行评分来评定职位等级,即先选定几个职务要素,给它们规定权数和分值,然后以数字表示每个要素,要素主要包括所要求的教育程度、经验、智力、体力、职责和工作条件,主管职务应评定的要素是所要求的技术知识、所要解决的问题和所负职责的范围大小等;三是采用判断时距法来评定职务价值,即通过对某个职务所承担的各项任务时的分析,来衡量判断时距的长度。例如,某一职位中所发生的差错很快就能暴露出来,而另一职位中的差错要很长时间才能表现出来,对后者工作的判断时距就比前者长,其职位价值也应比前者高。

再次,要明确各职位所需人员应具备的素质,除了应具备的技能以外,个人的素质也很重要,如主管人员必须具备管理欲望、沟通感情的能力、正直、诚实及工作经验等。

最后,进行正确选择,在明确各职位所需人员的规格要求以后应招聘、选拔人员,一般采取目标选拔法,即将职位工作目标与被选人的工作经历与技能、素质进行对照,按相符程度进行挑选,具体选拔时应使用口头审查、审阅资料,对智力、才能、业务、个性、熟练程度等进行测试、集体评审。

在选择人员时,应特别注意对各种不同类型的应征者进行区别判断,面谈是一种最好的方法,因为高校要选择的是一个实实在在的人,而不是一张内容丰富的履历表。对于市场探索型的人,要仔细询问辞去原工作的原因,防止受骗;对于自命不凡的人,不应录用,因为他无法学好相处之道;对于流动型的人,也不可用,因为他们只会批评,不会工作,这山望着那山高,很难稳定下来;对于权力型的人,可以录用,但要制约其权力欲;对于"老兵型"的人,可以录用,但要激发其挑战性,否则他毫无冲劲;对于"牛皮型"的人,不可录用,因为他只会社交,不会干活,渴望当名人或与名人为伍;对于谄媚型的人,与权力型的人相反,靠拍马屁达到他的目的,毫无才干,品质差,意志薄弱,对这类人要远远避开;对于那些具有灵敏性和自我达成驱策力的人,一定要录用。

（二）用人设置

管理之道在于"借力"，即任何主管人员的基本使命，应借助部属的力量，完成高校的整体目标。高层主管应借助中层主管的脑力，中层主管应借助基层主管的脑力与体力，基层主管应借助职工的体力，现场职工应借助本身的体力及可用的机械力，以完成各管理层的目标。借力的方法，一是计划，二是控制。计划泛指所有决定未来要求部属完成的目标及执行方法的思考过程，计划在于创新。控制泛指确保达成计划目标的措施，一为组织结构，二为人员督导。组织结构应表达清楚各人的职位层次，明白指出各人上下沟通的管道，确定员工间协调及合作的中心，否则就会失控；督导是指日常纠正、指导下属行为以期达到目标的活动，如果每一位下属都能自觉地依照上级指示行事，则无须督导。

管理是人力发展而非事务指导。只会做事不会管人的人，不适宜当领导。各级领导均应掌握各种人事处理工作，如员工关系、客户关系、社区关系、政府关系、金融关系等，处理好内部员工关系是用好人的关键。用人之道，一是要因才施用，使每个人适得其所；二是要培养人才，不断增进其才干。如设置一套有效的方法，用以测定个人的工作成果；创造良好的条件和环境，增进员工的绩效与成就；设法征召和储备最优秀的人才；教育具有潜力的人员，来胜任今后更复杂的工作；建立一套有效的考核办法，扎实而公正地考核与评定每个人的绩效；依据成就标准，予以奖励，以提高士气。各层次的管理人员十分关心领导对他们的期望，希望上级能了解自己的工作状况，必要时需要指导，并希望领导主持公正，依据他们的成就给予精神与物质的鼓励或给予升迁机会。同时他们也受到知识问题、技术问题、信息问题、态度问题、沟通问题、人格问题等方面因素的干扰。主管人员应十分关心各层次人员的心态并采取措施为其排忧解难，既要与部属沟通信息，又要持虚心、诚实、谨慎的态度去提高管理技术，解决难题，如要评鉴已经获得的成果、分析当前的需要、设定高校的长短期目标、确定权责的归属、量度业务进展、评核绩效、确定成就给予报酬、更好地设计未来等。

（三）培训及开发设置

通过教学训练以培养管理人员如何管理,即为高校培训工作;组织开发是一种系统地、综合地、有计划地提高高校效能的方法,其目的在于解决对各级管理层次的运营的不利影响的问题。按照运营—管理理论的方法进行培训与开发,首要的是进行目标管理、工作充实化教育和敏感性训练;最高管理者要积极支持培训工作,培训对象要包括所有管理人员与教职工,学习要建立在自愿的基础上,培训要求因岗位或个人条件而异,培训方法取决于培训要求,理论必须与实践相结合。

对任何个人的培养与训练,首先要明确他现在的成效与行为和要求达到的成效与行为之间的差距;其次要明确他现有的才能与担任下一个职务所要求的才能之间的差距;最后要预测未来,根据变化了的技术和方法所要求达到的新才能。只有明确了上述三方面的问题,才能进一步明确培训目标和培训方法。

培训的主要方法有在职培训与离职培训两类。在职培训,是受训者一边学习,一边工作,其具体方法有:有计划地提级、职务轮换、设立"副"职、临时提升、个别辅导、建立临时受训机构等;离职培训,有在高校内部和在高校外部的训练,如进行敏感性训练、有机行为修正法、交往分析法、短期培训、专业证书班培训、特别培训、自修培训、视听培训及模拟培训等。

组织开发的核心是要使高校各级管理者一起努力,以解决部门或高校所面临的具体管理问题。以解决协调欠佳、过于分散和信息沟通不灵等问题,具体方法有实验训练、主管工作方法训练及调查反馈等。任何组织开发,其关键是人力资源开发,而人力资源得到充分发挥的关键是要创造一个使全体教职工安心敬业的组织气氛,如组织机构清楚,权责明确;适当的授权,充分发挥个人积极性;赏罚分明,鼓励多于指责;相互关心,团结和睦;容忍异己,鼓励批评、建议;互相认同,把高校利害、荣辱与个人利益结合起来;等等。

每个高校都应该重视人事教育工作,充分发挥人事管理的职能。如健全人事组织,根据高校规模大小,设立合适的组织机构,明确其权限职责,科学办理人事行政和人事服务工作。高校需要制订科学的人事制度,其内容包括任用条件及手续、工资标准、工作时间、请假规定、员工福利、管理规则、考勤与考核方式以及奖惩、调动、离职、退休等一切人事规章;加强劳动工资管理,及时处理师资不足或过剩问题,以及定岗定级、转正、调资等问题,对外、对内进行协调与联络等行政工作;加强教育培训工作,有计划地组织职前训练、在职训练、正式教育与补习教育等;加强人事任用工作,如按政策与规定办理招聘、奖惩、升迁、调动、缺勤、考核、退休等人事手续,对于一些敏感问题,要增加透明度,并要接受群众监督;此外,还要加强医疗保健、职工福利、协调服务等工作。人事管理工作,涉及整个高校的工作效率问题,对人管理成功,就可以提高工作效率、方法效率、设备使用效率与资金使用效率,相反则可导致高校失利。因此必须注重挑选人事管理人员,严格要求人事管理人员,使所有人事管理人员能把握国家劳动人事政策,熟悉劳动人事制度,明晰事理、善于分析判断,具有丰富的办事经验,温和谦让、办事认真,并具有较强的协调和说服能力等。

第三节 行政领导控制

行政领导控制,对于我国的企事业、高校来说,既指个人领导控制,又指群体领导控制。领导功能的发挥,既与领导个人的品质、风格、才能相关,又与领导体制、分工、协调相关。对于领导的定义,人们有很多种说法,但多数人认为它是一种影响别人的力量,即影响别人使之心甘情愿地为实现高校目标而努力的艺术或过程。技术、才智、工艺、安排等因素,只是影响生产力的部分因素,而领导是对生产力影响的关键因素。具有杰出思想的、能激励别人去思考、去行动的领导人是力量的主体;领导人个性的影响,产生了一种行动的感染力,较原个性特征的管理系统,作用要大得多。有人认为领导的本质就是被追随,人们倾向于追随那些被认为能为他们提供实现愿望、要求和需要的手段的人,也因为有人愿意追随,也就有人会成为领导。有不少人难有持续的工作热情和信心,或是缺乏动力或缺少机会,或是受工作环境和领导平庸的影响,或是本来就缺少持久的天赋。领导的职能就是要诱导或说服所有的下属或其追随者保持高昂的士气、持久的工作信心和工作热情,心甘情愿、竭尽全力地为实现目标而做出贡献。也有人把这种功能称为统御功能,即结集人们的能力与意愿的功能。领导者通过计划、组织、控制、执行职权、予以报酬引诱或社会压力,可以引发出职工 60% 的能力;而其余 40% 的能力,则有待于领导才能的诱发。这种统御的才能,不是凭借职权、机构赋予的权力或外在形式,而是说服并指导他人的才能。唯有通过这种才能有效地把个人目标和组织目标协调起来,才能发挥领导的作用。行政领导控制的范围很广,本节主要阐述个体与集体领导控制设计、授权控制设计、激励机制设计和信息沟通机制设计。

一、领导控制设置

有效的领导必须了解下属的需要,哪些是有效的激励因素,以及如何发挥其作用。如果把这些认识贯彻于管理活动之中,领导的职能作用就能得到更好的发挥。任何领导行为都要合情合理,以适应下属心理及情绪上的需要,奖励应多于惩罚,引导应多于禁止,更不能强调"乱世用重典";任何领导行为事前均应做周密的计划,一切问题都在所想之中,使下属找不到推托的借口,工作优劣即可评定,工作动态在掌握之中;任何领导行为都要体现出领导者公正无私、平等待人,不能以有权、有技术自恃。任何领导者的成效主要取决于个人品质、领导方法及对环境适应三方面的因素。

对于领导者和非领导者在个人品质上的区别,有很多不同的观点,但一般均认为领导者具有完成任务、取得成就的强烈愿望和责任心;有追求目标的干劲和韧性;有解决问题的智力、才能、创造性和冒险精神;有开拓精神和自信心;有决断和敢于负责的精神;善于处理和调解人与人之间的紧张关系;能忍受挫折和失败;有影响他人行为的能力和社交能力;能尊重、关心和信任他人等。领导者的个人品质,有的能适应所有的环境,有的只能适应有限的环境。根据"我国地方高校领导者所处地位及应发挥的作用",高校领导应该具有十方面的素质:坚定的政治方向,应有的社会责任,讲究社会效益;创新意识,以适应商品激烈竞争的需要;清醒的战略头脑,有超前意识,既要有战略目标又要有战略步骤,把当前与长远利益,现实与长久利益结合起来;果断决策,敢冒风险;有很强的竞争意识;有文明精神,创新、求实、奋进,将地方高校精神转化为物质财富,充分调动职工积极拼搏与奋进的积极性;出色的组织才能,善于指挥,敢于授权,培养与造就优秀人才;广泛的知识和爱好,要形成知识优化组合的领导群体,要进行智力开发和感情投资;有无私奉献的精神,"先天下之忧而忧,后天下之乐而乐";密切联系群众。

以运用职权为基础的领导方式,一般分为三种:一是专制独裁式的领导,要求别人要言听计从,自己教条专断,全靠奖惩的办法来领导他人;二是让职工参与管理的领导,让下属参与行动和决定的制订,并且鼓励他们参与管理;三是极少使用自己权力的领导,在经营活动中给予下属高度的独立性,让下属设定自己的目标并且实现自己的目标,认为自己的工作只是给下属提供信息、做好群体与外部环境的联系工作,以此为下属工作创造良好条件。上述三种领导方式,每一种都可以细分为多种形式。从领导风格上讲,无非是"以人为中心"型的领导方式和"以任务为中心"型的领导方式两种。领导者主要关心良好的人际关系和个人的声望,把主要精力放在下属身上,注重研究他们的感情和他们之间关系的好坏,即是"以人为中心"型的领导方式。这种领导方式的实质就是尊重下属人员,是民主的、宽容的、关心下属人员的、平易近人的、体贴人的。这种领导方式确实能够增加员工的满意程度,也有利于加强群体的团结,但是对生产率的影响并不总是成正比的。领导者主要关心任务,把主要精力集中于所要完成的任务上,关心工作进程和完成工作的手段,即是"以任务为中心"型的领导方式。这种领导方式的实质就是对生产任务的关心压倒一切,而对下属漠不关心,是独断专行的、爱限制人的、关注任务的,很少社交的、命令型的、任务为职能结构的。这种领导方式通常和生产率构呈正比的关系,倾向于降低职工满意和团结程度。

根据现代化的管理和适应环境的需要,在领导控制设置中应该采取两种风格结合式的领导方式——权变式的领导。

权变式领导,一是要求领导者要明白自己最感兴趣的领导方式,对特定事务应有主观意见,能感受到自己的领导成效;二是要求下属明白所接受的领导方式,对特定事务的个人看法,对主管的领导方式。

权变式领导对下属的领导应做到以下几点:第一,要让下属了解领导方式。即通过授权管理,领导应承担决策的好坏,不可推卸责任;授权后,领导不得参与下属的决策过程;领导应充分认识到民主式领导的重要意义;有必要使下属了解自己的领导方式。第二,领导必须充分了解权变因素,以便随时对所遇到的问题有最佳判断,进行有效的权变式领导。领导应依据本身的背景条件、学识经验等特质,并通过主观判断来处理有关领导的种种问题。第三,领导者应根据下属的特性,容许其有较大的决策自主权。如下属需要高度工作自主权,愿意承担决策责任,容忍领导做含混指示;希望自己解决某些问题,明确、了解与认同组织目标,具有决策的知识与经验,具有分享决策权的默契等。第四,领导方式能适应组织形式、工作效率、业务特性、时间压力等生态环境与特定情况的需要。第五,要制定长远的策略目标,如提高激励水平、提高适应变迁的能力、提高决策质量、培养集体主义精神、提供个人发展前景等长远目标与策略。

领导者的管理方法一般有四种:压榨式和权威式的方法、开明和权威式的方法、协商式的方法、集体性参与方法。采用集体性参与方法时,领导对下属抱有充分的信心和信赖,经常征求和采用下属的看法和意见,现代管理的实践表明集体性参与管理是较有效率和成果的管理方法。

凡是对人和任务都表现热切关心的领导者,都要比只对人或只对任务表现一般关心的领导者能取得更高的生产率和使集体更加团结。在熟练的管理实践中,领导实际上就是对计划、组织和控制的补充——当这些程序不能给下属提供足够的指导或帮助时,则通过领导予以补足。领导能帮助消除工作中的障碍,领导者或主管人能设计一种环境,使群体成员潜在的或明显的激励动机能作出有效的反应,这就是方法—目标理论,是目前最有效的一种领导方式。这种方式的本质是,最有效的领导者应能帮助其下属同时实现地方高校目标和个人目标。其方法就是要明确规定职位和员工职责,消除取得成就的障碍,在制定目标时谋求群体成员的协助,加强群体的团结和协作精神,增加个人在工作过程中得到满足的机会,减少不必要的心理压力和外部控制,明确奖励标准,以及做其他一些符合人们期望的事情等。方法—目标理论对上层职位和专业性工作特别有用,但对日常生产工作的实用价值不明显。

要想获得成功的领导,领导者必须有修养,在某种意义上说,领导者为人处世的修养比知识本身更重要,它能极大地改善领导者和被领导者之间的人际关系。领导者必须通晓形成有效领导的各种因素、随机应变的各种方式、有关激励和领导理论的基本内容,必须善于将知识应用于实践;领导者应将自己置于他人的地位,设身处地地体会他人的感情、好恶和价值观念等;领导者应力求做到处事客观,不带任何感情地观察和追溯事件发生的起因,以超脱的态度进行评价,先分析后行动,克服仓促判断,尽量克制情感,以防处事不公;领导者有自知之明,即要意识到自己为什么会有某些行为,为什么有些行为不会引起别人的反应,有些行为则会引起别人的反应,甚至引起敌意。有效领导虽说取决于领导者的个人品质、风格、方法等,但注意领导者群体组合、优化领导班子更是实施领导控制的重要方面,它不仅是实行参与管理、民主管理的需要,也是我国完善各种经济责任制的需要。根据《中共中央关于经济体制改革的决定》,我国地方高校领导班子由原来的"一正多副"向"一长三师"转化,即在地方高校领导班子中配备总工程师、总经济师、总会计师,这样有利于改善地方高校领导班子结构,提高群体素质、优化整体功能;有利于理解因地方高校行政领导班子的工作关系,实现领导分工的科学化。

现代管理学认为,如果整体内部每一个个体的选择是好的,群体组合的形式也是好的,那么整体的效能则大于个体效能之和。作为整体领导职能来说,每个领导者是优秀的,其群体组合又是合理的,则领导集团的能力应大于每个成员能力之和,因为在个体能力之和之外还应加上"集体力"。任何高校的领导班子,注意个体的选择是为了发挥每个个体的特长,注意群体的组合是为了发挥集体的力量。为适应现代化、社会化大生产的需要,地方高校领导班子群体必须围绕共同的经营目标结成彼此协调、长短互补、团结努力的集体。实现地方高校领导班子群体的最佳组合,必须遵循目标原则、效率原则、能级原则、取长原则与协调原则等;还必须做到老中青结合,技术与管理结合,知识的广度与深度相结合,将才与帅才相结合等。

二、授权控制设置

任何高校不能由校长一人独揽,必须进行工作责任委派,这就产生了授权。授权就是由上级主管或权力者授予下属一定的责任与事权,使之在其监督下得以自主地处理与行动。授权者对被授权者保持有指挥与监督的权力;被授权者对授权者负有报告与完成的责任。授权与代理不同:代理是依法代替某一人执行其任务;而授权是仍负责行使其法定的权力。授权与助理不同:助理是由他人帮助负责以成事,助人者无任何责任,而受助者仍负其责;授权则是被授权者负有一定的责任。授权与分工不同:分工是各负其责,彼此无隶属关系;授权则是上下之间仍具有监督与报告的关系。从本质上看,授权只是把决策权分给部属,但不是分散决策责任,相反,是权力下移而责任向上集中。授权不授责,授权留责,更不能只授责不授权,否则会导致主管推脱责任或揽功自居。授权控制的主要功能是:减少主管工作负担,把他们从繁杂的事务中解脱出来,以利于思考和解决重大问题;改进人事行政,增强下属责任心,提高情绪与工作效率;发挥下属的专长,补救主管的缺点;在管理实践中培养干部,增进下属的学识、经验与技能,以利于人才储备。

以正式或非正式的方式授予下属用钱的权力;以明文或非明文的方式授予下属增人与选用的权力;以工作说明书的方式,授予下属进行例行工作的权力,而不必事事请示或等批准。授权的时间应根据具体情况而定。如果一个高校在遇到高级人员空缺,在职人员力不从心,有人兼任多个要职,机关工作决定权限于极少数人手中,工作人员缺乏主动积极性等,均要进行必要的授权。如果高校主管人员感觉到计划及研究时间紧迫,办公时间经常处理例外公事,工作时经常被下属请示打搅,也就需要进行必要的授权。

授权应以被授权者的能力强弱及知识水平高低为依据,因事选人,视能力授权;授权前必须做充分的研究与准备,力求将责任与事权授予最合适的人员。要根据明确的隶属关系进行授权,不得越级授权;要明确授予权责,具体规定其目标、范围;要进行适当控制,以免造成授权过度与不足,并规定考核与检查成效办法,建立适当的报告制度;要量力授权,应根据下属能力的高低来决定授权,不可机械与硬性授权;校长要保留权责,过度授权等于放弃权力,某些权责校长理应保留;要相互信赖,授权者与被授权者应相互信赖,主管不得干涉下属的单独决定,下属应竭力办好权责范围内的事,不要事事请示,也不得越权行事;要适时授权,授权理应遵循一定的原则,但并非一成不变,授权必须视地方高校业务所处的实际情况来决定。授权不仅是科学也是艺术,因此也要注意授权技巧,如集中精神处理管理责任、依工作性质分派各人员执行、使下属有自由裁量权而仍能控制自如、使用正式任务命令书方式等。

三、激励机制设置

高校管理人员的首要任务是创造和保持一种有利环境,促使人们发挥作用,帮助高校或部门完成其组织任务与目标。任何组织都要有一定的激励机制,去激励人们工作。人一切行为的基本要素是活动,其中包括体力活动和智力活动,而且人的一切活动都是有目的、有动机的活动。动机是一种能够提供精神力、活力或动力,并能够指导或引导行为达到目的的内心状态。激励是可运用于动力、期望、需要、祝愿以及其他类似力量的整个类别。上级激励下级,是指他们在促进、期望和诱导其下级按照所希望的行为行动。激励过程实际上是一个连锁反应,首先是感觉到有"需要",由此而产生"要求"或要达到的目标,然后造成紧张感,意即未满足的"欲望",于是引起行动以达到目标,最后是要求得到了满足。

激励因素就是那些能诱使一个人做出成绩来的事物,主要包括物质与精神激励两方面,如高薪、头衔等。激励因素就是能影响个人行为的某种东西,它对一个人愿意做什么的取舍有重大影响。人们的需要分为两类,一是维持因素,不起激励作用,但非有不可,如高校政策、行政管理、监督、工作条件、人际关系、薪金、地位、职业安定、个人生活等;二是职务内容因素,它是真正的激励因素,如成就、赞许、晋升、工作富有挑战性和在工作中成长等。有关激励的理论有奖惩理论、期望理论、需要即激励理论等。奖惩理论主要是指运用奖、惩两种办法来诱导人们按所要求的那样行动,虽然是一种传统的手法,但至今仍旧有效。期望理论的内容是:人们受到激励去做某些事情,以实现某些目标——只要这些行动是在他们期望有助于达到目标的范围之内。需要即激励理论认为,人有三类具有激励作用的基本需要,如权力需要、归属需要和成就需要,根据这些需要,激励主管人员的重要因素有工作的挑战性、地位、取得领导身份的强烈愿望、竞争的鞭策、恐惧与物质等。根据现代管理的需要,激励的方法与手段主要有合理的报酬、正强化、职工参与管理、工作内容的丰富化等。报酬无论在什么时候都是一种有效的激励手段,根据人们的工作成就给予合理的报酬,有利于调动人的积极性。

正强化方法或"行为改进"的方法,认为借助于适当设计人们的工作环境并对其所完成的工作成就加以表扬,就能激励他们,而对不良的工作表现加以惩罚则会产生相反的结果。这个方法强调排除不利于取得工作成绩的障碍,细致认真地从事计划工作和组织工作,运用反馈来进行控制,以及扩大信息沟通的范围。因为很少有人不会被参与商讨与自己有关的行动所激励,因此职工参与管理是一种成功的激励方法。在工作现场中的大多数人是既知道问题的所在,又知道解决问题的方法,这无疑会产生激励作用,而且又能为地方高校的成功提供有价值的知识。参与管理与许多基本的激励因素相适应,它是一种对人们给予重视和赏识的手段,它能给人满足归属的需要和受人赏识的需要,尤其能给人一种成就感。鼓励职工参与管理,并不意味着主管人员放弃自己的职责,他们鼓励职工参与管理并仔细倾听下属的意见,但需要他们进行决策的时候,还必须自己决策,下级不会干预上级的职权,也不会对优柔寡断的上级产生敬意。

使工作内容丰富化,同样是一种有效的激励手段,它强调工作具有挑战性和富有意义,消除重复操作的乏味感。其主要做法是把更高的挑战性、重要性和成就感体现在职务之中,如给予教师在决定工作方法、工作顺序和工作速度方面更多的自由;鼓励下级参与管理和教职工之间的交往;使教职工对自己的工作有个人责任感;使下级能看到自己的贡献,反馈给他们工作的完成情况;让教职工参加分析和改变工作的物质环境等。究竟采取何种激励手段应采取随机制宜的方法,应考虑多种变量或因素来建立随机制宜的激励系统。

国内外的很多管理专家认为,人们的工作除了获得报酬的需要外,还需要从工作中获得成就感和安全感。上级采用的激励手法主要有:以劝说、奖励为主,不要发号施令;不要事事都作指示,让下级自己做决定;适当授权;为下级设立明确的奋斗目标,而不要事事指教;关心下级,倾听下级意见;信守诺言,并采取行动;分配给下级的工作要有连贯,不要经常中途变卦;注意事前检视,防患于未然;设立简单的规范让下级遵守,下级即便有错也要心平气和地批评;要计划未来,以激励下级努力;要有信任感,避免轻率下判断;适当地奖励下级;让下级和睦相处,但不能拉帮结伙。值得提出的是,领导者在进行奖励与惩罚时一定要公正,绝不能搞平均奖、轮流奖、倒挂奖、人情奖、固定奖、花样奖、红包奖等,以防止出现懒惰心理、退缩心理、多占心理、赌气心理、对立心理、懈怠心理、投机心理、离心心理等消极因素。

四、信息沟通机制设置

信息沟通是组织中构成人员之间的观念和消息的传达与了解的过程。它是为完成机关使命及达成任务的一种必要手段,可以促进共同了解,增强集体力量。信息沟通的目的是加强人员之间的团结,发挥整体的合作力量;改进业务处理的方法,提高组织的工作效率;了解彼此之间的需要;减少不必要的浪费,避免发生意外事件;有效达成组织的使命。信息沟通对发挥地方高校内部各职能部门的作用至关紧要,拟定并传达地方高校的目标;

制订实现目标的计划；以最有效能和效率的方式组织人力和其他资源；选拔、培养和审评人员；领导、指导和激励职工，并创造一种使他们愿意做出贡献的环境；控制工作进程。信息沟通除了语言、文字、地位及物理上的障碍和困难外，还有缺少沟通计划，未加澄清的假设，语意曲解，信息表达不佳，信息传递的损失和遗忘，听而不闻和判断草率，猜疑、威胁和恐惧，缺乏适时性等问题。

信息沟通的主要种类有正式沟通和非正式沟通两大类。正式沟通是配合正式组织而产生的，依据信息流通的方向分为上行、下行和平行三方面沟通形式。上行沟通，主要指由下而上的信息沟通，下级人员以报告或建议等方式，对上级反映其意见。这种沟通方式有利于参与管理，教职工乐意接受上级的命令，可满足教职工的自重感，办事会更有责任心，同时也有利于上级作出正确决定；从下级反映的情况中可以了解下级的工作是否按上级意愿执行；有利于鼓励下级发表有价值的意见；能接受下级直接批评，并满足下级的基本需要；符合民主精神。下行沟通，主要指由上而下的沟通方式，由管理阶层传到执行阶层的信息沟通。这种沟通方式有利于帮助组织达成执行目标；使各阶层员工对其工作能够满意与改进；增强员工的合作意识；使员工了解、赞同并支持组织所处的地位；有助于组织的决策和控制；可以减少曲解或误传的消息；减少员工所有工作本身的疑虑及恐惧等。平行沟通，主要指平行阶层之间的沟通，也即是指信息在组织级别相同或相似的人员之间的横向流动，如高层管理人员之间、中层管理人员之间、基层管理人员之间的沟通等。平行沟通有利于弥补上、下行沟通的不足；给员工了解其他高校情况的机会；培养员工间的友谊等。非正式沟通指非组织的沟通，它一方面满足了员工的需求，另一方面也弥补了正式沟通系统的不足。非正式沟通，是由人员间的社会交往行为而产生的；非正式沟通主要来自工作专长及爱好闲谈的习惯，无规则可循；非正式沟通产生于无意之间，没有地点、时间、内容的限定。它之所以起到正式沟通所起不到的作用，是因为它传递快，有很高的选择性与针对性，能迅速反馈,能及时作出评价等。非正式的个人的信息沟通有单线式传递、流言式传递、偶然式传递、集束式传递等方式。按信息沟通的方式分,还有书面形式的沟通、口头形式的沟通和电子形式的沟通等。组织机构作为信息沟通的手段,社会系统作为信息沟通的网络。

信息沟通的要素主要包括以下几个:第一,是发送者,即负责做有意识、有目的的信息发送者,如发言人、建议人及发令人等;第二,是沟通的程序,即意见传递应有一定的媒介与路线;第三,是沟通的程式,如命令、规则、通知、报告、公函、手册、备忘录等;第四,是沟通的接收者,指接收消息、命令、报告及任何沟通程式的人;第五,是所期待的反应与结果。在实行下行沟通时,上级必须了解下级人员的工作情形、欲望及个人问题;领导者必须有主动的沟通态度;组织中必须有完整的沟通计划;领导者必须获得员工的信任等。在实行上行沟通时,上级必须以平等地位对待下级;经常与员工举行工作座谈会;建立建议制度、公平而合理的制度等。在实行平行沟通时,其关键在于:管理是否能适当地授权;沟通方法是电话、会报、会签、业务了解与共同信念等。从理论上讲,沟通是协调的一种方法与手段,其目的是使各高校间职员能以分工合作的、协同一致整齐的步伐达成共同的使命。沟通在谋求思想认识上的一致,而协调在谋求行动上的一致。要做好信息沟通和协调工作,各高校应采取有效的措施;建立会签制度;制定工作流程图网,促进自动联系;设置参谋人员,专负协调联系;运用会议方式,促进意见交流;简化公文报表;利用报刊报道高校情况;利用计算机处理及时获得正确信息;设置意见箱;个别访问谈话,了解教职工的需求;利用训练方法提高联系水平等。

地方高校是一个由人、财、物等多因素组成的经济综合体,由多个子系统组成。无论是各个子系统的内部管理,还是它们之间的联系,都需要通过信息进行沟通,以达到物质和能量的合理流通。例如,行政组织系统需要进行组织与组织、人与人之间的信息沟通；思想工作系统，更离不开思想信息的收集、处理与反馈，以激励教职工的奋发精神。

第四节　资产管理与处置控制

一、物资采购控制

（一）高校采购作业一般流程

高校物资采购的基本流程如下。

（1）由资产管理部门或用料部门填制请购单。

（2）由资产管理部门填制订购单或其他契约。

（3）由检验部门验收并编制验收报告。

（4）储存部门对照验收报告收料入库，如有差异应报告会计部门。

（5）会计部门比较购货订单、验收报告及供货商发票，如果发票经核准付款则编制凭证。

（6）凭证移送出纳处付款。

（二）物资采购中采用报表的控制

为了更好地反映、分析和控制采购业务，一般要编制如下管理报表。

（1）市场分析报表：反映现在及预测未来材料或商品供需状况。

（2）购进材料明细报表：分别列明向各供货商所购材料的种类、数量及金额，并注明违约次数等。

（3）采购作业分析表：用以分析采购作业的好坏、衡量采购工作的绩效，主要列明采购部门订购材料数量、实际验收数、退回及折让的百分率、如期交货百分率、自接到请购单至办妥订购手续平均耗用时间、自请购至材料到用料部门平均耗用时间等数据。

（4）采购费用分析表：详细反映每种材料运费、装卸费及采购成本等，以便与上期实际成本及计划成本比较。

（5）价格变动分析表：分析市场价格变动情况，以适应市场变动需要。

二、应付账款控制

有效的应付账款内部控制，在付款前必须经过采购、验收、会计等部门的核准。所有采购交易均须有顺序编号的订购单为证，订购单副本送交应付账款部门，以便与供货商发票及验收单相核对。

验收部门与采购部门应各自独立；验收部门收到货品应编制验收单，验收单应顺序编号并复写数份，以便收到货品后及时通知会计部门、采购部门及发料部门等。

会计部门收到各种文件凭证，应加盖收件日期章。该部门所开的凭单及其他文件，均可利用顺序编号方法控制。复核发票的每一个步骤，均应在凭单上注明日期并签章，以示负责；确认自己完成的工作，确保例行程序一贯实施的有效方法，核对订购单上所列单价、折扣及运送条件与卖方发票，或核对发票上的数量与订购单、验收单，均可防止不当的付款。

将核对发票的职能与支付账款的职能分开，是防止舞弊的另一种方法。发票核准付款前，应有书面证据，证明交易事项均经复核完毕。应付账款明细账按月与总分类账户轧平，并与来自供货商的对账单核对，任何差异均应详细查明。采购控制问题，还有采购费用预算控制、常用材料采购控制、零星小量材料采购控制、有互惠关系采购控制、分批交货采购控制及退回包装物处理等具体问题。

三、物资存量控制

管理者一般十分注重现金和有价证券的管理与控制,而忽视财物存货的管理。有人认为内部控制的主要目的是防止和揭发欺诈舞弊,而财产物资不易被窃,因此没有必要实行严格的控制。这就完全忽视了内部控制事实上具有比防止舞弊更为重要的功能。事实上,物资存量控制为一般地方高校中最复杂而又最需要的一种控制,存量的计划及其实施,涉及高校各个部门的业务,如采购、财务及会计等;存货种类多、范围广,渗透地方高校整个资产管理过程,如需对购进的教学设备及物料等进行控制,直接影响到教学管理与服务的好坏、教辅成本的高低以及资金的周转等。为了适应瞬息万变的经济环境,如何适时采购,如何获得低廉价格,如何适应生产需要,如何计算经济采购量以降低储存成本,如何避免积压以加速资金周转,如何做到安全保管,这些都是十分重要的管理与控制工作。良好的内部控制是提供正确的存货数据、销售成本数据及报告准确数据的工具。若无健全的存货控制,会导致存货成本、产成品成本及销售成本失真,从而导致财务报表中所反映的财务状况及经营成果虚假,影响高校各管理机构不能发挥应有的作用。加强物资存量控制,有利于解决供需矛盾,以尽可能少的存量满足生产和经营的需要,减少物资积压,节约流动资金,并能稳定教学与管理秩序。物资存量控制具体来说有以下几方面的作用:

第一,保持最小存量。以最小存量保证生产或销售需要,有利于节省库存投资额,减少资金积压,节约库存费用。

第二,安全与科学保管。物资存放处应能防盗、防火、防水、防潮、防虫咬、防霉烂及锈蚀等;存货应分类、整齐排列。

第三,适时适量供应。存货应能保证生产或销售所需,做到适时、适量、适地供应,以免因拖延、缺货等影响生产或销售。

第四,维持有效操作。存货收发及装卸所用的各种器械,应经常检修,维持良好的运转和操作,以利于提高收发、装卸、排列、堆放等工作效率。

第五,预防发生呆废料。要防止呆废料,一是要妥善保管,二是要严格控制采购、调度和利用。对已发生的呆滞废料要迅速处理,如加工、利用、交换、出售等,以免长久呆滞,造成损失。

第六,维持完备的存货记录。要建立控制存货数量的记录;及时提供存货状况给教务、科研和后勤等部门,以助于合理调度与有效使用;提供有关计算最经济采购量或生产量资料,制定最高或最低标准存量;提供各种存货周转率、长时间呆滞存货项目、存货废失率等统计分析资料;提供运输及保管费用分析资料。

物资存量控制,最根本的任务是要设计能够决定各阶段的需要量、发放量及其预测方法、各阶段的标准库存量和安全库存、需要和供给、发放和补充的方式,以及能够明确地检查预测量和实际之差异的库存管理系统。必须使购进、保管、发放作业合理化,使库存物资调动记录合理化,并且需要完备的有关库存的资料。

要做好库存控制,必须考虑下列影响因素。

（1）销售因素。即应考虑订货量的大小及其波动与订货的频率;考虑销售预测的可能性与预测值和实际之差（预测误差波动的精确度）;考虑适应需求服务的条件,如要求立即交货或容许拖延时间很短,即要加大库存,反之可减少库存;考虑销售途径,即考虑是直接销售还是间接销售,前者要求存量大,后者要求存量小。

（2）生产因素。即应考虑生产类型与生产方式,即要考虑是大量生产还是单件或批量生产;考虑生产过程中各道工序中的库存;考虑产品特殊化的程度,即各种产品在各工序阶段的在产品都要以符合通用化、组合化的形式保持适当的存量;考虑生产的灵活性,库存应适合灵活、机动生产的需要;考虑生产能力与仓储能力;考虑优质保管等。

（3）时间因素。即应考虑从订货准备、购进、审核、检查、验收等筹备时间的需要。

（4）运输因素。即应研究运输场所、距离、方法和当时库存量的全部成本最大限度地降低等问题。

（5）费用因素。即应全面、综合地研究和调整库存费用，以争取最小的库存耗费。

四、采购控制计划

物资存量控制的宗旨，既在于防止损失和滥用，作为采购与销售计划的依据，又在于保证生产与销售的需要，防止存量过剩与不足。存量控制是存货管理的中心问题，必须建立一定的政策、计划及标准，以便于管理控制者遵照执行。存量政策是存量控制的基本思想与指导原则，目的是确定存量业务处理的基本界限。如要求接受订货后的最迟交货时间，物资是集中库存还是分散库存，各种物资最高或最低库存限量，如何配合市场价格变动而增、减存量，如何规定使用率或随预测调整储存量，如何规定存量费用，如何规定盘存与核对等。在时间方面，库存控制政策尽量以不延误需用的时间为原则。

制订存量计划，首先要了解和预测采购及其成本、仓储及其保管成本、期间或年度的需求量、各物资项目最高或最低存量等，并据此推算最经济的存量。其次存量计划应视各项物料个别情形、库存类型及管理特性制订。物料库存量可分为常备型、常备分期交付型、备用品型及根据要求购入型四种。常备型，以常备品为库存对象，需求稳定，经常发放，必须有充足的库存量；常备分期交付型，以长期合同的原材料为库存对象，必不可缺，并经常少量发放，必须有一定的存量；备用品型，以配换零部件为库存对象，何时需要不定，但应有少量存货，发出后应立即补充；根据要求购入型，一般不需库存，必要时只购入需要量。要制订切实可行的存量计划，必须研究库存品究竟属于哪类，哪一类该存，哪一类不该存，该存的应存多少等。制订存货计划，还必须掌握管理性，即输入特性（供给、购入、交纳等特性）、服务特性（保管、存货场所等特性）和输出特性（需求、发放等特性）。

制订存货计划，应计算库存品的标准库存月数。标准库存月数的计算，（1）要根据资金情况，站在地方高校整体的立场上进行计算；（2）要根据库存品的市场特性、生产特性、购入特性、保管特性、发放特性，以最经济的经营为目标进行计算。标准库存月数以下列项目的合计来计算：第一，弥补预测误差的库存——预测期间的预测误差的标准偏差乘以安全系数；第二，生产品程计划的库存依计划变动的时间而定，一般为半个月左右；第三，生产周期的库存——一般来说，一个月周期的库存为 6 天，两个月周期的库存为半个月，三个月周期的库存为一个月；第四，运输期间的库存；第五，各储存地点的流动库存。此外，计划应根据存货政策拟订，并配合市价行情及销售、生产需要，采购、财务等有关部门也应根据计划而配合作业，以保证计划的执行。

存量控制涉及高校很多部门，也涉及很多经营过程，有关部门办理哪些方面的工作应有明确的分工，特别是采购、验收、付款、记录必须分别由不同的部门或不同的职工处理。无论什么样的高校，其物资存量控制账务工作，应由会计部门负责，但仓储部门应有明细的数量记录，并要定期或不定期盘点，使账面存量与实际存量相符。定期盘点一般在年度终了或营业周期结束时进行，应由各有关部门共同派人办理；不定期盘点除特殊情况外，一般由存货经营人自行负责，一般在库存量最少时进行，或分类轮流进行。物料通过验收后，进库前还应先行点数，检视后签收，即仓储部门应对验收部门的工作复核后，才能正式履行自己的保管职责。物资存量控制主要包括编号控制、记录控制、发货控制、货物成本控制和盘存控制。

（一）编号控制

对货物的分类编号是控制的第一步。如果每一种存货，都有一个确定的编号，存货分类就可以实现系统化、永久性与确定性，就有利于进行材料收发、管理、书写、记录、编表等工作。

编号的方法很多,如有流水编号法、分段编号法、类级编号法、小数编号法、数字示意编号法等,唯有类级编号法最适合对材料编号。该种编号法利用不同的数字及不同的位次,代表不同类、级,如第一位数字代表大类(一级)、第二位代表中类(二级)、第三位代表小类(三级)等。假如采用十位数字编号,第一位数字为材料管理类别代号,如"0"表示集中管理材料,"1"表示非集中管理材料等;第二位数字为材料性质分类代号,如"1"表示电器材料,"2"表示机械器材等;第三位数字为材料性质分类明细项目代号;第四位至第八位数字为各类材料编号;第九位数字为核对码,供电子计算机自动验证材料编号是否正确;第十位数字为材料使用价值类别代号,如"0"表示新料,"1"表示旧料,"2"表示废料。

存货编号应以便于确定存货种类、规格、节省工作时间、利于机器处理为原则。一种存货只能有一种编号,一种编号只能代表一种存货,防止重复混乱;编号中每一位数字都有不同意义,使人一见编号,即可知道是什么存货;编号位数越少越好,可以节省书写工作;每个高校均应编制一份存货分类编号表,便于查对。

(二)记录控制

货物记录是存货控制的重心,有了正确的记录,才能提供有利于控制的情报资料。货物记录的主要内容有:过去每月、每年需用量,实际库存量,已经订购数,何日可以到达及数量,自请购至到货的所需时间及此期间内耗用数量,最高标准存量及最低标准存量,经济采购量及批次,货物成本及总金额等。上述记录,有些是现成的,有些需要查询;有些可根据过去统计资料获得,有些却要根据各种因素事先设定。无论什么样的数据,都要完备准确,才能进行有效控制。

（三）发货控制

高校货物领用时,应由教务等部门签发领料单,用料部门持单到仓库领货,通过被授权人审签后,仓库人员填制出库单并照单发料,及时送会计部门登账或作为成本计算或费用分摊的依据。

对发出的各种物料应建立必要的控制,控制其数量和状况变动。对物品的控制应包括定期盘存检验程序,防止废品、次品的增加。在发货业务中,所有物品都要经过审批后才能办理装运手续。例如,由销售部门签发销售发票或销货通知单,仓库据此发货并签发出库单;运输部门应填制多联式装运单,分送仓库、会计等部门。领料单必须根据用料单填制,一式三份,第一份领料部门留存,第二份作为仓库的收据,第三份由会计部门作为分摊成本依据。用料单位如有剩余物料,应填退库单,将余料退回仓库。退料手续及记录方法与收料时相同。

（四）货物成本控制

为了正确计算货物采购、使用和销售的价值,应实行必要的成本控制,它是内部控制的一个重要部分。货物成本从理论上讲包括购进价格及运达买方仓库的一切费用,如运费、装卸费等,但由于有些零星费用归属问题不好确定,只能记入间接费用。货物使用或销售其价格计算,一般按沿用的方法计算,如简单平均法、加权平均法、先进先出法或计划价格法等,但不得随意变动,应保持前后一贯。

（五）盘存控制

加强货物或销货成本内部控制的另一项重要措施是采用永续盘存制。货物的账面记录与实际库存数量往往不符,其主要原因有收料时点收差错,验收单数量与实际入库未核对而发生不符,发料数量错误,物料账中的收入、发出、结存数量记错,被盗或因受损失未经处理认定,库存中消耗等。通过盘点和核对存货记录,可以使账实相符,最后确定库存数量与价值,为正确进行存货采购、使用和销货的成本分配提供必要数据。永续盘存制还有利于控制货物的增减变动,增进货物记录的正确性和可靠性,及时揭露或防止对各种存货项目的盗窃、浪费或损毁等行为。追查实物与记录是否相符的方法是实地盘点货物,盘点方法有全部盘点、轮流盘点及经常查点等方式。全部盘点一般在年终时进行,多为定期盘点;轮流盘点既可以是定期盘点,也可以是不定期盘点;经常查点则为不定期随时的盘点。任何高校理应将盘点办法列入管理制度,明确规定盘点目的、盘点工作组织及职责、盘点时间表、盘点方法、盘盈盘亏处理以及盘点所用标签、表单、报告等格式。

（六）存量控制报表

为了更好地反映和分析存货管理工作,存货控制还应编制下述报表。

（1）收、发、存状况表。借以反映各种货物的收入、发出及结存数量,供决定再行采购和互相调拨之用。该表每月、每半年或每年定期编制。

（2）废坏料损失报表。借以反映废坏料名称、数量、金额及损耗率,供考核存货管理完善状况。借以调查其适宜性与使用有效性。该表每周、每旬或每月编制一次,编制时间越短,其控制作用越大。此外还应编制废坏料处理报表。

（3）盘盈盘亏报表。借以反映盘盈或盘亏物料的名称、数量、金额及原因等,供考核存货管理水平及记录可靠性之用。该表一般在每次盘点后编制。

（4）用料变更损失表。借以反映元效能的用料损失,供考核用料部门用料计划性与有效性使用。

（5）周转率分析表。通过周转率分析，借以反映各种材料使用情形，以促进管理控制，对周转率很低的物料，应提醒注意及时处理。

（七）存量控制基本方法

货物控制除按上述内容控制外，为了实现安全而又经济的控制目的，还必须实行记录与保管分开控制的方法，预防盗窃、损失、呆滞料控制方法，适当保险控制方法，更重要的是各种存量控制方法。

1. 维持适当最低存量

物料存量太多，会造成资金积压，增加财务负担；而存量太少，又容易造成停工待料，影响生产与销售。要达到维持最小存量又要保证生产需要的目标，必须规定每种存货最高、最低标准库存量，并要经常维持最低存量。在规定存量标准时，必须明了每种存货的实际耗用情况，如每年耗用量、每月平均耗用量及逐月实际耗用量；必须了解采购作业状况，如向何处采购、供货有无季节性变化、采购所费时间等；考虑政治、经济等其他影响因素。由于每个高校存货品种繁多，要制订出每种物料最高、最低标准存量，不仅工作量大，事实上也无必要，因此应对大宗物料、重要物料或价高的物料规定最高、最低标准存量。

2. 计算经济采购量

经济采购量是指以物料总成本最低时的数量作为订购的数量。物料成本一般包括采购费用及保管费用两大类。采购费用包括处理费用、检查费、市场调查、广告费或办理采购的一切费用等，采购费用一般与采购数量成反比；保管费用是指仓租、保养维护、保管人工资、水电等费用，保管费一般与保管数量成正比。高校每年所需用物料的采购量虽然要受到季节、价格变动等因素影响，但在正常情况下，可根据采购成本、存货保管成本等资料予以计算。

3.ABC 分类法

任何一组研究对象,其所构成的项目价值是不均等的,往往只有少数项目占有较高价值或占有重要地位。存量控制上即为ABC 分类法。一般存货可分为三类:A 类,高价值项目,虽然项目甚少,但其价值可能占存货总额的 80% 左右;B 类,中价值项目,存货项目较多,但其价值可能占存货总额的 10% ~ 15%;C 类,低价值项目,存货项目可能占存货总项目的大部分,但其价值仅占存货总额的 5% ~ 10%。

根据上述分类,对各类存货控制应采取不同措施:A 类存货应优先控制,并实行最严密的控制,不仅要有完整正确的记录,而且要经常检查,尽量减少其存量;B 类存货,只有在特定情况下才进行优先控制,平时只需要视同存货控制,即要设立良好记录,并做定期性检查;C 类存货,在可能范围内做到最简单的控制,实行定期盘点,适当提高存量,以防止短缺。

存量控制除了上述的一些基本方法外,还可以采用其他的一些技术方法,但无论采用何种方法,进行存量控制时,都应该对重要的存货进行控制、简化实地盘点方法、加强寄存存货及可退回包装物的处理、各种控制应有利于机器处理资料、尽量逐步实现无存货管理制度等。

五、采购与资产控制重点

（一）请购招标控制重点

（1）请购单必须详细注明参考厂商、规格形式及需用日期等内容,如申请物品需采用特别运送及保存方式者,应添加注意事项。

（2）请购单必须先经仓管人员进行库存审核,核准时应遵照核准权限办理。

（3）紧急采购不应经常发生,事后应补开请购单,追究原因是否为不可抗力,有无改善计划。

（4）应定期检讨请购单有无延迟采购情形,请购数量应符合经济采购量要求。

（二）采购招标控制重点

（1）采购人员应注意收集询价资料,须翔实完备,保持最新时效,也应随时更新供应商资料,保持正确记录。

（2）请购单必须经主管核准后,方可办理采购。

（3）办理比价、议价、招标等作业应符合内部规定,外购进度也依预定采购程序控制追踪。

（4）大量采购的物资,以合同采购为原则,并应保持两家同时供货,以免受到供货品质的限制,影响教学管理。

（5）重要采购合同签订前,须由法律专家核查。

（6）为提高物资品质,降低进货成本,便于管理,应建立可完全配合的协力厂商。

（7）遇到市场各项物资的供应将大幅变化时,须通知有关部门,以便事先联系;报告呈报后,立即采取应变措施。

（三）验收资产自制重点

（1）验收物料应依照检验规范的规定办理。

（2）发票的物料名称、规格、数量、金额与送货单或验收单必须相符。

（3）物料验收,必须会同验收部门与采购部门办理。

（4）如已分批收料,仓储人员应在"订购单"上注明分批收料日期、数量,将影本送采购人员。

（5）不合格的物料应通知采购部门退回或扣款。

（四）不符资产控制重点

（1）各项违约案件应依"供应商管理办法"及合同规定适当

处理。

（2）物料因检验不合格退回更换的，交货日期应以调换补送物料到达日期为准。

（3）所交物料的品质、规格与合同不符但可使用的，如因急需免予验收使用，应经有关主管事前认可，按规定扣款或减价处理。

（4）如因检验不合格退回更换或因故申请延期交货，必须事前报请高校有关领导同意，并确定逾期罚款或其他处理办法。

（5）如因非人力所能抗拒的灾害而申请逾期免罚的，必须事后立即检具认可证件。

（6）因事实无法依采购合同所定裁决的，其违约案件处理方式必经有权人员批准。

（五）付款作业控制重点

（1）出纳付款时，应严格核对支付凭证上的金额数目，领款人身份证与印鉴必须相符；如有疑问，应于查询后方能支付。

（2）支付款项，除有特殊理由得以现金支付外，其余一律开立抬头画线支票；如受款人坚持免填画线或抬头，应立即联络采购或经办人员，经其同意并保证无误后，准予免填，必要时，呈报校长核准。

（3）出纳人员支付各项货款及费用，支票及现款均应当面交与受款人或供应商，高校人员不得代领；如因特殊原因必须代领者，应经主管核准。

（4）支付手续应待支付单据审核完并经会计人员编制传票后完成。

（5）请购按交货延期罚款及品质不良罚扣的列计，须经过详细核对，确认合理。

（6）已届法定或约定支付期限而尚未支付的，应追查原因，并签报催办情况。

（7）支票送盖印鉴时，应在支出传票或应付凭单上，注明银行户头、支票号码及日期。

（8）已付款原始凭证应盖"付讫"章，支付传票背后应有领款人签章，以免重复付款或冒领事情发生。

（9）领款日期与列账日期相隔甚久的，应查明原因。

（六）仓储资产控制重点

（1）仓储管理必须配合各期的销售及生产计划，使材料与物料的储存经常保持至最低必要限度（安全存量），同时能随时供应生产。

（2）各种原物料、半成品、制成品均应编号，分类编号的原则为：简单、弹性、完整、单一。

（3）确定到货日期与验货日期。若是大量采购，原物料应分批陆续交货，以免过分集中，同时控制原物料的交货期限，以免临时紧急处理。

（4）检核原物料的名称、规格、数量及品质，应与原订单相符；如果原物料数量较多，采用抽检方式作为合格或拒收的标准，允收标准须合理。

（5）物品入库时，均应办妥入库手续，出库时亦同。

（6）物品的储存应依类别分设料架，并分格编号，以利存取。

（7）库房安全设施必须完善，同时应办理保险。

（8）易燃、有毒性的危险材料，应与其他材料隔离储存。

（9）领料时必须有领料单，同时经有权主管盖章后，仓库方能发料，并在领料单上加盖"发讫"戳记，同时记入账册。

（10）领料单应连续编号，空白及作废单据亦应保存。领料单上如有更改，应经主管签章。

（11）领料量异常时，应追查原因。退料入库时，应办理退料手续，点收后应分别存储并登记入账。

（七）投保资产控制重点

（1）投保金额与投保项目力求适当。

（2）保单到期应办妥续保手续。

（3）各种保险权利义务力求明确。

（4）投保费用有无异常。

（5）各项应保险的物品均应投保。

（八）差异分析控制重点

（1）差异如系人为因素造成，应追查相关人员并惩戒或奖赏。

（2）材料品质不良造成高校损失的，在许可范围内必须索赔。

（3）国外购置应利用避险方法使成本固定，或将汇率变动损失降至最低。

第五节　绩效评估控制

目前，我国地方高校人事管理制度改革正在稳步进行。高校教师的管理将根据按需设岗、公开招聘、平等竞争、择优聘任、合同管理、按劳取酬、优劳优酬等基本原则，实行职务聘任制。传统的高校教师考核方式，由于其考核目的、考核指标体系、考核方法等都存在问题，难以对高校教师绩效作出全面、客观、公正的评价，因此，需要用现代人力资源管理的理论和技术，改革传统的考核方式，以现代意义上的、能适应现代高校教师管理要求的绩效评估制度，促进高校人事制度改革的顺利进行。

一、建立激励机制

从人力资源管理角度来看，绩效是指主体的工作行为和工作产出，"既要考虑投入（行为），也要考虑产出（结果）"。通俗地讲，绩效是指工作人员完成既定工作任务、达到工作目标的程度。随着人力资源管理理论和实践研究的不断发展,绩效管理与评估理论逐渐成为高校人力资源管理活动的重要一环。然而,高校人力资源管理与企业有着不同的特点,如何将企业人力资源管理方法有机地运用到高校,一直是人力资源管理理论界积极探讨的一个热点问题。就目前而言,我国高校教师绩效评价管理体系尚未完全建立,全面系统的教师绩效评价管理工作还没有完全展开,这就导致了高校管理部门不能够系统地衡量高校教师的工作绩效,进而影响了教师工作的积极性,最终限制了高校的可持续发展能力与核心竞争力的形成。因此,改善现有的不科学的高校教师评价体系,建立能够更加激励高校教师的科学合理的教师绩效管理评价体系势在必行。

（一）进行高校教师地方绩效评价应遵循的程序

（1）绩效评价指标体系与评价方法的确定。在借鉴企业人力资源绩效评价方法的基础上,通过大量的文献研究,结合专家咨询,建立适合高校教师的绩效评价指标体系与评价方法。

（2）绩效评价活动的实施。通过标准化的高校教师评价量表,由高校人事部门对高校教师进行统一评价。

（3）绩效评价结果的分析与反馈。在对高校教师绩效进行评价后,要及时对评价结果进行分析与反馈。通过对绩效评价结果的分析,由高校人事部门结合各学科实际进行评价的反馈工作,有针对性地制定教师奖惩策略。

（二）制定高校教师绩效评价应遵循的原则

为保证高校教师绩效评价的客观性与准确性,在制定高校教师绩效评价体系时,应遵循以下的设计原则。

1. 相关性原则

相关性原则是指绩效评价指标的构建要与高校教师工作绩

效相关,高校绩效评价的目的就是引导、帮助高校教师达到其工作目标乃至自身价值的实现。因此,在构建评估指标体系时,应从高校教师自身发展及自我价值实现出发,充分考虑评价指标与教师自身发展的相关性,从而使绩效评价工作的实施能有效地提高高校教师的工作积极性。

2. 定量指标与定性指标相结合原则

定性的(主观性的)指标和定量的(客观的数字、业绩等)指标,都是评价教师工作绩效的重要依据。在绩效评价中,仅仅以定性指标或定量指标来评估是不完整的,有很多绩效指标只能是定性的,无法直接以数量的形式表述,或者说只能通过其他方式如专家评估打分的形式间接转化为数量型参数。定量指标能客观、清晰地表述绩效;而定性指标则是对绩效表述的一种补充,是从另一个侧面来评价绩效。在绩效评价过程中,将定量指标和定性指标相结合,共同服务于绩效评价。

3. 实用性原则

评价指标的设计应该具有实用性。评价指标体系要繁简适中,计算方法要简单易行,同时评价指标所需的数据应易于收集。各种评价所需的数据应尽可能从现有的统计资料信息和审计工作开展过程中获取,或者能够通过专家检查获得,设计各项评价指标的内涵和外延要限定,以便高校人事部门能够进行实际的评价工作。

4. 可比性与全面性原则

要确保指标体系中的每个评价指标都能被用来对高校教师的绩效进行测量和评价,包括能对高校教师之间的工作绩效进行纵向与横向的比较。与此同时,又要确保评价指标体系能全面、综合地反映各种因素对高校教师工作绩效的影响。

(三)高校教师绩效评价的特点和作用

高校教师作为一个特殊的组织群体,在价值观、工作任务、行为方式、工作产出的表现形式等各方面都有着自身特点,这也决定了这一特殊群体的绩效表现存在其特殊性。因此,改革高校教师的绩效评估制度,首先就要考察其绩效的特殊性,以便进行有针对性的绩效评估体系的设计。

（1）绩效目标的双重性。从价值取向上来看,高校教师的个人追求具有双重性。对于大部分高校教师来说,选择教师这个职业,主要在于喜欢这个职业,在这个职业上能够实现自己的人生价值。实现人生价值这种精神上的追求才是其真正的目的。但是,作为社会的一分子,他们也有对金钱、地位的追求。这种价值取向上的双重性决定了其绩效目标上的双重性。一方面,他们需要按照学校的规定,完成各项工作任务,以获得金钱、职务的晋升等利益;另一方面,他们更希望通过工作任务的完成,不断提升自己的能力,完善自己的修养,实现自己的人生价值。

（2）绩效投入与产出的多样性。高校担负着人才培养、科学研究和社会服务的职能。相应地,高校教师的工作任务也是多样性的,包括教学、科研、提供社会服务等。价值偏好的差别,决定了高校教师在工作任务重心选择上的差别,从而导致其工作行为的多样性。例如,有些高校教师喜欢教学,因为他们认为高校最重要最基础的任务应该是为社会培养合格的人才,因而教育好学生才是真正的价值所在;而有些高校教师则更喜欢做学术研究,因为他们能学习和发现各自领域最前沿的知识和技术,推动这一领域研究的发展;还有些教师认为科学研究、管理知识必须及时转化为生产力,为社会提供服务,他们更喜欢联合企事业单位,直接服务社会。高校教师这种工作任务的多样性、工作行为的多样性,决定了其绩效产出也具有多样性,不仅包括教学效果、科研成果、社会服务效果等多种产出形式,而且各产出形式所占的比重也是多种多样的。

（3）绩效产出的难以衡量性。高校教师的绩效产出,应该表现为教学的效果、培养学生综合素质的成果、科研成果的质量与数量、社会服务的效果等。同时,高校教师的绩效还应该表现为个人的政治思想、工作态度、专业素质等。因此可以看出,无论是哪一项绩效产出,都难以简单地通过量化的指标来衡量。例如,如果对教师教学的效果进行量化,可以用学生的考试成绩如优秀率、合格率等来考察,但是,教师在教学过程中,对学生潜移默化的指导等提高学生综合素质的教育教学效果,就很难通过量化的指标来衡量。再如,对于高校教师的科研成果,可以用完成科研项目的数量、出版著作或教材的数量、发表论文的数量等指标来衡量。但是,科研成果更重要的是质量而不是数量,而对于科研成果质量的评价,需要专家以丰富的知识和在本行业的权威,来对其作出评价。因此,建立高校教师现代化绩效评估制度十分重要。

第一,正确认识绩效评估的目的和主体。现代人力资源管理理论认为,绩效评估不仅可以为员工薪酬的分配、职务的升降等提供依据;其真正目的,是通过评估,让员工了解自身的优势与不足,使他们在以后的工作中发挥优势,弥补不足,不断提高个人绩效,从而推动组织绩效的提高;同时,绩效评估还可以为其他人力资源环节如人力资源规划、招聘以及员工的培训和开发等提供信息。被评估的主体是高校教师,高校教师属于知识型员工,其最主要的特点是具有较强的创新性、个性和自主性,在对待激励的态度上,重视物质激励的同时,高度重视精神激励和成就激励。可以肯定地说,高校教师对精神的需求在一定程度上超过了对物质的需求。高校应该充分认识高校教师绩效评估的目的和被评估主体的特点,并将其贯穿于绩效评估体系中。根据主体的实际情况,进行制度设计,通过广泛的宣传、讲解,使学校各部门及广大教职工正确认识绩效评估的目的和意义,从而支持和配合绩效评估工作。

第二,科学制定绩效评估指标体系。绩效评估指标体系是绩效评估中最为核心的部分。由于高校教师的绩效产出具有多样性和难以衡量的特点,因此,绩效评估体系也应具备多样性、完整性,在设计中不但要尽量涵盖高校教师绩效产出的内容,还要通过定性和定量相结合的方法,利用两者的优点,尽量地设计出合适的指标,以实现对高校教师绩效的科学衡量。绩效评估指标体系的制定应建立在工作分析的基础之上,通过对高校教师工作的科学、具体分析,了解具体职位的具体职责,从而归纳和提炼出绩效评估应该涵盖的内容以及各项内容的关键业绩指标。笔者认为,高校教师绩效评估指标体系不仅应确定绩效评估的内容,还需要明确各部分内容在整个体系中所占的比重。长期以来,我国高校教师绩效评估中,对科研成果过于偏重导致了很多问题。关于教学效果和科研成果在评估体系中的比重,应该视高校的具体情况而定。如果是研究型高校,科研的比重可以稍微高一些;但如果是教学型或教学研究型的高校,学校是以培养应用型人才为主的,则显然应该更加重视教学效果。需要指出的是,在考核指标体系制定的过程中,最好将被评估者——教师纳入制定者中来。现代人力资源管理的实践证明,被评估者参与标准的制定,不仅能够提高标准的准确性,而且还能使被评估者更加了解和理解这一制度,从而在制度实施中更加配合。

第三,选择合适的评估方法。评估方法正确与否,直接关系到整个评价体系的科学性和评估结果是否全面、客观、准确。在评估维度上,目前大多数研究者认为 360° 绩效评估法是一种比较合适的方法。360° 绩效评估法又被称为全方位绩效评估法,指评估者选择被评估者的上级、同事、下级、被评估者自己、客户和专家等作为评估人,从各自的角度对被评估者进行评估,从而获得对被评估者全方位、多维度的评价。这种绩效评估方法的评估主体是多方面的,如高校教师的绩效评估有主管领导、同事、学生、本人、专家以及其他社会相关机构等作为评估人。主管领导对于本部门所有教师的情况掌握得比较全面,从而便于在同类教师中进行比较,得出一个宏观的、整体的评估结论;同事与被评估教师平时交流多,联系密切,相互了解比较多,因此可以作出比较细致的评估;学生相当于教师教学工作的"客户",在教学活动中与教师直接接触,对于教师的思想素质、工作态度和教学水平等有着直观的感受,其提供的信息能够比较客观地反映教师的教育教学情况；被评估者本人对自己的政治思想、工作态度、专业素质和工作成绩等进行实事求是的评价，能够使被评估者对自己有一个更加清楚的认识，更加明确自己的优势和劣势，有利于被评估者今后进一步发挥优势，弥补劣势；专家由于在学术上的成就和权威，以及在本行业丰富的实践经验，可以对被评估者的专业素质和学术水平作出比较客观、准确的评估；对于被评估者社会服务的工作成绩，需要社会相关机构作出相关评价。这种绩效评估方法从具体方式上来说也是多样化的，针对不同的指标内容和评估主体采取不同方式，如网评、填写绩效评估表、座谈讨论、演讲陈述、投票、调查了解、与被评估者个别交流等。比如调查了解、与被评估者个别交流就有利于领导评估，网评投票就有利于学生评估，座谈讨论就有利于同事和专家评价，演讲陈述就有利于被评估者自己评估。同一个指标内容或评估主体也可以采用适合的、不同的方式进行评估。

第四，建立有效的评估结果反馈机制。有效的评估结果反馈机制是绩效评估体系的重要组成部分，它关系到评估的目的是否能够真正实现的问题。在评估结果出来以后，相关主管领导或人力资源部门的相关工作人员，应该及时就评估结果与被评估者进行沟通，使被评估者及时了解自己的优缺点，同时，应帮助被评估者想办法发挥优势，弥补劣势，使其在评估中不断提高和完善自己，在不断提高个人工作绩效的同时，推动组织绩效的提高，实现个人和组织的双赢。高校应该将绩效评估结果与人力资源管理的其他环节联系起来，要把绩效评估看作"一种师资管理过程"，既是师资规划、作用、培养、晋升等的补充，又是对这些管理过程的检查，以实现对评估结果更好地利用。例如，应该将评估结果作为教师收入分配的依据，根据评估结果的不同档次，收入分配应该拉出差距，从而建立个人绩效的激励机制；应该将绩效评估结果与职业生涯管理、进修培训等环节相联系，以帮助教师进一步提高自己的能力，完善自己的修养，实现其人生价值。

（四）绩效评估量化

绩效是一个多维度的概念,高校通常生产多重产出并使用不同的单位进行测量,因而高校绩效评估体系通常涉及大量多维的评估指标。因此,绩效评估指标体系及相应的评估方法是全面、客观评估高校绩效的关键所在,它直接关系到评估的科学性、客观性、公正性以及绩效评估实施的效果。指标体系(Indicator System, IS)的建立是进行预测或评价研究的前提和基础。它是将抽象的研究对象按照其本质属性和特征的某一方面的标识分解成行为化、可操作化的结构并对指标体系中每一构成元素(即指标)赋予相应权重的过程。为了使指标体系能够全面反映研究对象的特性、尽可能地做到科学和客观,有必要引入一些量化方法或数学模型,来帮助评估指标体系构建并对公共组织的绩效进行评估。

近年来,许多专家和学者在这方面进行了探索,应用数据包络分析法(Data Envelopment Analysis, DEA)、层次分析法(Analytic Hierarchy Process, AHP)、模糊综合评价法(Fuzzy Comprehensive Evaluation, FCE)这三种方法进行高校绩效评估的实践。这三种评估方法主要存在两方面的局限:其一,指标权重的设置往往带有一定的主观随意性,特别是在专家组成员的选择、专家数的多少以及专家打分等方面仍然存在主观干扰因素;其二,多指标、大样本无疑可以为综合评价提供丰富的信息,但在一定程度上也增加了评价工作的复杂性。每一个指标都从不同的角度和层面反映评价目标的某一信息,而各个指标之间往往存在一定的关系,所反映的信息将产生重叠,导致统计分析失真。而因子分析法则能有效地克服这些局限,对高校绩效情况进行科学的评价。因子分析法是近年来颇为流行的多元变量统计方法。它是用较少个数的公共因子的线性函数和特定因子之和来表达原来观测的每个变量,从研究相关矩阵内部的依赖关系出发把一些错综复杂的变量归纳为少数几个综合因子的一种多变量统计分析方法。人们在对现象进行观测时,往往会得到大量指标(变量)的观测数据。这些数据在带来信息的同时,也给数据的分析带来一定困难。另外,这众多的变量之间可能存在着相关性,使实测到的数据所包含的信息有一部分可能是重复的。因子分析法就是在尽可能不损失信息或者少损失信息的情况下将多个变量减少为少数几个因子,这几个因子可以高度地概括大量数据中的信息。这样,既减少了变量个数,又能再现变量之间的内在逻辑关系。分析时根据相关性的大小将原始变量分组,使得同组内变量间的相关性较高而不同组之间的变量相关性较低。每组变量代表一个基本结构(因子),它们可以反映问题的一个方面或者说一个维度。把几个主因子的方差贡献率作为权重来构造综合评价函数,能够简化众多原始变量、有效处理指标间的重复信息,评价结果就具有很强的客观合理性。

二、地方高校教师绩效评价模型的建立

在对高校教师绩效进行评价时,简单的定性分析方法当然不能准确衡量各个教师的综合绩效水平,而用简单的量化分析方法又不能反映教师绩效的各个因素对于高校教师总体绩效水平的综合影响。因此,笔者将在上文提出的高校教师绩效评价指标体系的基础上,采用层次分析法来对反映各级指标间相互影响因素的相对重要性的权数进行确定,构建模糊综合评价模型来对高校教师绩效水平进行模糊综合评价。

三、地方高校薪工控制

伪造领薪人姓名、不严格执行考勤考核制度、不按考核结果计酬、超付工资或照常支付离、退休及死亡人员工资等,这是地方高校教师绩效管理中经常出现的舞弊现象。加强对薪资工作的控制,不仅有利于制约上述舞弊行为的发生,同时也有利于调动

广大员工的积极性以提高工作效率和工作质量。

（一）薪工控制的内容

薪工控制的内容主要包括对人事资料、人力资源规划、招聘、训练、考核、升迁、薪资表编制、薪资发放等作业的控制。

1. 人事职能控制

任何地方高校的劳动人事部门均要根据高校的实际情况提出员工规划、工资预算、分配计划及培训办法等。如根据高校现有员工状况及未来发展需要，提出员工规划；根据员工规划、劳动法及其他相关的法律法规、高校工资制度，提出工资总额预算；根据高校员工分布情况及工资总额预算、工资分配制度，提出工薪分配计划和考核奖惩办法；根据员工素质状况，结合具体工作和未来发展规划，提出员工培训计划（包括岗前培训、常规教育、业务技能培训、专职脱产培训等）。上述计划编出后，应由高校最高管理者批准并授权劳动人事部门去执行。高校最高管理者还应授权劳动人事部门指定专人负责工资单的编制工作，指定专人负责人事档案的记录和保管工作，负责员工考核结果的兑现工作。

（1）劳动人事部门录用新员工时应符合国家有关法律法规的规定及高校发展的需要。劳动人事部门应根据经批准的员工规划，采用适用的招聘方法进行招聘，并拟定录用人员名单，报请高校管理者审批。经批准录用的员工，应由劳动人事部门代表高校与其签订劳动合同。劳动合同应包括的内容有：合同期限、工作岗位、工作条件和劳动保护、工资和福利待遇、奖励和处罚、合同终止和解除的条件、违反合同的责任以及劳动争议的解决办法等。对试用期满后的员工，劳动人事部门应根据测评意见及平时考察情况提出是否正式录用的意见，并报请高校管理者审批。员工录用后，对其岗位和职务的安排，应遵循"人尽其才、人尽其责"的原则。人员录用后，应由劳动人事部门核定工资标准，记入人事档案。有关新进人员的姓名、工资标准、扣除项目及始发期,应立即通知薪资部门,并抄送新进人员所属部门主管。

员工工资有所变动时,人事部门应将新的资料记入员工档案,并于生效日前通知薪资部门。员工停职,人事部门应将解职通知送交薪资部门。薪资部门的各项工作及编制工资表所列的姓名与工资标准等,均应根据高校所签发的正式文件办理。

(2)员工培训应充分考虑员工素质状况和高校发展规划的要求。新录用的员工,由劳动人事部门根据培训计划实施岗前培训。培训内容应包括高校概况与要求、职业道德、规章制度等。员工的常规教育,应结合高校的具体经营情况和新法规、新规章的要求进行安排。业务技能培训,可根据新材料、新工具、新技术应用需要安排,也可根据转变和提高业务技能的需要安排。对需要进行脱产培训的员工,应经高校管理者批准后,有计划地妥善安排,但必须考虑实际工作的需要,做好接替工作,不能影响正常的工作秩序。高校应该制定鼓励员工主动学习新技术、新知识的措施,以利于全体员工素质与技能的提高。

(3)劳动人事部门应严格贯彻执行对员工的考核办法,并进行实事求是的考核,将考核结果作为奖惩、培养、辞退、晋升和调整工作岗位的依据。高校各部门应根据考核办法,对所属员工按月、按季或按年进行考核,根据考核结果提出奖惩意见并交劳动人事部门。考核结果也应反馈给员工,以利于职工改进不足,发扬长处。劳动人事部门汇总各部门考核情况及要求奖惩的情况,在做适当调查的基础上提出奖惩意见,报请高校管理者审批。劳动人事部门根据批准情况办理奖励事务,对奖金奖励的,由专职人员填制奖金单,交财务部门发放;对升级、升职的,按照具体规定办理并记录人事档案。劳动人事部门在接到要求惩处的申请后,应认真对照高校奖惩办法中的规定,视其是否相符;并要进行认真调查、听取本人意见、征求工会意见,核定事实后,提出惩处意见,报请高校管理者批准。劳动人事部门根据批准的意见办理惩处事务,对扣除工资、奖金的,由专职人员填制工资扣款单,交由财务部门扣款,其他处分按有关人事制度规定办理。

（4）劳动人事部门应根据高校有关人事制度办理辞退和离职等人事变动手续。当出现合同中规定的辞退情况时,由员工所在部门填制员工辞退审批表交劳动人事部门,或直接由劳动人事部门填制辞退审批表。劳动人事部门应调查核实有关情况,对照合同中有关条款签署辞退意见,报高校管理者审批。批准后,由劳动人事部门通知员工及其所在部门,按规定办理交接手续及相关事宜,并记录人事档案。对因考核或工作需要的岗位变动,劳动人事部门应填制岗位变动审批表,报管理当局批准后,通知员工办理交接手续,并记录人事档案。员工辞职,一般应由员工向所在部门提出书面申请,劳动人事部门接到转交来的申请后,报管理当局审批,批准后由劳动人事部门通知员工办理移交手续,并记录人事档案。

2. 工资计算控制

任何地方高校均应建立工资计算制度,选择适合本高校的工资标准和计算方法。工资一般应包括基本工资、奖金及工资性津贴。工资计算制度主要包括以下各项内容。

（1）工资计算应以考勤结果为依据。因此,各高校应建立健全考勤制度,考勤制度应明确规定各类假期的期限与工资待遇。日常考勤工作应由教师所在部门执行,劳动人事部门应加强检查和监督。

（2）员工请假,应填制请假单,由其所在部门主管签字后送劳动人事部门,在审批权限内劳动人事部门直接审批,对超出权限的报高校管理者审批,请假获准后,由劳动人事部门通知员工并由考勤人员进行登记。

（3）加班记录及劳动定额完成记录应由员工所在部门主管签字核准后,送交劳动人事部门认可。

（4）工资结算部门根据日常考勤记录、劳动(工作)定额完成记录、请假记录及考核结果的相关记录,按照高校工资计算规定及时编制工资单和计算奖金及各项社会保障金扣款额,经复核无误后交财务部门。财务部门根据员工工资所得,计算代扣个人所得税额、其他代扣款和实发工资,进行相关财务处理。

值得提出的是,工资结算部门除了负有计算工资和编制薪工记录之责外,不能兼做其他与工资计算有关的工作,如记录考勤、计时、工资发放等。工资结算部门应编制的表单,一般有薪工支票、每位员工所得与扣缴表、薪资日记账、员工分户账(载明每位员工的所得、被扣缴税款及其他扣除项目等)、薪资分摊表及报给税务机关的有关缴款书等。

(二)薪工控制的措施

薪工控制措施有以下内容。

(1)人事管理职能集权化,由专门部门和人员负责。

(2)人力资源计划的制订与其他的组织活动相协调。

(3)制订人事和工资的预算。

(4)人员的招聘要根据不同部门的实际需要。

(5)对重要的职位进行工作业绩的分析、考核与评价。

(6)为员工提供适当的培训和发展机会,并将培训和发展的活动记录于单独的人事管理文件。

(7)为员工提供适当的福利待遇。

(8)由管理层对员工的业绩进行定期的考核与评价,并将考核结果记录于员工个人的人事档案。

(9)员工的提升、职务调整和解聘必须经过审批,并记录于员工个人和部门的人事档案。

(10)人事档案应妥善保管,以防损坏、遗失和非法接触。

(11)组织向养老基金、政府有关代理机构和保险公司所尽义务的情况,应向管理层、外部审计人员和法律顾问进行审查,以保证组织更好地遵循有关的规定,履行有关的义务,并及时调整组织的有关政策。

(12)管理层和法律顾问定期对劳动合同进行审查,以保证组织政策得到有效的遵循和灵活调整。

（13）制定适当的政策和程序，及时了解员工的意见和要求，并采取有效的措施予以解决。

（14）员工工资状况的变动（包括由于雇用新员工引起的工资变化），经审批后，向工资结算部门报告。

（15）劳动人事部门和工薪结算部门定期将工资文件和相应的人事文件进行核对。

（16）员工的工资以劳工合同或组织政策的形式予以确定，并应经过一定层次的管理人员的审批。

（17）工资的扣除项目和扣除标准，由员工个人在有关的声明上签章，以示同意。经过签章的声明应附在员工个人的人事档案上。

（18）工资单最好由电算化的工资系统来编制，否则，应由独立的人员来负责。此外，由专人负责将工资单与工资文件进行核对，审核工资单的完整性；该人员同时负责审核从劳动人事部门获取的工资输入文件。

（19）若工资以现金支付，应由独立的代理机构负责现金的发放。发放现金工资，可把工资装入专门的工资袋。此时，把现金装入工资袋的职员，不能负责工资单的编制。此外，现金应由两名职员分别点计，两人的点计金额核实一致后，才能装入工资袋。

（20）员工领取工资袋或工资支票后，应在收据上签章。

（21）为工资支付开立专门的银行账户。

（22）工资支票的签发人能同时负责支票的填制。该签发人对有关会计处理和现金管理无须承担责任。如果用签章的方式来签发支票，专用章应由独立的人员来保管，其使用应受到严格的控制。

（23）工资支票由工资部门直接发给员工，不经过员工的主管。

（24）未领的工资应存入专门的银行账户，或者指派独立于工资部门以外的专门机构或人员负责保管。由于员工生病或出差等原因造成工资在短期内未被领取,该未领的工资可由员工所在部门或人事部门代为保管。

（25）在条件许可的情况下,考勤部门最好与工资部门分离。

（26）考勤记录与成本核算中的人工成本记录应定期与工薪结算部门的工资核算进行核对和调整。

（27）由员工个人填写工时卡和工作量统计单,并由专人进行审核。

（28）工薪结算部门应定期进行职务轮换。

（三）薪工控制的重点

1. 人力资源规划控制的重点

（1）人力资源计划须每年、每季更新。

（2）人力资源规划是全面性的,需考量升迁、教育、训练、薪资、激励、福利等项目。

（3）达到所需可用人力资源的"前置时间",在做人力资源规划时应予顾及。

（4）人力资源如有"冗员",会造成员工劳逸不均与挫折感,应极力避免。

（5）员工职业规划的制订,应考虑个别员工的能力、个性等差异,且具有前瞻性,必要时可采纳员工的意见,以使其对高校产生认同感。

2. 招聘作业控制的重点

（1）招聘和选拔的基本目的是增加选择适当人员的成功概率,因此招聘、选拔方式的选择,要视其个别情况及应用此种方式的可信度及有效度而定。

（2）员工均须经审核或测试合格后,方可依规定聘用。

（3）人员选拔,除注意学历及经历外,应测验其学识、专业技能,并重视操守品德及身体健康。此外,亦可函询应征者过去服务高校主管的评语意见,作为取舍参考。

（4）新进人员招聘和选拔作业程序应依高校规定办理,应征应缴的文件表格须齐备,各阶层人员的任用应依规定的核准权限办理。

（5）选拔时,避免主观印象及给予规定外的承诺,双方均应坦诚相向。

（6）选择的招聘方式,务求客观公正,为高校遴选最优秀的人才。制订的招聘条件,须保持适当弹性,当市场人力供应不足时,不妨稍微放宽,人力剩余时,条件不妨稍严。

3. 任用作业控制的重点

（1）经营财、物人员必须有必要的担保手续。

（2）按规定办妥一切手续,并建立员工个人基本资料。

（3）工资标准依照规定办理。

4. 培训作业控制的重点

（1）职前训练须能帮助新人明确了解高校的组织体系、各职掌、各项管理规章、高校文化,进而迅速适应工作环境,熟悉作业程序,发挥工作效能。

（2）训练内容应充实、生动,任何课程均有充分准备。

（3）负责安排、设计训练课程的人员或部门必须适当。训练可提升员工的生产力,具有前瞻性,应与高校各项政策相互配合。

（4）训练研习计划必须与人力规划密切配合,同时视业务需要,设计适当课程。训练期间尤其应重视考核,并将受训成绩列入人事记录,作为派遣、升迁的重要参考依据。

（5）管理者对下属受训的表现应予以指导及协助。

5. 考勤考核作业控制的重点

（1）上班及下班时间,应按时考核。如有迟到、早退或旷工情形,均依高校规定作适当处罚。

（2）员工请事假、病假、婚假、丧假、产假、公假及特别休假,均依规定办理。

（3）员工请假手续、限制天数、证明文件、扣薪办法等，均依规定执行。

（4）绩效评估的目的是协助人力资源决策的制定及员工的发展。

（5）评估标准与计算方式应事先告知员工。

（6）主管与员工讨论评估结果时，双方均要有所准备。主管对员工的评估回馈，应具有建设性，同时对员工应充分了解。

（7）各级主管为办理员工考绩，应设有考评记录，考核方式应客观、公平。

6. 奖惩升迁作业控制的重点

（1）各部门主管申请奖励员工事项，应依规定签报，同时具有充分条件及佐证，并定期发布。

（2）各部门主管申请惩罚员工事项，应依规定签报，必须经过慎重审议，考虑各项因素后再作适当决定。

（3）报请升迁人员应符合高校晋级条件，按规定程序报请核定，并依权责发布。

（4）现行晋级办法必须具有鼓励作用，有助于高校提拔人才，提高工作士气。

（5）奖惩升迁必须做到公平、公正、公开。

7. 工资作业控制的重点

（1）底薪、津贴、加班费、各项扣（罚）款及各项代扣款，应依高校标准及相关法律规定计发。

（2）代扣员工工资所得应依下列规定办理。

①依扣缴率标准表按月代扣。

②代扣款逐期报缴。

（3）代扣保费应依下列规定办理。

①依员工所得投保的金额按保险金额表列的等级每月代扣。

②代扣保费逐期缴送相关高校。

（4）工资按上、下两期如期发放，工资表经主管签章后办理发放作业。

（5）发放现金的,员工必须亲自领取工资袋,并在"工资领取登记簿"上签名盖章,未领的工资必须作适当处理。

8.离职、退休作业控制的重点

（1）员工离职、资遣、退休,应查明有关规定慎重处理。有关员工自动要求离职的,应个别查明原因,采取适当措施,以降低不必要的人员流动率。

（2）员工离职、退休,应依高校规定时间内提出申请,办妥手续,并做好工作交接。

（3）符合资遣条件时,应查明已无其他可供选择的途径,方可资遣。

（4）退休员工享有的权利,除已届龄者外,其余经验丰富、办事得力者应设法挽留。

值得注意的是,在工资控制中,特别要注意实行不相容职务的分离:工资单的编制与复核不能由一人担任,工资单的编制人、复核人不能同时担任工资的发放人;员工的录用和审核不能由一人同时负责,员工的辞退与审批也不能由一人同时负责;员工的考核与审批不能由一人同时负责;工资的编制、发放与工资档案保管也不能由一人同时负责。

四、绩效评估反馈流程

高等教育进入大众化阶段后,高等教育质量成为人们关注的焦点。对高校教师进行绩效管理便成为保证和提高高等教育质量的重要措施之一,绩效评估是进行绩效管理的关键环节。绩效评估有很多作用,管理者可以通过绩效评估进行人力资源管理,但是绩效评估的最终目的是将组织的目标和个人的目标联系或者整合起来以提高组织的效益。因此,要想实现这个目标就必须重视对评估结果的处理和运用。笔者认为主要通过两条途径对绩效评估结果进行处理:一条途径的主体是被评估教师,即把绩效评估结果和分析报告反馈给教师个体；另一条途径的主体是高层管理者，即把绩效分析结果上报给高层管理者。因此，只有高层管理者和一线教师都能积极参与到绩效评估的整个过程中，绩效管理的最终目标才能得以实现。

（一）高校教师评估目的的特殊性

绩效评估最早普遍用于公司。学者对高校绩效评估的研究也是通过对公司的调查研究得来的。企业是以营利为目的的，追求最大剩余价值是其根本所在，而高校的职能是培养人才、服务社会和科学研究。高校教师绩效评估的普遍兴起是由于高等教育质量逐渐成为社会关注的焦点，实施教学和管理的直接承担者及其教学管理绩效是高等教育质量的关键所在。因为教育有不可逆性，所以，高校进行绩效评估的最大目的是保证教育质量，提高教学效果。具体来讲，高校进行绩效评估的目的有以下几点：首先，使被评估教师认同对其绩效表现的评价以消除分歧和矛盾；其次，使教师认识自己的成就和优点，从而有利于教师充满信心地弥补缺陷和不足；最后，通过沟通分析问题出现的原因，并根据学校的发展目标共同确定下一个阶段的任务。

（二）高校教师评估客体的特殊性

高效教师评估的客体是教师。高校教师是一个特殊的群体，与其他部门的员工相比，往往具有高学历、专业性强等特点，在个性、价值观念、心理需求、行为方式等方面具有很多特殊性，具体体现在：一是高校教师具有较高的素质。高校教师绝大部分都是受过正规化高层次教育的人，具有较高的学历、开阔的视野、博而专的知识、积极的思维方式、强烈的求知欲望、较强的学习能力以及其他方面的能力素养。二是高校教师具有强烈的实现自我价值的愿望。他们渴望展示自己的才能，喜欢具有挑战性的工作，而且特别注重他人、组织、团队和社会对自身的评价，希望得到认同与尊重,更看重工作的成就。三是高校教师具有较高的创造性和工作自主性。高校教师在除授课以外的时间里,从事的大多是创造性的劳动,依靠自身的专业技能进行创造性的思维,不断产生新的知识成果。他们倾向于拥有宽松的、高度自主的工作环境、有弹性的工作时间安排,强调工作中的自我引导、自我管理和自我调节。在对高校教师实行绩效管理,尤其是在进行绩效评估反馈时,首先必须考虑到教师这个特殊群体的诸多特点。如果忽略了高校教师的这些特点,高校的绩效管理就达不到预期的效果。

（三）高校教师绩效评估反馈流程设计

1. 专家对评估结果进行分析

评估体系和技巧决定着评估结果的可靠性和有效性。但是在绩效评估的过程中往往会存在一些计划之外的实际问题。那么,在对高校教师绩效评估结果进行处理时,就需要专家对评估结果进行分析,而不是通过简单的比较得出结论。专家通过对信息的加工、整理,得出绩效评估对象(高校教师)的评估指标数值状况,将该评估对象的评估指标的数值状况与预先确定的评估标准进行对比,通过差异分析,找出产生差异的原因、责任及影响,最后形成绩效评估的分析报告。采取专家对评估结果进行分析的措施,一方面是为了尽量确保绩效管理的有效性和可靠性,另一方面可以为教师个体和高层管理者提供组织总体的绩效发展概况,并提供相应的诊断建议。这样,教师个体可以确定自己的工作优势和有待于提高的绩效领域;高层管理者也可以据此对教师队伍进行激励管理,帮助教师制订绩效改进的计划,以实现高校的组织效益。

2. 将评估结果反馈给教师

绩效反馈是绩效管理中最关键的一个环节。管理者应把绩效评估所得到的结果真实地反馈给教师,并清楚解释结果的由来,使教师了解到自己工作的绩效,认清自己工作中的不足,进而制订出绩效改进计划。但是,对很多管理者来说,没有什么事情会比向员工提供绩效反馈更让人不愉快的了,当人们听到对自己不利的消息时,往往会产生自我防卫。绩效结果的反馈是一个难题,也是一个不可回避的问题。每位员工都有其专长,这也就意味着每位员工都有其需要改进的方面。作为管理者,向员工反馈消极信息,和员工谈论他们的不足之处,常常会感到难堪。尤其是高校的管理者,他们面对的是一个特殊的群体,高校教师与其他部门的员工相比往往具有学历高、专业性强等特点,所以往往在个性、价值观念、心理需求、行为方式等方面具有很多特殊性,要想成为成功的高校管理者必须要充分地了解并善于利用这些特点对教师进行管理。因此,向高校教师进行绩效反馈时就必须讲究方法和策略。

首先,管理者必须是真诚的,反馈的氛围是具有建设性的。在进行反馈之前,管理者要做好充分的准备;和教师商定面谈的时间和地点,选择双方都有比较空闲的时间以确保反馈时双方都能集中注意力,认真对待这件事情,而不是走过场。地点最好是选择比较舒适、放松的环境,如小型会议室、类似咖啡厅的休息地点。最为重要的是管理者要熟悉面谈教师的评估资料,不仅包括他的工作情况,还要包括他的背景、经历、性格特点等。只有对反馈对象有了充分的了解,管理者才可能预测到在反馈过程中可能出现的问题以及应对策略,知己知彼,才能百战不殆。这种做法也使教职工在反馈前能够做充分的准备,可以引导管理者重新回顾自己的绩效行为、态度和结果,准备好相关证明自己绩效的依据;准备好要向管理者提问的问题,以帮助自己解决工作过程中的疑惑和障碍。

其次,反馈是对具体行为的反馈。在反馈过程中最忌讳的就是说大话、空话、套话,无论是表扬还是批评,这样的话都不会达到预计的效果。例如,"你的表现很出色"这样的话最多只会让听者一时感觉很好,但对以后的工作发展起不到多大的作用;而"你的课堂气氛很活跃,而且有秩序,活而不乱",听者在听到这样的话时就会回忆起自己上课时的情景和心态,有意识地积累经验,为以后的工作发展打下基础。另外,对消极消息的反馈越笼统,否定的意义越强,听者就会越反感。因此,管理者要针对具体的行为和事实给教师作出具体的反馈,用具体结果支持结论,引用数据,列举实例,这样才能让教师心服口服。

最后,管理者要提高沟通技巧。

第一,沟通是人际关系和谐的必要条件,有效的沟通才能够达到好的效果。如果管理者在绩效反馈过程中没有应用有效的沟通技巧,结果只会适得其反。因此,要达到预期的效果,管理者必须提高沟通技巧。沟通必须以平等为原则,保持双向的沟通。过去管理者和员工的沟通往往是上级找下级谈话,以命令、训斥的方式进行,下级只能是被动地接受。这样,教师的真实想法就没有表达的途径,一些好的建议和意见被压制。只有以平等为原则,才能实现有效的双向沟通,才能使全体教师参与到管理活动中来,教师才能意识到是自己在管理自己,这就迎合了高校教师较强的自主意识。在沟通时把重心放在"我们"上,即用"我们"作主语,不使用带有威胁、恐吓的语言和语调,这样,管理者才能获得教师的真实想法,才能集思广益,达到沟通的目的。在沟通时应该侧重经验的分享,思想的交流。在指正教师的绩效缺陷时,不应该说"你怎么能……""你不应该……你应该……"听到这样的话语,教师会感到自己处于不平等的地位。作为管理者可以举出在这方面成功的例子,也可以分享自己的经验:"我当时是这样做的……"让教师自己从中体会,汲取精华。在批评时避免使用极端化的字眼,如"总是""从不""太差""太糟糕"等。因为这些极端化的词语在用于表达消极结果时使人感到评价缺乏公平性和合理性,从而使被批评者增加不满情绪,同时感到心灰意冷,严重打击其自信心。因此,管理者在传达消极绩效时,尽量使用中性词,使用相对缓和的语气。

第二,管理者在进行绩效反馈时首先要鼓励教师对自己的工作进行自我评价。通过自我评价,教师可以认真地思考自己的工作绩效,从中发现自己的优势,找出自己的不足。认真思考的教师能够更好地参与到反馈过程中。高的参与度往往会带来高的满意度。

第三,少批评多鼓励。绩效反馈的目的是向教师提供准确的绩效反馈,这不仅是找出问题、解决问题的有效途径,还是一个管理者对教师进行激励的有效途径;管理者要看到教师的成绩,给予肯定并表示祝贺。一位有效的管理者不应该是没有一点技巧地对员工贬损,因为,当教师意识到自己存在绩效问题时,他们会努力寻找解决的途径,如果管理者一而再再而三地举出绩效不良的例子,教师就会反感,产生防卫心理,结果必会适得其反。少批评多鼓励可以使教师清楚地意识到管理者不仅仅是在寻找员工绩效的不足,更增加了绩效的可信程度。

第四,多问少讲学会倾听。有效沟通的法则是 2/8,即 80% 的时间留给员工,20% 的时间留给管理者自己。而管理者在这 20% 的时间内,可以将其中 80% 的时间用来发问,20% 的时间用来"指导""建议""发号施令"。也就是说,管理者通过提问引导教师发现自己的问题,并考虑解决问题的对策。这样就会减少教师对不好信息反馈的抵抗情绪。另外,作为管理者必须学会倾听。

第五,管理者要明确沟通的目的在于解决问题。这并不意味着绩效反馈就只是为了找出员工在绩效中存在的问题。绩效反馈过程中要遵循多表扬少批评的原则。表扬往往会强化员工的相应行为,表扬也能够营造宽松的交流环境。针对教师的不足,管理者应该明确沟通的重点要放在解决问题上,而不是员工个人或者他本身的价值;在沟通过程中管理者不仅要帮助教师找出缺陷,还要分析问题存在的原因,并且管理者和员工还要针对原因就如何解决这些问题达成共识。

3. 将专家的分析结果反馈给教师

专家对组织绩效结果的分析,能够反映出整个组织的绩效现状,指出存在的问题和改进的建议等。这一方面有利于教师了解目前组织绩效的状况,并与自己的绩效现状进行对比,找出自己的优势以及需要改进的地方和程度,另一方面也为管理者和教师进行绩效反馈面谈提供了一个科学、有效的凭证。教师可以针对反馈信息,就自己的工作领域提出问题,同时也可以对学校的管理等工作提出相应的建议。这些问题和建议又可以反馈给专家和高层管理者,专家对这些来自反馈信息的反馈进行分析,高层管理者对这些信息进行综合考虑,为反馈会议的召开做好充分的准备。

4. 反馈会议

反馈会议是高层管理者和教师进行沟通的一种有效途径。高层管理者和一线教师在专家的帮助下通过共同改进计划并确定下一步要达到的绩效目标,使教师的个人目标和绩效改进计划与学校的发展目标和计划达到一致。首先,要营造舒适的气氛并明确会议的目的。对于绩效反馈这样的会议,教师常常会有不愉快的经历,因此在会议之前他们常常会感到紧张,或者不舒适。管理者要想在会议中实现双向的沟通,就要明确会议的目的,并且会议上的行动要和所阐述的目的相一致。其次,要鼓励教师发表自己关于绩效评估的意见和以后的打算,以及对组织目标发展的建议。高层管理者只有在集思广益的基础上,优化选择,才能实施有效的绩效管理,同时也增加了教师的归属感和主人翁意识。最后,高层管理者和教师确定具体的改进计划。在管理者和教师进行绩效反馈面谈的基础上,在高层管理者和教师对绩效评价结果达成共识后,高层管理者和教师共同制订组织的绩效目标和个人的绩效改进计划。一方面,教师参加到学校的绩效改善计划制订的过程中,会增加他们对绩效管理制度的满意度;另一方面,教师可以使自己的绩效改善计划得到上级的支持和帮助。反馈会议是确定下一年绩效目标的切合点。研究表明,目标的制订有利于提高员工的满意度,激发员工改善绩效的动力,以实现绩效的真正改善。

第六节 高校科研专项绩效评估

一、高校科研专项绩效评估

按照财政支出绩效评估的基本原则与思路,高校科研专项绩效评估也应当遵循以下原则。

(一)经济性、效率性、有效性原则

即把财政支出行为及其过程的实际情况,通过对其经济性、效率性、有效性的比较和评估分析,判断支出的行为过程和执行的业绩、效果的优劣。经济性、效率性与有效性是一个相辅相成的统一整体。

(二)定量分析与定性分析相结合的原则

以定量分析为主、定性分析为辅。定量分析建立在支出项目的财务数据采集分析上;定性分析通过对项目支出的全面、综合因素分析,结合相关专家的意见,与定量分析共同评估支出项目的效果,以便更加合理、准确地反映支出的实际绩效。

(三)真实性、科学性、规范性原则

真实性是保证财政支出绩效评估公正客观的基础;科学性是以项目的实际情况为主,兼顾国家、国际比较标准,将预算标准和实际相结合,普遍适用和个别选择相结合,充分考虑财政支出的特点和运作过程,以真实反映和衡量不同资金使用受益单位(部门)管理和使用财政资金的能力;规范性是评估行为和结果始终贯穿和反映财政资金运作的全过程,强化、规范公共支出项目的选项、审批、监管、审核功能,增强财政资金分配和使用的责

任制,使绩效评估对公共支出和预算管理起到激励和约束作用。

二、高校科研专项绩效评估的范围、对象和内容体系

（一）评估范围

我国高校科研专项绩效评估的范围原则上应当涵盖所有的政府高校科研专项,并对大部分经费实行强制性评估,对于一些规模比较小的经费或特殊经费实行非强制性评估。实行非强制性评估的具体规模标准,可由各级财政部门根据本地区的实际情况确定。

具体确定评估范围时,要从实际出发,慎重考虑以下几个方面:一是考虑能否设计出明确的绩效目标;二是考虑评估成本的高低;三是考虑绩效评估操作的现实可行性。

（二）评估对象

高校科研专项绩效评估的对象就是高校科研专项使用者。从目前来看,主要是机构、项目和科研人员等。

科研机构的范围较广,应该包括所有使用财政科技经费的公共机构,如政府科研管理部门、公共科研机构（大学、科研院所）等。

科研项目是一个宽泛的概念,可分不同的层次和研究阶段。国家层面的项目如国家高技术研究发展计划（863 计划）、国家重点基础研究计划（973 计划）、国家支撑计划、知识创新工程、国家社科基金、国家自然科学基金等。本书所研究的主要是对纳入国家社科规划、由国家财政资助,并由国家高等院校组织实施的科研专项。主要包括人文社科类专项和自然科学类专项两大部分。

科研人员的评估,属于科研人力资源评估。凡是使用高校科研专项并从事科研活动的人员都应纳入评估的范围,评估科研人

员完成任务的数量、质量、科研水平、能力、贡献等。

（三）评估内容

根据国内外评估研究和实施工作经验,高校科研专项的绩效应包括以下五个方面的内容。

1. 适当性

适当性是指专项的目标是否符合国家经济社会发展的总体目标,是否具有紧迫性。主要评估内容包括专项目标和国家经济社会发展目标的相关性;专项目标设置的清晰程度和可评估性,包括目标内容是否清晰、边界是否明确、是否有具体的考核指标;课题设置与专项目标的相关性以及课题设置的协调性。

2. 经济性

经济性是指用最低的成本获取一定质量的资源,如人员、厂房、设备等。它用来衡量资金使用是否节约。主要评估内容包括获取专项研究开发活动所需资源的成本是否合理,实际经费是否超出预算,资金使用和管理是否合法合规等。

3. 效率性

效率性是指专项资源投入与产出之间的关系,即是否能以最小的投入得到预期的产出水平,或以既定的投入水平得到最大的产出效果。主要评估内容包括资源投入与项目各项活动任务的匹配情况、资源的使用是否存在浪费、活动的实施是否按照原计划进度进行,项目活动的组织管理是否高效等。

4. 有效性

有效性是指专项目标的实现程度及专项实施效果。主要评估内容包括专项目标的实现程度、专项实施的经济效益以及专项实施对技术、产业和经济社会等方面的重要影响。可见,高校科研专项的绩效评估涉及专项的管理、投入、产出、实施的效率和效果、影响以及合规性管理等各个方面。

5. 特殊性

（1）容易导致科学研究的短期行为

不恰当的评估活动必定会给科学研究带来负面影响。如过于频繁的评估给科研人员造成额外负担，不合理的评估指标对研究起到误导作用。尤其是在评估中强调科学研究在短期内出成果，可能会导致科研活动中的短期行为，从而极大地损害科学事业的基础。

（2）科学经费来源的多元性

科学家的研究成果往往不是在某一个资助机构的单独支持下完成的，而是与其他经费来源共同资助的结果。把这种多渠道资助的成果仅作为某一个资助机构的成果指标，显然是不科学的。且科学成果的不可分割性也使资助经费的使用无法计量出相应的产出。

（3）科学成果的难衡量性

科学成果有其自身的特殊性，没有什么定量方法可以真正衡量科学研究的质量。研究结果的许多方面无疑是可以量化的，但研究活动中很多最重要的方面却难以用定量指标来衡量，如科研成果的外部效应、科研成果的后续影响性等。

（四）评估方式

评估方式应该根据评估对象和评估目标等具体情况和要求来确定。就高校科研专项的绩效评估而言，可以考虑采取行政评估、专业机构评估、专家评议等多种方法相结合的方式。

行政评估由财政部组织有关部门进行，并可考虑现有的财政监督职能内增加对绩效评估的要求，扩充绩效评估的内容，逐步使绩效评估成为财政监督工作的重要内容之一。

专业机构评估主要委托社会化的专业机构来完成，财政部门对评估的方法、内容和结果进行审核认定，并对担任评估工作的专业机构进行必要的资格认证。

专家评议法是指该领域或相关领域的专家的评议,即通过一定的方式(如专家意见征询表、专家会议等)征求若干个专家对被评对象的评估性意见,然后,对专家意见进行分析与综合。它最早来源于科研领域的同行评议,是国内外科研领域使用非常广泛的一种评估方法。同行评议的定义是:"同行评议是用于评估科学工作的一种组织方法。这种方法常常被科学界用来判断工作程序的正确性,确认结果的可靠性以及对有限资源的分配(诸如杂志版面、研究资助经费),公认性和特殊荣誉。"专家评议法已不限于科研领域,所谓专家也不限于科研领域的同行专家,而根据被评对象的特点的评估活动的需要,包括经济、文化、市场、管理等各相关方面的专家,即这里的专家泛指在该领域或相关领域具有相当的专长和学识、具有较高权威性的人员。

三、高校科研专项绩效评估指标体系

(一)高校科研专项绩效评估指标体系设置的原则

科研专项绩效评估指标的建立关系到评估结果的好坏,关系到各科研承担机构项目实施的好坏,良好导向的科研专项支出指标体系对于提升专项支出的效益具有至关重要的意义。因此,在设计科研专项支出绩效评估指标体系时,必须遵循一定的原则来严格设计。

1. 相关性原则

相关性原则是指科研专项支出绩效评估的衡量指标应与政府部门的目标、项目的绩效目标及评估的目的有直接的联系,确保指标评估体系真正起到评估科研专项支出实施情况的作用。如果不符合相关性原则,绩效评估指标不仅起不到提高产出和支出效果的作用,还会误导支出的方向。例如,投入或产出的衡量

相对容易,但与项目成果目标的相关性存在问题,单纯的投入指标或产出指标就不能很好地反映项目的实际影响。所以在指标体系的选取中一定要本着相关性的原则。此外,指标的相关性,还可以在整个指标体系内,形成一种内部制约的关系,从制度上杜绝数据造假。

2. 可比性原则

可比性原则是指对具有相似目的的项目选取共同的绩效评估指标,保证绩效考评结果可以相互比较,使不同项目之间的衡量结果可以相互比较。可比性原则十分重要。首先,不可能对每个项目都设计不同的衡量指标,这样既不经济也不具备可操作性,所以要对具有相似目的的项目进行归类,采用相同的指标进行考核;其次,类似项目之间的比较可以提供较为完备的信息,起到节约成本的作用;最后,可以用于分析项目支出没有达到预期目标的原因,帮助找到解决问题的方法,并对同一领域的其他相似项目进行比较,清理交叉、重复的项目,重新有效分配资金。

3. 重要性原则

重要性原则是指根据指标在整个体系的地位和作用进行筛选,选择最具代表性、最能反映评估要求的绩效评估指标。对科研项目进行综合绩效评估,关键在于要发挥财政对科研项目的事前、事中、事后监控机制,提高财政资金的使用效益,避免资金的重复投入与浪费。由于有成本约束,绩效考评指标的选取不宜过多,否则就失去了绩效评估的意义。同时,还要考虑指标对项目实施评估所具有的重要程度,有些指标包含了其他指标的信息,在项目评估过程中起着关键作用,必须确保类似指标处于指标体系的核心位置。

4. 经济性原则

经济性原则是指绩效评估指标的选择要考虑现实条件和可

操作性,绩效信息的获得应符合成本效果原则,在合理成本的基础上收集信息进行评估。对效率和效果的重视是绩效预算的根本,绩效指标的选取也不例外。由于技术或环境等因素使得一些重要指标收集成本太高,就需要考虑一些评估效果一般但收集成本低廉的指标作为替代。经济性原则还要求指标在满足评估目标的前提下尽量精简,减少指标之间的信息重复,选定的指标应承载尽可能大的信息量,从而降低指标信息收集的成本。因此,设计评估指标体系是为了实际应用,不仅设计者会用,更重要的是要使有关使用部门会用。因此,设计评估指标体系要做到以下几点:一是评估指标体系要繁简适中,计算评估方法简便易行;二是评估指标所需要的数据易于采集,适合目前的预算管理水平;三是各项评估指标及其相应的计算方法、各项数据,都要标准化、规范化。

5. 科学性原则

科学性原则是指所选择的指标应概念准确、含义清晰,指标体系内各指标之间相对独立。科学性原则是绩效评估指标体系在实施中有效发挥作用的基础,坚持概念的客观性,使不同的评估主体对同一概念有相同的理解或评估者和被评估者之间对指标的概念、含义有共同的认识,减少评估过程中的冲突,提高评估效率。指标体系内各指标的相对独立是为了保证指标体系对项目的评估可以提供最大的信息量,也使得某个指标出现失误不致影响到其他指标的作用。

6. 稳定性原则

稳定性原则是指所选择的指标应具有一定的稳定性,能够在较长的时期内使用。这个稳定性有两重含义:一是指所选择的指标不能随意变动,要给评估者和被评估者有一个稳定的预期,使得绩效评估的记录具有历史的连续性。这样,这些指标既有利于绩效评估的进行,也有利于过去、现在以及将来不同支出项目的比较鉴别;二是指所选择的指标具有较大的一般性和适用性,不仅现在可用,将来也可用,这样就减少了不断变动指标体系的巨大成本。

在上述六项原则的指导下设计出来的指标体系,可以兼顾产出和效率,从而避免了单纯追求成果而忽视效率或单纯追求效率而不顾成果的现象。这六项原则互相制约,又各有侧重,构成了一个统一的整体,从而避免了顾此失彼的问题。在实际操作中,根据国际经验,除了坚持上述六项原则外,还应注意:指标的选择应尽量充分,也就是指标能充分地对绩效进行评估;选出的指标应具有可监控性,减少人为因素对指标的修饰。

（二）高校科研专项支出绩效评估指标分类

（1）绩效目标（Target）指标。通常包括:科研专项支出目标描述的明确性,绩效目标制定水平（合理性、明确性、可考核性等因素）,界定绩效责任的明确性。

（2）投入（Input）与支出指标。投入指标是科研专项绩效评估中比较明确和易于测量的指标,包括资金、人力、物力、时间等资源的投入与支出情况,其中资金是重点。

（3）产出（Output）指标。产出这里仅指科研专项投入的直接产出,长期的潜在的结果不在本部分体现,产出的衡量一般通过比较明确和易于测量的指标来确定。

（4）结果和影响（Outcome）指标。结果包括科研专项支出的间接社会效益和长期结果即影响。一般而言,所资助科研专项的长期影响是一种长期的效果,社会效益是项目实施后的正效应,这些均难以通过比较明确和易于测量的指标来反映,在操作中存在一定的难度。

（5）执行效率（Efficiency）与管理指标。一方面要反映科研专项资源配置的效率和资源利用的效率,包括科研专项资金分配布局的合理性、绩效的结构合理性、资金使用的经济合理性、投入产出比等；另一方面要反映科研专项承担主体在承担科研专项研究的过程中所体现出的经费管理水平、制度规范化等内容。

（三）不同科研专项绩效评估指标的选择

按照科学研究的对象分类，可以将高校科研专项分为自然科学和人文社会科学两大类。因此，在进行科研专项支出的绩效评估时，还必须充分考虑到学科差异性，针对不同的学科设计不同的评估体系。

1. 自然科学类科研专项绩效评估指标体系

自然科学是研究自然界的物质形态、结构、性质和运动规律的科学，自然科学的主要产出在于客观性的、不以人的意志为转移的规律。自然科学是无国界的，且多以理、工科类科研专项居多，因此，在设计自然科学类科研专项绩效评估时，应当充分考虑到自然科学的特点，多侧重于可衡量的产出指标，包括经济产出指标和科研创新指标等内容。

2. 人文社会科学类科研专项绩效评估指标体系

人文社会科学是指以社会现象为研究对象的科学，如政治学、经济学、军事学、法学、教育学、文艺学、史学、语言学、民族学、宗教学、社会学等。其任务是研究并阐述各种社会现象及其发展规律，其产出多是关于人类社会运行与发展的系统知识和理论，使人类能够更好地、更有效率地管理社会。因此，在设计社会科学类科研专项绩效评估指标体系时，必须侧重于专项投入的结果、影响指标。

第六章　会计人员管理

　　人是财务管理过程中最为活跃的因素,具有会计从业资格的会计人员是高校财务管理的主体力量,是财务部门管理系统中的行为主体。高校会计人员的管理由财务部门负责,对人员管理的重大政策则由管理层制定。会计人员已从简单的信息加工者转向预测、决策、控制和评价的管理者,主体的行为将直接影响经济效果,良好的管理制度必须有良好的管理者去实施。会计人员管理包括会计人员职业素质管理、行为规范、岗位控制、会计职业风险管理及其保护等。加强财务人员的素质管理是做好财务管理工作的基础,规范会计行为是财务管理绩效和财务信息质量的保障,强化会计人员职业风险管理和保护是日常管理的前提。

第一节　会计人员职业素质管理

　　加强对会计人员的职业素质管理特别重要,这将影响整个财务管理的效果。制度设计和管理得当可以增加经济效益,制度设计和管理不当则会造成经济浪费和损失,其中财务管理的水平取决于会计人员职业素质的高低。会计人员素质高,则财务管理水平较高;会计人员素质低,则财务管理水平较低。会计人员的职业素质包括专业素质和职业道德素质。专业素质即会计人员应具备的知识结构、专业技术水平、业务能力等;职业道德素质即会计人员是否自觉遵循财务会计工作的道德标准。会计人员的职业素质管理要从会计人员的专业素质、职业道德素质等方面着手,选拔优秀的财务主管,带动财务部门整体素质的提高。

一、会计人员的专业素质管理

会计人员的专业素质将影响高校财务管理的整体水平,为保证财务管理的质量,必须对会计人员提出更高的要求。专业素质管理主要是通过明确会计人员准入条件、培养在岗会计人员的素质等措施进行的。

（一）高校会计人员素质的历史成因

传统的高校财务部门,其功能局限于记账、算账,技术含量较低,被认为是不需要专业技术、谁都可以进的部门,成了历史上没有任何门槛的"养人"的地方,是高校解决富余人员及照顾家属、子女就业的场所,会计人员素质普遍较低。

20世纪90年代初,高校开始实行费用分担的缴费上学制度,从单一的依靠财政拨款,发展到依靠财政拨款、学费、捐赠等多渠道收入,高校会计人员也开始有所作为。到了90年代末,高校开始大规模扩招,随后高校进入了前所未有的融资建设大发展时期,高校遇到的资金问题越来越多,财务部门的功能逐步扩大,业务也越来越复杂,增加了会计人员的发展空间。

随着高校的发展,对会计人员的要求逐步提高,形成了阶梯状的人员素质结构,人员素质出现参差不齐的状况,越是历史悠久的高校,留有的历史痕迹越明显。因此,随着高校的发展和财务专业化要求的提高,人员淘汰不可避免,对于部分"养人"时期进入的素质不高、不爱学习、不求进步、不能适应专业化需要的会计人员,可轮岗到凭证装订、会计档案管理等专业化要求较低的手工或半手工岗位。高素质人员最终取代低素质人员,将是发展的必然趋势。

（二）高校会计人员的准入条件

现代高校财务管理需要高素质的管理人才,在录用会计人员时,应该设置一定的准入条件,但由于道德素养是通过日常行为表现出来的,面试时很难以考试的方式发现,因此,准入条件一般针对专业素质。高校会计人员的录用,一般应具有学历、专业、工作经验、年龄等方面的准入条件。

（1）学历条件。例如,本科高校培养的是本科以上的人才,一般情况下高校管理人员应该具备本科以上学历,否则管理人员的层次与高校培养的人才层次不相适应。高校会计人员是管理岗位的专业技术人员,因此必须具备本科以上学历。

（2）专业条件。高校财务部门的主要功能为会计核算和财务管理,两者互相联系、互相渗透。核算过程包含管理内容,管理过程需要核算的数据,高校会计人员既要会核算也要懂管理。会计人员的专业要求一般为:会计专业或经济类的其他专业,但必须具备计算机应用的基本知识;系统软件管理和维护人员可以是计算机专业的,但必须具有一定的会计专业基础知识。

（3）工作经验。高校的一般会计人员只需要符合学历条件和专业条件的应届毕业生,不一定要求有工作经验。会计机构负责人或财务主管应该具备财务工作经验,如果非专业人员,则对会计机构的管理也只能是行政上的领导,难以深入到专业领域。在实际工作中,因干部轮岗的需要,部分高校会计机构负责人是从其他部门轮岗而来,不具备财务工作经验及会计从业资格。随着未来高校的发展和管理体制的改革,会计机构负责人专业化将是发展的趋势。

（4）年龄。高校会计人员录用年龄应该区别对待,如果录用年轻人,应选择高校毕业生;如果不是年轻人,则须具备技术职称和工作经验。社会上流行的说法是做技术的人比如医生、会计师等"越老越吃香",即经验越来越丰富、技术越来越成熟,这是对于兢兢业业做专业的人来说的。对于普通的会计人员来说,年龄是个坎儿,随着年龄的增长,如果经验和技术没有跟着长进,他们的专业发展潜力就不复存在,录用也没有意义。

（三）新进人员岗前培训和业务指导

会计专业是应用型专业,新进的会计人员需要一段时间的实践和适应。对新进会计人员进行岗前培训和业务指导,使新进会计人员能以最快的速度胜任岗位工作,也是提高会计人员素质的有效办法。一般情况下,高校新进会计人员不是批量的,而是一次录用几个人,不适合采用培训班的形式。在管理实践中,对新进会计人员采取一对一的业务指导,即挑选业务素质好的优秀会计人员对新进人员进行"传、帮、带",讲解工作内容和指导具体业务,一般指导 1～3 个月,新进人员基本上就可以独立工作了。如果由新进人员自己摸索,没有人给予业务指导,则适应岗位的时间最快为半年或者更长。但在激烈的竞争环境下,怎样让优秀的会计人员传授经验和技能给他人,而又不会有危机感呢?这个问题确实是个处理的艺术问题。首先,要明确"传、帮、带"是一项组织分配的工作任务,不是个人意愿和个人行为;其次,要给传授者一个荣誉,那就是被传授者的老师;最后,也是最重要的是要在内部形成一个道德底线约束机制及和谐的工作环境,如果没有和谐的工作环境及会计人员道德底线约束,则难以实现"传、帮、带"。

（四）高校会计人员知识结构要求

对于从事高校财务管理的会计人员来说,具备会计专业知识只是一个基础。由于会计学是具体操作的微观领域的学科,再加上会计法律法规对会计工作作出的具体约束和规范,高校会计人员如果知识结构单一,则容易形成内敛的个性,给人谨小慎微、做不了大事的感觉。有的高校领导宁愿提拔一个非专业人员任会计机构负责人,也不愿用纯会计专业的人才,除了政治素质的因素外,人才知识结构与高校财务管理的要求存在偏差是主要的原因。因此,一个合格的高校会计人员其知识结构应该是全面的,除了会计专业知识外,必须具备计算机、管理学、经济学、统计学等其他相关学科的基本知识,成为综合型应用人才。

（1）计算机知识。随着电算化的普及和网络时代的发展,现代高校会计核算和财务管理是通过计算机软件和网络信息来进行的,如果没有计算机方面的知识,则无法从事高校会计工作。计算机知识是除了会计知识以外,会计人员必须具备的基本知识。

（2）管理学知识。高校财务管理需要运用管理学方面的知识,因此会计人员必须具备一定的管理学基础知识。

（3）经济学知识。会计学是微观领域的学科,为了弥补宏观知识的不足,会计人员需要了解经济学方面的知识,把握宏观经济发展,把微观与宏观知识结合起来,才能做好高校财务管理工作。

（4）统计学知识。财务管理涉及数据分析,会计人员需要了解统计分析方法,因此必须具备统计学的基础知识。

（五）高校会计人员素质的培养

高校会计人员被淘汰下岗的情况很少,要让在岗人员主动提高自己的素质,归结起来要有激励的机制、良好的环境、提高的途径。

1.激励的机制

（1）建立尊重专业人员技术职务的机制。目前高校仍然是行政化管理体制,因此首先要建立尊重专业人员技术职务的机制,如果对会计人员基本的技术等级身份都不予以认可和尊重,其他一切都无从谈起。一方面高校要鼓励会计人员参加职称考试,通过考试培养学习习惯,提高业务水平;另一方面高校要尊重会计专业技术职务,在提拔行政管理职务等方面,应该把会计专业技术职务作为重要的参考因素。在同一条件下,专业技术职务的高低标志着个人付出的努力不一样,因此应有区别地对待,以激励会计人员积极进取。

（2）建立技术学术奖励机制。为了最大限度地发挥会计人员的技术水平,提高工作效率,高校应当建立绩效考评制度,开展技术评比活动,对工作表现出色、办事效率高的会计人员给予奖励;为了激励会计人员参与学术活动,在专业论文方面,要根据发表论文的质量等级给予一定的奖励;在课题研究方面,对获奖的课题组给予一定的配套奖励。

2. 良好的环境

环境因素对会计人员整体素质的影响非常大,良好的环境有利于会计人员整体素质的提高。良好的工作环境需要营造:一是由管理者营造,二是由会计人员自己营造。

（1）管理者营造。高校各级管理者应为会计人员营造积极向上、健康进取、团结协作的良好工作环境,让会计人员全身心地投入工作和学习当中。

（2）会计人员自己营造。如果工作环境比较差,可以从少部分业务骨干开始,把风气引向好的方面,逐步扩大影响力,最终从量变到质变,改变恶劣的环境,形成健康向上的良好氛围。

3. 提高的途径

学历教育或进修学习、继续教育培训是提高财务人员素质的有效途径。

（1）学历教育或进修学习。高校会计人员具有其他行业会计人员无法比拟的优势条件,很多高校在本、专科或研究生阶段开设了会计或其他经济类专业,在职参加各类学历教育或进修比较方便。高校应鼓励会计人员在不影响日常工作的情况下,参加各类学历教育,或选送人员进修学习。

（2）继续教育培训。会计类的专业知识更新比较快,因此会计人员必须每年参加继续教育培训,给自己的知识进行一次"更新换代",继续教育学习是"老会计"跟上新时代发展的有效途径。

除此之外,会计人员还可以自学。

二、会计人员职业道德素质管理

职业道德素质是会计人员素质的重要组成部分,出色的专业素质和良好的道德素质构成了高素质的会计人才。

（一）会计人员职业道德素质标准

《会计基础工作规范》第十七条规定:"会计人员在会计工作中应当遵守职业道德,树立良好的职业品质、严谨的工作作风、严守工作纪律,努力提高工作效率和工作质量。"第十八条至第二十三条对会计人员的职业道德提出了六点具体要求:

（1）敬业爱岗。会计人员应当热爱本职工作,努力钻研业务,使自己的知识和技能适应所从事的工作要求。

（2）熟悉法规。会计人员应当熟悉财经法律、法规、规章和国家统一会计制度,并结合会计工作进行广泛宣传。

（3）依法办事。会计人员应当按照会计法律、法规和国家统一会计制度规定的程序和要求进行会计工作,保证所提供的会计信息合法、真实、准确、及时、完整。

（4）客观公正。会计人员办理会计事务应当实事求是、客观公正。

（5）搞好服务。会计人员应当熟悉本单位的生产经营和业务管理情况,运用掌握的会计信息和会计方法,为改善单位内部管理、提高经济效益服务。

（6）保守秘密。会计人员应当保守本单位的商业秘密。除法律规定和单位领导人同意外,不能私自向外界提供或者泄露单位的会计信息。

因此,会计人员职业道德素质的核心是"依法办事",只要依法办事,就不会做假账。

（二）会计人员职业道德素质培养

一个人的道德修养是通过家庭教育和社会教育逐步形成的，但在同等的教育环境下存在着个体道德修养的差异。会计人员的职业道德素质是在其选择会计作为自己的职业后逐步形成的，加强会计人员职业道德教育是培养职业道德素质最直接、有效的途径。

三、财务主管的选拔及专业化管理

财务主管对会计机构及会计人员的整体素质有很大影响，因此财务主管的选拔也是会计人员职业素质管理的重要组成部分。

（一）财务主管对会计队伍整体素质的影响

在高校财务管理实践中，财务主管对会计主流人群的影响主要有四种类型：正向引导型、不闻不问型、负面带动型、混合型。

1. 正向引导型

这种类型的财务主管一般属于高素质的人才，通过主管的榜样效应，会计人员也以成为高素质人才为自己的努力目标，同时通过主管的业务指导使会计队伍的整体素质得到提高，从而得以产生一批高素质的会计人员。正向引导型主管对会计队伍素质的提高具有积极的影响。

2. 不闻不问型

这种类型的财务主管一般属于性格内向或自己管自己、不喜欢管别人的人。在这种情况下，会计人员或自由放任或自我发展。不闻不问型主管对会计队伍的素质影响不大。

3. 负面带动型

这类财务主管一般有自己的癖好，而且可以鼓动他人也产生与他同样的癖好,使会计主流人群患上同样的"流感"。比如,癖好麻将的主管,有时会在上班时间打麻将,有时会在下班前约好朋友玩,第二天还兴奋地交谈昨晚的"战果",带动部分人也跟进交谈,使其他人不得安宁。这类主管的负面影响很大,不但无法提高会计队伍的整体素质,而且可以摧毁整个财务部门的工作效率:由于是主管带头和倡导的,不理智的人跟群,理智的人沉默。

4.混合型

混合型主管介于以上三种类型之间,属于大众化的人员,对会计群体的影响不是特别突出。

(二)财务主管的选拔

选拔财务主管,不仅要看其专业素质和能力,还要看其对会计主流人群可能产生影响的类型。

1.担任财务主管的基本条件

担任单位会计机构负责人(会计主管人员)的,除取得会计从业资格证书外,还应当具备会计师以上专业技术职务资格或者从事会计工作三年以上经历。

2.专业素质和管理能力要求

《会计基础工作规范》第七条对财务主管的业务素质和能力作了规定:"主管一个单位或者单位内一个重要方面的财务会计工作时间不少于二年""熟悉国家财经法律、法规、规章和方针、政策,掌握本行业业务管理的有关知识""有较强的组织能力"等。一般来说,财务主管的业务素质应该是会计群体中的佼佼者,具有让人信服的专业技术水平和政策水平,知识结构比较全面,具有把握全局的组织协调能力。

3.对会计群体影响的类型选择

首先,应当选择正向引导型的财务主管,以利于会计队伍整体素质的提高,创造和形成积极向上的工作环境;其次,可选择不闻不问型的,对会计主流群体影响不大,即使没有好的影响,至少也没有坏的影响;最后,选择大众化的混合型主管。切不可选择负面带动型的主管。

(三)财务主管的专业化

虽然很多高校的财务主管是由专业人员担任的,但就高校整体管理而言,如果不改变现行的行政化管理体制,那么财务管理的专业化还有漫长的路要走。高校财务管理的专业化需要具备两个前提条件:一是现实需要,二是管理体制。

随着近几年的发展,高校外部和内部的经济环境都发生了重大的变化。外部环境中,市场经济发展逐步走向完善;内部环境中,虽然计划经济的痕迹还比较明显,但在高校与外部的交互关系中,市场经济的因素已经渗透到了高校,高校内部各种经济关系越来越复杂,特别是融资建设方面,虽然惊人的负债最终由政府出手救助和控制,但已经有了与市场的紧密接触。大规模的融资行为对专业化管理提出了要求,高校财务专业化管理的现实需要条件已基本具备。

现行的高校管理体制是行政管理体制,财务管理是高校行政管理的一部分,财务主管(或负责人)可能是行政长官,不是专业人员。虽然《会计法》第二十八条明确规定了"担任单位会计机构负责人(会计主管人员)的,除取得会计从业资格证书外,还应当具备会计师以上专业技术职务资格或从事会计工作二年以上经历",并且《高等学校总会计师管理办法》也对高校财务专业化管理进行了推动,但在现实中,高校财务专业化管理还没有得到全面的推广。会计法规对财务主管的任用条件与干部管理制度存在不一致,部分高校按照会计法的条件任用财务主管,部分高校按照干部管理制度的要求任命财务行政领导。高校财务管理专业化的体制条件还未完全具备。

高校财务专业化管理的现实需要条件虽已基本具备,但体制条件尚未成熟,实现财务专业化管理还需要时间。随着我国市场经济的成熟和高校改革的推进,高校财务实现专业化管理是必然的趋势。

第二节　会计人员岗位控制

财务机构(会计机构)的内部风险主要来自两方面,一个是因会计人员及会计主管业务素质低而发生的差错或失误所带来的经济风险;另一个是会计人员职业道德缺失而发生的犯罪行为所带来的经济损失。这两种风险都跟管理不善和岗位控制不严有关,但经济犯罪比起差错和失误后果更加严重,如何防范犯罪行为的发生与提高会计人员职业素质同等重要。应当对会计人员进行合理的岗位分工,建立会计岗位经济责任制,实行岗位轮岗制度以阻断危害行为的惯性延续,通过设置账务处理程序,使业务在不同岗位之间互相监督,最终达到控制会计行为、降低内部经济风险、防范犯罪行为发生的目的。

一、会计岗位分工管理和控制

（一）会计岗位分类

根据高校财务工作的特点和会计信息化要求,按性质不同可将会计岗位分为五类。

1. 行政或业务主管类岗位

（1）会计机构负责人岗位:财务处长、副处长。

（2）会计主管岗位:业务科室科长。

2. 财务管理类岗位

（1）预算管理岗位:预算编制、下达、调整、控制管理。

（2）收入管理岗位:拨款申请、核对以及合同款催收管理。

（3）学生收费管理岗位:学生学费、住宿费、考试考务费、报名费等各类事业性收费及代办费管理。

（4）固定资产管理岗位：固定资产入库登记、报废处理、盘点清查管理。

（5）票据管理岗位：各类票据的申购、领用、核销管理。

（6）档案管理岗位：会计记账凭证、账簿、其他会计资料管理。

（7）财务系统管理岗位：财务系统数据库维护、数据备份管理。

3. 会计核算类岗位

（1）支出审核及制单岗位：原始凭证审核、录入财务电算化系统、生成记账凭证等。

（2）会计报表岗位：年终决算报表填报、其他报表填报和财务报告撰写等。

（3）科研项目核算岗位：科研项目原始凭证审核、录入财务电算化系统、生成记账凭证、会计账簿，科研课题结束后填制结题收支报表等。

（4）基建项目核算岗位：基建项目原始凭证审核、录入财务电算化系统、生成记账凭证、会计账簿和会计报表等。

（5）工资核算岗位：工资造册、发放或转入职工工资卡等。

（6）材料核算岗位：对实验材料、教学材料、办公用品、维修材料等进行进出仓核算、盘点等。

（7）往来款清算岗位：暂存暂付款和应收应付款的结算、清理和管理。

4. 资金结算类岗位

（1）现金出纳岗位：现金或现金支票收付。

（2）非现金出纳岗位：转账支票、网上银行电子支票收付，收款发票填制等。

5. 稽核复核类岗位

（1）复核岗位：电算化流水作业中的原始凭证和记账凭证核对、付款支票核对等。

（2）稽核岗位：所有财务管理和会计核算工作的抽查、核实。

（二）岗位分离与兼容控制

岗位分工明确后，根据会计法和《会计基础规范化》的要求，对不相容岗位进行分离控制，相容岗位可以进行兼容管理。

1. 岗位分离控制

对不相容岗位进行分离，出纳人员不得兼任稽核、会计档案保管和收入、支出、费用、债权债务账目的登记工作。记账人员与经济业务事项和会计事项的审批人员、经办人员、财物保管人员的职责权限应当明确，并相互分离、相互制约。

2. 岗位兼容管理

为合理配置人员，提高工作效率，对可兼容的其他会计岗位，可以一人多岗，也可以一岗多人。比如：一人身兼预算管理、收入管理等职务；支出审核及记账凭证制单岗位，由于工作量大，可以一岗多人，安排多个人做同一岗位的工作。

二、会计岗位责任制

会计岗位责任制，主要是设置每个会计岗位的职责，并对每个岗位进行年度考核，根据考核结果采取相应的奖惩措施，以达到分工明确、责任落实的控制目标，更好地发挥每个会计人员的积极性和能动性，提高工作效率和工作质量。

（一）岗位职责的设定

会计岗位职责是指每个会计岗位应该完成的任务及应当承担的经济责任和风险。

1.行政或业务主管类岗位职责

（1）财务机构负责人岗位职责。财务机构负责人的岗位职责大体可归纳为以下内容：负责会计机构工作的职责；财务规章制度的制定、贯彻和监督职责；预、决算工作职责；收支管理职责；协调沟通职责；会计人员管理职责等。负责会计机构工作的职责，即在校长或主管财务副校长的领导下，全面负责财务机构工作，制订年度工作计划，参与学校经济决策及有关经济协议的拟订，对经济事项进行把关，当好管理层的经济参谋。

财务规章制度制定、贯彻和监督职责，即贯彻执行《会计法》及其他财经法律法规、规章制度，根据学校的具体情况制定学校内部财务管理制度和管理办法，督促检查学校各项财务规章制度的执行情况。

预、决算工作职责，即根据学校教育事业发展规划和《预算法》的要求，编制学校年度收支预算方案，初步审核学校财务预算编制情况、年终决算及报表编制情况，及时向有关部门及管理层提供财务报表和其他综合性财务资料。

收支管理职责，即合法、合理地组织各项收入，按照勤俭的原则，节约使用预算经费，对各项支出口径及重大事项支出进行把关，提高经费使用效益。协调沟通职责，即负责同财政、税务、物价、银行等机构的联络以及同校内其他部门的沟通协调工作，负责审定对外提供的会计资料，定期或不定期地向校领导汇报财务收支情况，向校内各部门通报本部门预算执行情况。做好各科室、岗位之间的协调工作，使信息上传下达。

会计人员管理职责，即负责会计人员职业道德教育，组织会计人员参加业务培训，为会计人员参加业务培训和自学创造条件，提高会计人员的技术水平和服务质量，实现会计管理科学化；监督检查会计人员履行职责及工作完成情况；应用现代信息技术，实现财务管理和会计核算的信息化、网络化；对本部门的会计工作，实行宏观控制和监督。

（2）会计主管岗位职责包括以下内容：配合会计机构负责人做好各项业务；协调科室内部各会计岗位的工作；与其他科室进行沟通，协调相关工作；起草与各科室业务相关的文件，接受各类检查；承担各岗位考勤统计和会计人员继续教育管理；负责做好学校资金筹集的具体工作等。

2. 财务管理类岗位职责

（1）预算管理岗位职责。负责编制学校年度预算、预算指标分解下达和预算调整；负责预算凭证的编制、审核、录入以及各单位的经费卡（或本）的制作和管理等工作；配合财务主管做好经费支出管理和部门经费预算控制，检查各预算执行单位的预算执行情况，定期对预算执行情况进行分析；负责二级学院的收入分配管理，以及学校财政专户的上缴、返拨及账务核对工作等。

（2）收入管理岗位职责。负责申请财政预算拨款，核对预算拨款进度，以及各类收入款项的催收和入账工作等。

（3）学生收费管理岗位职责。负责学生学费、住宿费、考试考务费、报名费等各类事业性收费及代办费的管理工作。办理收费标准的申报、收费许可证的变更和年检，保管好收费文件。与招生部门配合，及时获取新生名单，建立学生收费数据库，做好学生收费的入账和数据库管理工作。负责学费的收取、退回及票据的打印、发放、统计、催缴以及收费软件的管理等工作；报告学生收费进展和学生欠费情况；处理学生退学、休学、转专业等情况的学费结算。负责奖学金、助学贷款等的发放；配合学生资助管理中心做好学生助学贷款的相关工作等。

（4）固定资产管理岗位职责。负责审核固定资产申购的手续；办理固定资产入库登记、建账、立卡；定期进行固定资产盘点和清查，对报废资产办理报废手续并予以处理；固定资产账与实物的核对等。

（5）票据管理岗位职责。负责财政和税务各类发票的申购和管理，校内领用票据的审核和登记，办理使用后的票据核销手续；负责物价、税务部门的年检年审工作等。

（6）档案管理岗位职责。负责会计记账凭证、账簿、其他会计资料的打印和装订；会计档案的整理、立卷、归档和查阅等工作；负责文件的签收、处理、装订、立卷、保管和归档工作等。

（7）财务系统管理岗位职责。负责财务系统数据库软硬件运行情况的检查和维护，及时排除运行过程中发现的故障，确保系统的正常运行；根据财务软件的特点和学校的财务要求，及时对财务软件进行设置和更新；负责财务数据及各类电子账表凭证、资料的备份，做好财务电子数据的整档、存档工作等。

3. 会计核算类岗位职责

（1）支出审核及凭证制单岗位职责。严格要求会计人员按照会计法、《会计基础工作规范》和国家及校内各项财务规章制度，办理会计核算业务；审核原始凭证、录入财务电算化系统、生成记账凭证、打印记账凭证。负责接受内部核算单位的账务查询、业务咨询等。

（2）会计报表岗位职责。负责编制会计月报、年终决算报表，负责撰写财务报告和报表数据的分析工作等。

（3）科研项目核算岗位职责。负责学校科研（含纵向、横向）项目经费的核算与管理，科研项目原始凭证审核、录入财务电算化系统、生成记账凭证和会计账簿；控制经费的使用和支出，查询科研经费的使用情况；科研课题结题后，负责填制结题收支报表等。

（4）基建项目核算岗位职责。负责学校基建项目会计审核、录入及相关账户的处理；对基建资金的使用情况进行分析和提出建议；参与基建项目的招投标、工程项目的预决算工作，参与起草有关基建项目资金支出的财务规章制度等。

（5）工资核算岗位职责。负责工资、奖金津贴等清册的打印，并发放或转入职工工资卡，以及个人所得税扣缴、申报及相关报表的填报等工作；职工各类社保的缴纳；职工公积金的汇缴、转移、调整和支取等工作。

（6）材料核算岗位职责。对实验材料、教学材料、办公用品、维修材料等进行进出仓核算；制订材料采购计划，根据材料管理办法的规定，办理出入库手续；定期和保管员进行仓库材料盘点，每月上报材料变动、消耗明细表等。

（7）往来款清算岗位职责。暂存暂付款、应收应付款的结算和清理；发送债权债务核对函，及时结清学校的债权债务。

4. 资金结算类岗位职责

（1）现金出纳岗位职责。负责现金或现金支票的收付，按《现金管理暂行条例》的规定，根据复核人员打印并签章的收付凭证，办理款项收付业务；将每日收入的现金及时存入银行，每日登记现金日记账，日终现金盘点，做到日清月结；做好有价证券的保管等。

（2）非现金出纳岗位职责。负责银行账号和银行支票的管理；做好转账支票、网上银行电子支票的收付工作，并及时记账；每日终了登记银行存款日记账，核对当日收付款项，随时核对银行存款余额，做到日清月结；月末及时对银行对账单进行核对，填制银行余额调节表，及时处理未达账项；负责支票的保管及收款票据填制。

5. 稽核复核类岗位职责

（1）复核岗位职责。复核电算化流水作业中的原始凭证，核对记账凭证科目和金额，核对付款支票金额和账号等。

（2）稽核岗位职责。对所有财务资料进行稽核。

（二）岗位考核和奖惩管理

岗位考核和奖惩管理是对岗位职责履行情况的评价和控制。

1. 会计技术岗位考核

一年考核一次，按"德（职业道德）、勤（出勤及敬业）、能（工作能力）、技术（专业技术水平）"等指标进行考核。考核应经过自我评价、其他工作人员评价、业务主管和机构负责人评价的程序，最后进行综合评价。

2. 奖惩

根据岗位考核情况，制定相应的奖惩办法，对于尽职尽责人员给予奖励，对不能尽职尽责人员给予一定的惩戒。

在具体措施上，对工作表现好、岗位考核优秀的会计人员除给予一定经济上的奖励外，在职称评定、升职等方面应予以优先考虑。对于工作表现不好、岗位考核差的会计人员，除了扣除奖金外，可以考虑轮岗到其他适合的非会计岗位。

三、会计岗位轮岗制度

为了加强各岗位之间的相互学习，了解和掌握每个岗位的具体业务特点，全面提高会计人员的综合素质，会计人员应在各会计岗位之间进行定期轮换，即实行轮岗制度。会计轮岗一般为2～4年轮换一次。

（一）财务机构负责人轮岗

在高校会计轮岗中，最为棘手的问题是财务机构负责人轮岗：如果财务机构负责人是财务专业人员，那么轮岗到其他部门会专业不对口；如果是非财务专业人员的其他部门负责人轮岗到财务机构，则会因为专业不熟悉，不利于高校财务机构的管理。因此，财务机构负责人由财务部门内部培养和替换，不失为一个可以权衡利弊的办法。

财务机构负责人轮岗，一般三年一次，最长不应超过六年。从高校财务管理的实践看，在负责人的岗位上时间太长，人会变得麻木和惯性，即使出现经济风险也很难发觉。在岗时间越长，积累的管理漏洞和不完善问题可能越多，出现经济风险的概率也会增大。如果六年内进行岗位轮换，工作中的漏洞和风险就会因岗位的轮换而被发现或阻断,高校可以避免由此带来的经济损失和不良影响。

（二）财务主管（科级干部）轮岗

财务主管（科级干部）轮岗,可以在财务机构内部进行,也可以根据个人意愿轮岗或提升到其他部门,不再从事财务工作,但轮岗到其他部门的人员除非不是专业人员,否则对财会队伍的建设不利。为了与财务机构负责人轮岗相互协调,财务主管三年轮岗一次比较合适。

（三）一般会计人员轮岗

一般会计人员轮岗主要还是在财务机构内部进行,财务部门可供轮换的会计岗位较多,因此一般会计人员轮岗的时间不应太长,2～3年轮岗一次比较好,可以使一般会计人员全面了解各岗位的工作。

四、财务岗位处理程序制度控制

对每个财务岗位的工作事项进行排序,按预先设定的岗位程序进行财务处理,就是财务岗位处理程序制度。财务岗位处理程序制度可以更好地规范和约束各个岗位财务人员的行为,起到岗位之间互相监督和控制的作用,确保防范个人不良行为产生的制度环境。

"授权审批系统"对财务事项进行审批后,就进入"财务部门管理系统"进行财务处理,财务部门管理系统必须对内部财务岗位处理程序进行设定。财务岗位处理程序为流水作业式的操作规程,只有在前一岗位财务事项处理完毕后,后一岗位才能接着处理。在岗位处理程序中,经费预算岗位、审核和记账岗位、出纳岗位、复核岗位、实物管理岗位等不能由同一人独立完成,必须由不同的人负责,以达到明确责任、分割权力、不同岗位之间互相监督和制约的管理目标。财务岗位的处理程序一般进行如下设定。

财务软件系统管理岗位对管理系统进行科目名称及代码初始设置、对预算项目进行项目名称及代码初始设置→预算管理岗位把各项目年度预算录入系统→会计审核岗位对原始凭证按要求进行审核（包括工资、收入、收费、各项支出、投资、固定资产增加、材料购入及领用等）→记账凭证制单岗位对审核后的原始凭证进行系统录入（制作记账凭证）→复核岗位对原始凭证和记账凭证进行复核→现金出纳岗位进行现金收付或非现金出纳岗位进行支票转账→复核岗位核对收付情况→记账岗位进行系统记账并自动生成会计账簿→稽核岗位对整个财务处理情况进行稽核。

第三节　会计人员职业风险管理

会计法赋予会计人员监督的使命，但会计人员又不属于执法者，而只是专业技术人员，使命与身份的差异，是会计职业特有风险的根源。首先是"依法办事、搞好服务"这一矛盾的职业道德约束；其次是会计人员行为规范的约束以及法律、法规的制裁，会计档案的最低保管期限一般为15年，在15年内发现问题还可以追溯责任。因此，会计职业属于高风险职业，这种职业约束与高校提倡创新和学术自由的整体环境相比，循规蹈矩的会计显得格格不入，这就说明了为什么人们总觉得会计人员"谨小慎微"，不敢放手做事。

高校会计是会计群体中一个特殊的人群。没有哪个职业会有会计职业这么多的考试，从取得会计从业资格开始，到取得初级、中级、高级职称都需要考试过关，每年的继续教育还有考试的内容，普通会计人员除了忙于日常业务外，整个会计人生都快被考试"绑架"了。高校会计人员也一样需要付出，但由于是非经济行业（企业）的会计群体，没有被单位普遍认可。笔者曾听到过不少高校财务处长抱怨，会计专业的人员不好用，还是其他专业转来的人更好用,领导层也喜欢把教师或行政干部轮岗到财务处任负责人。可是如果没有那些谨小慎微的会计人员脚踏实地地把住各个关口,人人都施展拳脚干自己想干的事,不出问题则已,一出问题恐怕就不是小事了。从这个意义上来说,高校会计是个高风险、需要个人牺牲的职业。高风险的职业需要职业保护,尤其是在环境认同度较低的高校,会计人员风险保护显得尤为重要。

一、会计人员的职业风险

高校会计人员职业风险分为内在风险和外在风险。内在风险主要是由于会计人员的专业水平、政策水平等个人素质问题而产生的风险;外在风险是社会大环境以及高校小环境对会计人员的影响而产生的风险。

(一)内在风险

内在风险来自会计人员自身,主要有经济风险和法律风险两种。

1. 经济风险

由于疏忽大意或业务不精、水平有限等技术问题,发生业务差错,导致经济损失,从而给个人和单位造成经济风险。

2. 法律风险

由于不熟悉国家财经法律法规,政策水平较低,不懂得什么能做什么不能做,只凭感觉或听从他人指挥做事,因盲目而发生违法违规行为,造成法律风险;或者会计人员由于受利益驱动,丧失了职业道德,做出了主动做假账等违法行为,造成了法律风险。

(二)外在风险

外在风险来自外部环境,因此只有在良好的社会经济环境以及在遵纪守法、依法办学的高校内部环境下,会计人员的外部风险才会降到零。在不完善的经济环境下,会计人员的外部风险始终存在,归纳起来有违意风险和违法风险两类。

1. 违意风险

违意风险是指会计人员未按指使人或授意人的意图做出违反法律法规的会计事项,从而可能带来被打击报复的风险。

2. 违法风险

违法风险是指会计人员被指使或被强迫,按照指使人的要求做出违法违规的会计事项,从而可能带来被追究刑事责任的风险。

二、会计人员的风险保护

会计人员的内在风险可以通过个人努力,逐步精通业务和掌握经济政策来化解,通过职业道德教育和法律制裁来规范。会计人员的风险主要来自外在风险,由于外在风险来自环境和他人,因此不能通过自身努力来解决,需要改善环境,社会也应给予应有的风险保护。会计人员风险保护的主要途径包括下列四方面。

（一）完善会计法规

高校会计人员是普通的专业技术人员,而不是最终决策者,却担负着与之身份不相符的执法者的使命,各项财经法律、法规必须由会计人员去执行和落实,显然责权不对等,责大于权。因此,必须完善相应的会计法律,降低会计人员的法律责任,提高与权力相当的其他人员的法律责任。2000 年颁布的《会计法》已经作了修改,将单位负责人列为会计工作和会计资料真实性、完整性的责任人,为会计人员规避外在风险提供了最有力的保护。同时,要让违法者为违法行为付出更大的代价,而不是让会计人员承受更大的风险,以降低违法行为的发生,从而降低会计职业风险。

（二）改善会计执法环境

有的高校简单地把会计人员列入服务人员的行列,将职责界定为为广大教职工服务,却忽略了法律赋予会计人员执行财经法律法规的职业使命。会计人员往往处于高校经济利益冲突的风口浪尖,在学校利益、个人利益和国家利益中,按照法律、法规与自身风险进行抉择和平衡。会计人员依法办事的执法环境不完善,执法困难,承受的压力和风险大,很少有人同情会计人员因执法而遭遇的不公。因此,需要各方面共同努力改善执法环境,在做好服务的同时保护会计人员依法办事的权力。

（三）完善经济责任制

建立和完善校、院、系三级领导经济责任制,开展经济责任监督,降低会计风险。对新任各级领导干部进行会计法和其他财经法律法规的普及培训,了解自己的经济责任,避免违法违规行为的发生。在保护领导干部的同时,达到保护会计人员的目的。

（四）会计人员应加强学习和提高素质

加强学习、提高自身素质是会计人员规避内在风险最有效的办法。政策水平高,业务素质好,在工作中减少差错,主动按国家经济法律法规办事,就可以最大限度地减少经济风险,并规避违法风险。

第七章 高校内部审计监督控制系统

内部审计监督控制的优点是对审计环境比较熟悉，更容易了解审计事项的来龙去脉，可以节省时间，提高工作效率；内部审计监督的不足之处是缺乏独立性，高校内部审计是在管理层的领导下开展工作，审计人员在审计过程中难免会受到本校各种利益关系的限制，从而影响审计工作，使审计结果缺乏客观性。

第一节 授权审批审计监督

授权审批审计监督是对授权审批管理系统实施的监督，即根据分级管理经济责任制，对授权审批系统所赋予审批人的职责和权限的履行情况进行审计监督。授权审批审计监督的形式以内部经济责任审计为主。由于高校审计部门属于学校内部监督部门，其职权只能审计监督管理层以外的二级学院、部门及单位的负责人即中层干部。高校管理层的经济责任审计由政府审计部门负责。内部经济责任审计是高校通过对二级学院、部门及单位负责人任职期间进行内部审计，并通过单位的经济活动记录来查证被审计人员所承担的经济责任，作出内部审计评价。

一、经济责任审计监督依据及范围

在高校内部进行经济责任审计监督首先必须有监督依据，明确监督对象和范围，才能有效地开展监督工作。

（一）经济责任审计监督依据

经济责任审计监督的依据是高校分级管理经济责任制度及授权审批管理制度所授予的权限和职责。

（二）经济责任审计监督对象和范围

经济责任审计监督的对象为高校部门、二级学院及单位中具有审批权限和经济管理职权的负责人，因此审计监督的范围是被审计人员（即负责人）所管理的本部门、本学院和本单位所有审批的经济事项及经济活动。

二、经济责任审计监督程序和内容

由于高校经济责任审计监督的对象是具有一定行政管理权力的特殊群体，经济责任审计监督结果将作为干部考核的一个依据，因此审计监督程序和审计监督内容与一般审计监督有所区别，应重点监督被审计人的经济行为。

（一）经济责任审计监督程序

经济责任审计监督程序按干部经济责任审计程序进行，由组织部门委托审计部门实施。

（1）由组织部门提出书面委托，经管理层分管领导批准，由审计部门对被审计人员进行任期、任中授权审批等经济责任审计。

（2）审计部门接到委托书后，办理审计立项，制定审计实施方案，在实施审计的前三日向被审计人员及所在单位送达审计通知书。

（3）审计通知书送达后，被审计人员及所在单位应及时审计相关内容，并提供相应的报告。

（4）审计组进场实施审计时，被审计人员应向审计组提交述职报告并进行述职，同时审计部门在其所在单位进行审计公示，并听取有关教职工的意见。在实施审计的过程中,要做好审计工作底稿。

(5)审计组现场审计结束,整理审计工作底稿,出具相应的审计报告。

(6)被审计人员应该对审计报告进行全面的阅读,参考设计意见出具审计报告,经审计组核实意见后,审计部门将审计报告及所在单位的书面意见,报送管理层主管领导审批。

(7)审计报告批准后,提交给委托审计的组织部门,并送达被审计人员及其所在单位执行。审计报告由高校有关部门归入被审计人员(干部)档案。

(二)经济责任审计监督内容

经济责任审计监督的重点是被审计人员的审批行为及经济活动的合法性、合理性。合法性即审批事项及经济活动是否符合法律法规和学校的规章制度;合理性即审批行为及经济活动是否遵循效率和效益原则。

(1)合法性情况的主要内容包括:被审计人员的审批行为及经济活动过程应该遵循国家的财务经济法律法规,防止被审计人员出现经济问题。

(2)被审计人员财务审批的真实性和有效性情况。主要内容包括:审批事项是否符合职权范围,授权委托手续是否完善,有无越权审批、不按计划审批或不符合制度规定的审批行为。

(3)经济决策情况的主要内容包括:被审计人员经济决策是否符合规定程序,重大经济活动事项是否实行了集体讨论决策,效果如何,有无重大失误,经济目标的完成情况等问题。

(4)经济合同签订情况的主要内容包括:学院或部门对外签订的经济合同审批手续是否完整;合同条款是否符合学校利益,是否存在合同条款损害学校利益等情况;债权、债务是否清楚,有无纠纷和遗留问题。

（5）单位财务收支执行情况的主要内容包括：被审计人员所管理的单位各项资金收入的真实性、合法性情况；各项支出及补贴的发放是否符合规定与真实，有无超标准、超范围支出，有无虚列支出、滥发钱物等问题。

（6）资产管理情况的主要内容包括：固定资产的购置、使用、处置和管理是否符合程序；高校的财产是否存在私自出租、出借、无偿转让等情况；设备购置、基建工程项目是否按照有关规定进行招标程序，投资项目是否经过充分论证和严格的审批程序。

第二节　财务审计监督

高校内部财务审计监督是指财务在审计监督过程中，要确保审计内容的合理性、科学性以及有效性。对监督的内容要负责，对监督机制中存在的问题提出建设性的意见和建议。高校财务审计监督是对财务部门管理系统进行的监督控制，包括校级财务机构和二级财务机构，重点监督财务部门管理系统财务收支的合法性、真实性和效益性。内部审计部门应根据《教育系统内部审计工作规定》的要求进行财务审计监督。

一、财务审计程序

（一）确定审计计划

（1）根据学校管理层的要求或按照审计工作计划，确定当年被审计的内部单位和审计项目。

（2）选派人员组成审计组，编制审计工作方案，包括审计对象、时间、内容等。

（3）向被审计单位发送审计通知书。

（二）实施审计监督

（1）财务部门提交与被审计项目相关的账单、收入支出纸质票据，电子数据包括：对于审计的电子版材料进行归纳整理，被审计的票据、合同、协议书、项目结题报告等进行归纳整理，确保审计监督能够高效完成。

（2）审计组实施审计，填写审计工作底稿，取得审计证据。

（3）审计组整理、归纳、汇总、分析审计证据和审计工作底稿。

（三）编写审计报告

（1）审计组编写审计报告，其中包括基本情况、审计发现的主要问题、审计处理情况和建议、问题的整改情况等。

（2）审计组征求被审计单位对审计报告的意见，并根据反馈的意见对有关问题进行核实、修改或复议。

（3）审计组出具审计意见书或审计决定，经审计部门审定并签发。

（四）进行审计整改

（1）被审计单位将审计建议或审计建议书、审计决定书的落实情况报送审计部门。

（2）审计部门对重要的审计事项进行跟踪审计。

（五）审计材料归档

（1）审计项目结束后，整理审计材料。

（2）审计材料归档，建立审计档案。

二、校级财务审计的内容

高校校级财务审计的内容包括基本情况审计、预算审计、收入审计、支出审计、资产负债审计、净资产审计、年终决算及报表审计等。

（一）基本情况审计的主要内容

（1）财务管理体制与运行机制是否符合国家的有关规定；学校财务工作是否实行统一领导，是否按规定设置财务管理机构并配备合格的财会人员。

（2）财务规章制度和内部管理制度是否健全，执行是否有效。

（3）财务管理部门内部不相容岗位是否分设，并相互控制与制约；会计核算是否符合会计法规、会计制度和学校的规章制度。

（二）预算审计的主要内容

（1）预算编制的原则、方法及编制和审批的程序是否符合国家、上级主管部门和学校的规定；各项收入和支出是否全部纳入预算管理，有无赤字预算；预算调整是否按规定的程序办理并经批准后执行，有无调整项目的原因及金额的详细说明。

（2）各项收入和支出是否按预算执行，是否真实、合法，会计核算是否符合会计制度，预算执行过程中的控制是否有效。

（3）预算的执行情况及差异。预算的执行情况如何，如果差异较大，应当进行原因分析。

（三）收入审计的主要内容

（1）财务收入来源的合法性。事业性收费的项目、标准和范围是否经物价部门批准，有无擅自增加收费项目、扩大收费范围、提高收费标准等乱收费问题。

（2）收入入账的完整性。各项收入是否及时足额到位，有无隐瞒、截留、挪用、拖欠或设置账外账、"小金库"等问题。

（3）学费等收费收入是否按规定实行收支两条线管理，并按规定使用财政部门统一印制或监制的收费票据，是否按规定将应当上缴的收费收入及时足额上缴财政专户。

（4）是否筹集到满足正常运行所需的资金，保持合理的资金结构。

（四）支出审计的主要内容

（1）支出是否真实，是否按预算执行，有无超预算、超计划等问题；有无转移、虚假发票报账、违反规定发放钱物等问题。

（2）支出是否合法，是否按照国家、上级主管部门和学校规定的支出范围和标准执行，有无超标准、超范围支出等问题。

（3）支出是否有效益，资金使用率情况，有无结余很大或损失浪费等问题。

（4）专项资金是否专款专用，有无挤占、挪用等问题。

（5）对投资项目是否进行过可行性研究，投资方向和投资规模是否合理，资金配置是否有效。

（五）资产负债审计的主要内容

（1）现金及各种存款的管理是否符合规定，银行开户是否合法，内控制度是否健全，日常资金管理是否安全，有无公款私存等情况。

（2）教学和实验材料有无按国家政策和学校规定进行采购，验收入库、保管、领用是否按照规定的程序办理；有无定期清查盘点，账实是否相符，盘盈、盘亏是否及时调整，调整是否符合有关规定。

（3）固定资产的购置有无招、投标程序和审批手续，报废、调出、变卖等资产处置是否按照规定的程序办理并报有关部门审批，资产有无被无偿占用或流失等问题；固定资产是否进行定期或不定期的清查盘点，盘盈、盘亏是否及时查明原因，并进行相应的账务处理，账账、账卡、账物是否相符。无形资产的管理是否符合有关规定，转让、购入、捐赠和投资的无形资产是否按规定进行评估。资产的账务处理是否符合《高等学校会计制度》的规定。

（4）对外投资是否按规定经有关部门批准或备案；与被投资企业的产权关系和经济关系是否明确；以实物或无形资产对外投资是否按规定进行资产评估,有无资产流失、投资失误等问题；收益处理是否合法。

（5）往来款项（包括应收或暂付款、应付或暂存款）是否及时清理、结算；有无长期挂账形成呆账、坏账；无法收回的应收和暂付款项的核销是否按照有关规定和程序执行,核销是否查明原因、分清责任；对各项负债是否及时清理并按照规定办理结算,是否在规定的期限内归还或上缴应缴款项；债权、债务是否清楚,代管款项是否符合规定,有无将学校收入转为代管款项的情况。

（六）净资产审计的主要内容

（1）各项专用基金的管理是否符合国家和同级财政部门的规定；职工福利基金和学生奖贷基金、勤工助学基金等是否按照规定的比例提取。

（2）各项专用基金是否专款专用,是否按照规定的用途使用,使用效益如何,会计核算是否符合规定。

（3）事业基金管理是否按规定进行,其中一般基金和投资基金的会计处理是否符合会计制度的规定。

（七）年终决算及报表审计的主要内容

（1）年终收支结转是否符合《高等学校会计制度》的规定,不同类别的结余是否分别进行处理和单独反映。收支结余是否按照《高等学校会计制度》的规定进行分配结转,是否按照有关规定提取各项专用基金,有无多提或少提等问题。

（2）年度决算和财务报告编制的原则、方法、程序和时限是否符合财务制度的规定和上级主管部门的要求。

（3）年度决算和财务报告的内容是否完整,资产负债表、收入支出表的数字是否与会计账上的科目余额表一致,有无隐瞒、遗漏或弄虚作假等问题。

（4）财务情况说明书是否真实、准确地反映了学校年度财务状况,对本期或下期财务状况发生重大影响的事项是否真实有据。

（5）财务分析的各项指标是否真实、准确。

三、二级财务机构及独立核算单位财务审计的主要内容

二级财务机构及其所管理的独立核算单位的财务审计内容应包括二级财务机构的建立和完善情况、独立核算单位的财务情况两部分。

（一）二级财务机构审计的主要内容

二级财务机构审计的重点是机构健全情况、人员配备情况、会计基础工作规范化情况等。

（1）会计机构建立和会计人员的配备是否符合《高等学校会计制度》规定,会计基础工作是否规范,会计手段、工作环境以及队伍建设是否符合实际需要。

（2）会计账簿设置是否规范,内容是否完整、真实、合法,记录是否及时、清晰、准确。

（3）会计凭证的填制是否符合要求,所反映的经济内容及会计处理是否真实、合法,会计凭证的审核、传递、归档是否符合规定。

（二）独立核算单位财务审计的主要内容

二级财务机构所管理的独立核算单位,组织形式多种多样,如有事业性质的校医院、自收自支的非营利性质的服务单位、学校办的企业或集团、参股的公司等,采用的会计制度也不尽相同,

校医院采用医院会计制度,公司制的企业采用企业会计制度等。对独立核算单位的财务审计,应根据每个单位的性质不同而有所差别或侧重。

（1）各项收入是否进行了完整、真实、准确的记录和会计处理,相应的款项是否及时收回,有无截留资金形成账外资金等问题。

（2）各项支出是否合理,成本费用是否配比,重要的支出是否经过授权,重大支出的内部控制是否健全、有效。

（3）利润的计算是否正确,是否符合法定程序,有无隐瞒、夸大等人为调节利润的问题,利润分配是否符合规定,是否经各投资方认可。

（4）各项税金的计提、计算是否符合税法,对各项税收减免政策是否正确、充分使用,税金的缴纳是否符合要求。

（5）各项资产是否真实、账实相符,增减变动是否真实、合法,计价方法是否一贯,相关业务的截止日期是否准确,资产是否为企业所有并安全完整、保值增值。

（6）各项债务的形成、管理、清偿是否符合会计核算的要求,计算是否准确。

（7）所有者权益各项目的形成、计提、使用等增减变动是否合法、真实,相应的会计处理是否符合规定。

（8）各项经济合同的合法性、合理性,合同的要素是否完备,特别是涉及基本建设、物资购销、重大投资活动的合同是否存在损害国家和学校利益的情况。

（9）各项收入、支出、资产、债务在会计报表上的反映是否真实、恰当。

四、财务人员的监督

对财务人员的监督,主要是监督财务人员的经济行为对学校经济管理和运行效率的影响。

（一）财务人员岗位控制设置监督

财务人员素质和岗位设置将直接影响财务管理的效果,对财务人员素质和岗位设置进行监督,有利于提高财务管理水平。

（1）财务人员是否符合会计法规定的从业资格和条件。

（2）会计不相容岗位是否分离。

（3）会计人员有无进行定期的轮岗和培训。

（二）财务人员行为规范监督

财务人员行为规范监督,是保护财务人员、防范职务犯罪、降低高校经济风险的保障。

（1）财务人员职业操守是否遵循职业道德规范。

（2）是否做到行为规范所要求的"该为"的作为和"不该为"的不为。

第三节　经济法律文书监督

经济合同是高校使用最广的经济法律文书,涉及经济技术合作、投资、贷款、联合办学、资产出租和转让、承包经营、用水用电、物资采购、工程项目承建、物业管理等。总的来讲,合同可以分为收入类经济合同和支付类经济合同两大类。收入类经济合同包括经济合作合同、联合办学合同、资产出租合同等,这类合同可以收取合作费、学费、租金等收入或收益。收入类经济合同是合同管理和监督的重点。支付类经济合同包括物资采购合同、工程出包合同、用水用电合同、物业管理合同等,这类合同需要支付货款、承包工程款、水电费、物业管理费等。支付类经济合同一般是通过政府采购或工程招标程序签订,通常在采购或工程招标环节进行管理和监督。

一、经济合同签订程序监督

经济合同签订程序监督包括对合同起草主体、合同审批、合同用章等方面的监督。

（一）经济合同起草主体监督

高校对外经济合同应以法人的身份起草和签订,内部二级学院、部门等可以用学校的名义起草合同;非学校内部组织及个人不得以学校的名义起草合同。内部审计主要监督合同起草单位的资格是否符合要求,能否用学校法人的名义签订合同。

（二）经济合同审批监督

一般性经济合同起草完毕后,应经过授权审批系统由审批人或授权审批人进行审批;重大的经济合同应通过相关领域专业人员讨论,并经过法律顾问审核后,提交管理层决策指挥系统决策审批。内部审计主要监督审批程序是否符合规定,有无遗漏审批的内容。

（三）经济合同用章监督

高校经济合同除统一使用法人名义签订外,还应该统一使用学校的合同专用章。内部审计主要监督每项经济合同是否全部统一使用学校的合同专用章,有无为规避审批以学院或部门公章代替学校合同专用章的现象。

二、经济合同条款监督

经济合同条款监督主要是监督条款的合法性、合理性。

（一）条款的合法性监督

经济合同应符合《中华人民共和国合同法》的规定。内部审计监督首先应审核合同条款内容是否符合法律规定，有无与法律规定冲突的条款。

（二）条款的合理性监督

经济合同条款内容应该符合正常的逻辑思维，具有合理性。内部审计应该审查合同中是否存在损害学校利益的异常条款或内容，如果存在异常条款，应进一步审查原因及可能存在的问题。

三、经济合同备案及履行监督

经济合同备案管理与履约密切相关，合同管理规范才能保障按期履约。

（一）合同备案监督

高校经济合同应由学校档案管理部门统一归档管理，同时送财务部门履约备案一份、送审计部门监督备案一份。内部审计应监督经济合同是否由档案管理部门统一归档管理，是否报送财务部门和审计部门备案。

（二）合同履行监督

经济合同的履行由财务部门进行审核和督促。内部审计应监督以下事项：支出类合同履约付款是否经过财务部门的审核，是否按照合同条款审核付款；收入类合同的收入款项是否按期到账，财务部门是否督促对方及时履行合同，是否存在已到期但未收到的合同应收款。

第四节　采购和招标监督控制

采购和招标是高校财务部门管理系统以外的两大经济行为，一般由高校的采购或招投标管理部门进行日常管理，由内部审计监督控制系统来进行监督和控制。

一、采购监督

高校使用财政性资金采购货物或服务，应按《中华人民共和国政府采购法》及当地政府的有关规定执行政府采购。高校采购分集中采购和自行采购。集中采购是指高校所采购的货物、工程或服务项目属于政府集中采购目录范围内的、金额在采购限额标准以上的，需要委托政府机构实施的采购；自行采购是指高校所采购货物或服务项目不在政府集中采购目录范围内，或金额在集中采购限额标准以下的采购。高校采购监督的对象主要是自行采购。

（一）采购手续监督

采购手续监督主要是审核应该进行政府采购的项目是否实施了政府采购。

（1）根据政府采购目录的要求，必须进行政府采购的货物或服务项目是否全部实施政府采购。

（2）应当以公开招标方式采购的货物或者服务有无化整为零或者以其他方式规避公开招标采购。

（二）采购方式监督

采购方式监督主要是对各种采购方式的前提条件予以监督。

（1）是否存在应当采用公开招标方式而擅自采用其他方式

采购的现象；采购工作人员有无在开标前泄露标底的。

（2）采用邀请招标、竞争性谈判、单一来源采购、询价方式采购的，是否符合采购方式规定的条件或情形。

（三）采购程序监督

采购程序监督包括采购程序合法性监督、采购小组成员资格监督、供货商资质监督等。

（1）采用邀请招标方式采购的，随机方式选择的供应商数量和资格条件是否符合要求；是否存在操纵选择供应商的行为。

（2）采用竞争性谈判方式采购的，谈判小组人数和成员是否符合规定；谈判供应商的数量和资格条件是否符合要求；是否存在以不合理的条件对供应商实行差别待遇的现象。

（3）采用单一来源采购方式采购的，货物或服务性价比是否合理；是否存在采购工作人员与供应商串通的情况。

（4）采用询价方式采购的，询价小组人数和成员是否符合规定；被询价的供应商的数量和资格条件是否符合要求。

（5）采购完成后是否对货物或服务进行验收，验收人与采购经办人是否分离。

（四）采购合同和采购文件监督

采购合同监督的重点为合同条款内容，采购文件监督的重点是文件的完整性，通过合同条款和文件的完整性可以发现采购过程中的其他问题。

（1）采购是否遵循平等、自愿的原则签订书面合同；合同条款是否存在损害学校利益的内容。如果发现损害学校利益的内容，需进一步核查采购过程。

（2）采购文件是否齐全完整、保管妥当。如果发现采购文件不完整，需进一步核查采购过程。

二、工程项目招标监督

高校建设工程项目招标应根据《中华人民共和国招标投标法》(以下简称《招标投标法》)及地方招标投标实施办法进行招标,建设工程项目包括建筑物和建筑物的新建、改建、扩建、装修、拆除、修缮等。高校建设工程项目招标主要有委托招标和自行招标两类。委托招标是指工程项目金额达到或超过当地政府规定限额,应由政府招标投标管理部门统一委托招标代理机构进行的重大项目的招标;自行招标是指高校接受政府招标投标管理部门的授权,自行组织金额低于统一招标限额以下的一般项目的招标。高校工程项目招标的监督对象主要为自行招标。对高校工程项目招标的监督主要是从招标手续、招标过程和评标委员会组成等三个方面进行监督控制。

(一)招标手续监督

招标手续监督主要是审查监督应该参加招标投标的工程项目是否按规定进行了招标投标。

(1)依据《招标投标法》的要求必须进行招标投标的各类工程项目是否全部进行了招标投标。

(2)是否存在化整为零逃避招标投标的情况。

(二)招标过程监督

招标过程监督主要是审查监督高校招标项目是否按照《招标投标法》规定的程序和要求进行了招标。

(1)招标方式是否符合法律规定。公开招标是否发布了招标公告,招标公告是否在指定的报刊、信息网络或其他媒介上发布;邀请招标是否达到三个以上特定法人或其他组织投标,是否存在限制或排斥潜在投标人的情况。

(2)单位工作人员有无泄露标底,编制标底的工作人员是否参与编制同一招标项目的投标文件。

（3）招标的开标、评标、定标程序是否符合法律规定，开标过程是否有记录档案；评标是否由评标委员会负责，成员名单在中标结果确定前是否保密，是否按招标文件确定的评标标准和方法进行评标；中标人确定后，招标人是否存在改变中标结果的行为。

（4）投标人资格审查是否严格把关，是否存在不符合条件的投标商通过了资格审查并中标的情况。

（5）中标结果是否合理，投标人是否以低于成本的报价竞标；投标人有无相互串通投标报价行为；投标人与招标人有无串通投标行为。

（三）评标委员会监督

评标委员会监督的事项主要为组成人员的合理性、资格的合法性以及评标的公正性。

（1）评标委员会成员是否由招标高校的代表和有关技术、经济等方面的专家组成，成员人数是否为五人以上的单数，其中技术、经济等方面的专家是否占总数的2/3。与投标人有利益关系的人是否未进入相关项目的评标委员会，主管部门工作人员是否未担任评标委员会成员。

（2）评标专家是否在相关领域工作八年以上，并具有高级职称或同等专业水平。

（3）评标委员会成员是否客观、公正地履行职务，是否私下接触投标人以及收受投标人的财物或其他好处，是否做到对评标过程保密。

第五节　信息披露和新会计制度

一、高校财务信息披露

（一）高校财务信息的内容结构和需求趋于多元化

目前高校财务信息主要满足上级主管部门的需要,其信息披露的内容、结构和范围都比较单一。近年来,由于公共财政管理体制改革对高校财务的影响进一步加深,新产生的经济业务不断增加,财务信息的内容结构以及相关各方面对财务信息的需求也发生了较大的变化,这些重要信息主要包括以下方面。

1. 财务风险信息

由快速扩招和教学评估拉动的高校新校区大规模建设,使建设资金需求急剧膨胀,而在政府投入严重不足的情况下,高校不得不负债建设,建设资金来源基本靠银行贷款。近年来高校的商业性贷款已步入还贷的高峰期,给学校造成了巨大的资金压力,资金周转困难,流动性不足,季节性资金链断裂,财务风险已经显现。

2. 教育收费及教育成本信息

自高等教育收费改革以来,高校收费问题几乎每年成为社会、媒体、学生及家长议论的焦点,收缴者与缴纳者之间的博弈持续不断升温。国家将高等教育确定为非义务教育,收费是教育成本补偿和学校办学资金的重要来源,地方高校办学经费的 2/3 靠收取学费和住宿费来解决。

3. 投融资信息

教育体制改革前高校资金来源和运用比较单一,信息的需求者也比较单一。《高等教育法》规定:"国家建立以财政拨款为主,其他多种渠道筹措高等教育经费为辅的体制。"随着《高等教育法》的逐步落实,高校的投融资主体和渠道已经多元化,在中西部的地方高校,校园基础设施建设90%以上的资金来源靠其他非财政渠道解决。如银行贷款、教职工委托贷款、募集捐赠、"BOT"模式、设备融资租赁、设备的"形式典当",等等。

4.关联交易信息

随着近年来高校的重组、合并,高校的办学体制和形式也发生了很大变化,联合办学、合作办学、大学的子校、分校、二级学院蓬勃发展。

5.学生资助信息

近两年中央与地方财政斥巨资对家庭经济困难的大学生予以资助,其力度之大,前所未有,这引起了社会各界、学生及家长的高度关注。学校对资助资金支付的范围、标准以及使用的具体情况等信息需要予以公开、透明的披露。

(二)高校财务信息披露的缺陷

我国高校的财务会计制度远远滞后于高等教育事业的发展,已不能完整全面地反映高校的财务状况,使高校的财务信息披露存在诸多缺陷。

1.信息不完整

目前高校财务会计制度规定的财务报告只有三个基本报表,即资产负债表、收入支出表、支出明细表。各省市根据主管部门和财政部门的需要适当增加了一些反映部门预算执行情况和国库集中支付改革的相关报表或统计表,但这些报表仍然不能完整地提供高校财务状况的信息。

2.信息不真实

由于制度缺陷和内部管理原因,目前财务信息失真的现象已普遍存在,资产、负债、净资产、收入和支出等六个大要素指标的数据均存在不同程度虚假性。

二、新会计制度

新会计制度相对于旧会计制度的改变如下：

（一）关于总则和附则

总则和附则主要涉及以下三方面。

1.适用范围

将旧制度第二条改为"本制度适用于各级人民政府举办的全日制普通高等学校、成人高等学校（以下简称高校）。其他社会组织和个人举办的上述学校可以参照本制度执行"。

2.主要任务

增加了"有效控制预算执行，完整、准确编制学校决算""建立健全学校财务制度，加强经济核算，实施绩效评价""防范财务风险"等内容。

3.权责发生制引入的问题

新制度没有直接表述高校财务管理的权责发生制问题。这主要是考虑权责发生制直接表现为会计计量基础问题，在《高校会计制度》中加以明确表述即可。虽然新制度没明确表述，但是在资产管理、负债和成本费用管理等章节均遵从了权责发生制的要求。权责发生制的引入是这次旧制度修订的一个创新与突破。

（二）关于财务管理体制

财务管理体制主要涉及以下两方面。

1.财务管理机构

新制度对二级财务机构与学校一级财务机构的关系、二级财务机构职责没有修订，主要是对需要设置二级财务机构的范围做了修订,将"高等学校校内后勤、科技开发、校办产业及基本建设等部门"改为"高等学校校内非独立法人单位"。这主要是考虑:大多数高校的科技开发与校办产业,经过改制已并入学校的资产经营公司,资产经营公司的财务遵循的是企业财务管理制度;基本建设部门财务大多已并入学校财务处,修订后的《事业单位财务规则》和《高等学校财务制度》均将其合并到高校的财务管理体系;独立法人单位不能作为学校的二级财务机构,因为按照法人登记注册的要求,其必须是设置独立的财务机构和人员。

2. 财务人员管理

旧制度规定:"高等学校校内设置财务会计机构,必须相应配备专职财会人员。校内各级财会主管人员的任免应当经过上一级财务主管部门同意,不得任意调动或者撤换。财会人员的调入、调出、专业技术职务的评聘须由财务部门会同有关部门办理。"新制度对财务人员的配备没有修订,主要是对财会人员的管理做了修订,对文字表述做了调整与修改,"财会人员的调入、调出、专业技术职务的评聘以及校内二级财务机构负责人的任免、调换或者撤换,应当由学校一级财务机构会同有关部门办理"。

(三)关于单位预算管理

单位预算管理主要涉及以下四方面。

(1)预算编制原则。编制预算应当遵循(原为"必须坚持")"量入为出、收支平衡"的总原则;收入预算编制坚持积极稳妥原则;支出预算编制坚持统筹兼顾、保证重点、勤俭节约等原则。

(2)预算编制方法。新制度取消了"校级预算和所属各级预算必须各自平衡,不得编制赤字预算"的要求,这主要是考虑:高校的适度负债已成为一种发展举措和现实,与预算平衡原则不相适应;在基本建设并入财务"大"体系改革之后,在基本建设大规模投资的个别年度是很难实现预算平衡和不出现赤字的。

(3)预算编制和审核程序。根据目前高校预算管理程序直接更改为高校"经法定程序审核批复后执行"。

（4）预算的调整。增加了"高等学校应当严格执行批准的预算"的规定。因"财政补助收入"是财政从国库核拨给事业单位的资金；"预算外资金"概念不再使用，教育收费经批准暂不缴国库，仍实行财政专户管理，新制度规定"国家对财政补助收入和从财政专户核拨的预算外资金一般不予调整"。

（四）关于收入管理

新制度中将收入分为政府补助收入、事业收入、上级补助收入、附属单位上缴收入、经营收入、其他收入，并且对政府补助收入和事业收入的具体内容做了进一步的修改。考虑到收入来源的渠道区分，将收入简化为：政府收入、学校自筹和其他。

（1）政府补助收入。界定了"政府补助收入"的概念，将原来的"高等学校从财政部门取得的各类事业经费"的财政补助收入概念改为"高等学校从同级财政部门取得的各类财政拨款"，扩大了财政补助收入的概念内涵。

（2）事业收入。将旧制度的事业收入的两类收入——"教学收入"和"科研收入"改为"教育事业收入"和"科研事业收入"；对教育事业收入的具体内容做了扩展；增加了对教育事业收入上缴国库或财政的管理条款，主要考虑是：根据部门预算改革的要求，"预算外资金"概念不再使用；高校的收入仍实行财政专户管理。

（3）其他收入。

（4）增加了对上缴国库和财政专户的管理要求条款。为加强对事业单位收入管理，保证按照规定上缴国库或者财政专户的资金及时足额上缴，防止出现隐瞒、截留、挤占和挪用等问题，新制度增加了"高等学校对按照规定上缴国库或者财政专户的资金，应当按照国库集中收缴的有关规定及时足额上缴，不得隐瞒、滞留、截留、挪用和坐支"的规定，适应《事业单位财务规则》的新要求。

（五）关于支出管理

新制度中修订的支出管理主要涉及以下两方面。

（1）支出分类的修订。增加了"其他支出"，并对事业支出的定义做了适当修改，对事业支出的分类做了大幅修订。

第一，事业支出。新制度规定"事业支出，即高等学校开展教学、科研及其辅助活动发生的基本支出和项目支出"。基本支出是指高等学校为了保障其正常运转，完成教学、科研和其他日常工作任务而发生的支出，包括人员支出和日常公用支出。项目支出是指高等学校为了完成特定工作任务和事业发展目标，在基本支出之外所发生的支出，取消了旧制度对事业支出内容的八大分类。

第二，其他支出。新制度规定"其他支出，即本条上述规定范围以外的各项支出包括利息支出、捐赠支出等"。

（2）增加支出管理内容。新制度规定："高等学校应当依法加强各类票据管理，确保票据来源合法、内容真实，不得使用虚假票据入账。""一旦发现虚假票据入账，必须及时纠正""高等学校应当严格执行国库集中支付制度和政府采购制度等有关规定"，高校"应当进行支出绩效评价，提高资金使用的有效性"。

（六）关于结转与结余管理

新制度关于结转与结余管理的内容主要涉及以下两方面。

1.结转与结余的概念修订

"结转和结余是指高等学校年度收入与支出相抵后的余额。结转资金是指当年预算已执行但未完成，或因故未执行，下一年度需要按原用途继续使用的资金。结余资金是指当年预算工作目标已完成，或因故终止，当年剩余的资金。"结转资金原则上结转下年按原用途继续使用。结余资金应全部统筹用于编制以后年度部门预算，改变用途须报财政部门审批。

2.事业单位结余管理

将结转和结余分为财政拨款的结转与结余和非财政拨款的结转与结余两部分,规定了不同管理要求。"高等学校财政拨款结转和结余资金的管理,应当按照同级财政部门有关规定执行。""高等学校非财政拨款结转按照规定结转下一年度继续使用。非财政拨款结余可以按照国家有关规定提取职工福利基金,剩余部分作为事业基金用于弥补高等学校以后年度收支差额,支持事业发展;国家另有规定的,从其规定。"

(七)关于资产管理

新制度对资产管理的修订主要涉及以下几点。

(1)在资产分类中增加"在建工程"。

(2)在流动资产增加了货币资金的类别,将"应收及暂付款项"名称改为"应收及预付款项",并增加了对货币资金和应收及预付款项的内容说明。

(3)适度调高了固定资产的单位价值标准。把固定资产单位价值由500元提高到1500~2000元,且"高等学校的固定资产明细目录由教育部制定,报财政部备案"。

(4)增加了资产折旧与摊销的管理规定。高校除文物和陈列品之外的固定资产,应当采用年限平均法,在其使用年限内计提折旧。固定资产折旧政策一经确定,不得随意变更等。

(5)进一步规范了对外投资行为。高校应当严格控制对外投资;对外投资应当按照国家有关规定报经财政部门或主管部门审批;高等学校以实物、无形资产对外投资的,合理确定资产价值;高校不得使用财政性资金进行对外投资,不得从事股票、期货、基金、企业债券等投资。

(6)规范了资产使用和处置的管理。高校出租、出借资产,应当按照国家有关规定经主管部门审核同意后报同级财政部门审批。

（7）强化了资产账物和有关收益的管理。对盘盈、盘亏的固定资产,应当及时查明原因,并根据规定的管理权限,报经批准后及时进行处理。高校的对外投资收益以及利用国有资产出租、出借取得的收入,应当纳入单位预算,统一核算、统一管理。高校的资产处置收入应按照国家有关规定实行收支两条线管理。国家另有规定的,从其规定。

（8）建立了资产共享共用制度。高校应当加强资产管理,建立资产共享、共用制度,完善资源有偿使用成本补偿机制,提高资产使用效率。

（八）关于负债管理

新制度对负债管理修订主要涉及以下两方面。

1. 负债内容的修订

将"暂付款"改为"预收账款"。增加了"借入款项、应付及预收款项"的内容解释,借入款项包括高校为流动资金周转或基本建设工程而向银行等借入的短期与长期的款项,应付及预收款项包括高校应付职工薪酬、应付票据、应付账款、其他应付款和预收账款等款项。修订了"应缴款项"的内容解释,根据国库支付改革和社会改革的新要求,增加了"应当上缴国库或财政专户财政的资金、社会保障费"方面的内容。

2. 增加了负债风险控制管理

高等学校应当建立负债的风险控制机制,规范和加强借入款项管理,严格审批程序,具体办法由财政部门会同主管部门制定。

（九）关于其他内容

"财务清算"没有做多少修订,主要规定:"分立的高等学校,资产按照有关规定移交分立后的高等学校,并相应划转经费指标。""财务报告与分析"基本没有修订。"财务监督"规定了监督的主要内容；对预算编制、财务报告的科学性、真实性、完整性及预算执行的有效性、均衡性进行监督；对各项收入和支出的合法性、合规性进行监督；对财政拨款结转和结余的管理情况进行监督；对资产管理的规范性、有效性进行监督；对负债的合规性和风险程度进行监督；对违反财务规章制度的问题进行检查纠正，等等。

第八章 结 语

　　随着公共财政管理的不断深入,部门预算改革、国库集中支付改革、非税收入改革、工资统发改革已成为财政改革的一大亮点。预算会计是以国家财政预算为基础,反映和监督国家政府财政预算和单位预算执行情况的会计,为国家财政预算发挥了重要的作用。 高校作为预算会计最重要的组成部分,是财政改革的前沿阵地。但由于种种原因,我们发现关于改革后行政事业单位的财务管理和实务操作还远远跟不上财政改革的发展要求,高校尤为突出。很多财务管理工作者,对财政改革的基本知识、改革后的会计业务一知半解,对如何准确地进行财务核算无从下手。

　　基于此,笔者研究了新时期下高校内部财政管理的一些问题,首先论述了高校财务、理财环境的变化等,对现代财务及高校财务作了深入探讨,并且给出了新时期高校理财环境的变化的应对策略,应该做到突出防范财务风险的理财思想、坚持以集中管理为主的财务制度和寓规范管理于优质服务中;通过研究财务风险预警系统能够监测企业的生产经营过程、判断企业弊病,可以对症下药更正企业营运中的偏差或过失。接着对高校预算管理和成本与效益管理作了深入说明,通过预算管理能够全面反映预算执行情况,促进事业计划的完成、可以全面反映年度预算调整情况,保证预算收支平衡、能够保证签约项目的资金来源,强化对预算支出的控制。其次研究了高校财务绩效管理与控制及对于会计人员管理,在财政绩效管理与控制中,分别研究了整体计划、组织人事、行政领导、资产管理与处置和绩效评估等不同方面的控制。最后阐述了高校内部审计监督控制,从授权审批审计、财务审计、经济法律文书和采购与招标的监督控制作了进一步说明。

　　高校财务管理工作在财政改革的不断深化过程中,还有许多新问题、新特点、新方法值得我们一起去思考与探索。

参考文献

[1] 苏美旭.新形势下高校财务管理面临的问题及对策 [J].新西部, 2018（2）：111–112.

[2] 孙晶晶,曹宇.高校财务管理信息化浅议 [J].合作经济与科技, 2018（3）：166–167.

[3] 吴珍.大数据背景下高校财务管理信息化建设研究 [J].财会学习, 2018（1）：47–48.

[4] 张楠.政府会计改革背景下高校财务管理的创新研究 [J].中国乡镇企业会计, 2018（1）：96–97.

[5] 熊娜,撒晶晶,曾春丽等.政府会计改革对高校财务管理的影响 [J].会计之友, 2018（3）：20–23.

[6] 李慧艳.关于新会计制度下高校财务管理工作的创新研究 [J].财经界(学术版), 2018（3）：84–85.

[7] 周睿.新时期高校财务管理风险与审计策略 [J].市场研究, 2018（1）：59–60.

[8] 沈映霞.高校财务管理问题研究 [J].中国集体经济, 2018（9）：143–144.

[9] 刘倩倩.新会计制度对高校财务管理的影响 [J].合作经济与科技, 2018（8）：120–121.

[10] 庞启娜.新形势下高校财务管理工作的挑战及创新分析 [J].中国市场, 2018（8）：174–183.

[11] 薛红兵.高校财务管理存在的问题和对策研究 [J].财务与金融, 2018（1）：69–72+79.

[12] 仇雪.高校财务管理中对管理会计的应用研究 [J].财会

学习，2018（5）：47-48.

[13] 林亚男，梁红艳. 基于绩效棱柱模型的高校财务管理绩效评价研究 [J]. 福州大学学报(哲学社会科学版)，2018,32（2）：35-42.

[14] 范兆红. 知识经济时代高校财务管理的新途径 [J]. 湖北函授大学学报，2018,31（6）：28-29.

[15] 陈良. 大数据时代高校财务管理创新的研究 [J]. 经济师，2018（4）：192-193.

[16] 林海珍，谭银花，王颖. 新时代下高校财务管理工作的改革与创新 [J]. 经济师，2018（4）：91-93.

[17] 朱毅芬，黄挺顺. 新形势下加强高校财务管理建设研究 [J]. 安康学院学报，2018,30（2）：125-128.

[18] 辛妍. 新形势下高校财务管理工作的优化策略 [J]. 中国市场，2018（12）：145-147.

[19] 李小梅. 国内外高校财务管理研究综述 [J]. 财会学习，2018（11）：29-30.

[20] 贺梓钰. 以绩效为导向的高校财务管理探讨 [J]. 现代商业，2018（11）：135-136.

[21] 石鑫. 浅析高校财务管理问题 [J]. 财会学习，2018(13)：27-28.

[22] 王琳. 高校财务管理模式改革探讨 [J]. 合作经济与科技，2017（1）：91-92.

[23] 章雯华. 高校财务管理信息化系统功能设计思考 [J]. 财会通讯，2017（1）：121-123.

[24] 胡静. 内部控制视角下的高校财务管理优化措施探讨 [J]. 时代金融，2017（3）：235-236.

[25] 张珺. 新会计制度实行对高校财务管理工作的影响及对策 [J]. 经济研究导刊，2017（9）：82-83.

[26] 王念. 高校财务管理工作流程的优化设计 [J]. 生产力研究，2017（3）：145-147.

[27] 梁勇,干胜道.高校财务管理新思考:构建财务服务创新体系 [J].教育财会研究,2017,28（1）：10-16.

[28] 田建中,高惠凤,祝慧洁等.高校财务管理信息化建设存在的问题与对策研究 [J].沈阳建筑大学学报（社会科学版）,2017,19（1）：42-46.

[29] 刘喜梅,廖文军.地方高校财务管理绩效评价体系研究 [J].湖南工程学院学报（社会科学版）,2017,27（1）：76-81.

[30] 宋慧晶,吴高波,赵东辉.管理会计在高校财务管理中的应用初探 [J].教育财会研究,2017,28（2）：22-29.

[31] 梁勇,干胜道.基于内涵式发展的高校财务管理创新 [J].四川师范大学学报（社会科学版）,2017,44（2）：79-84.

[32] 印巧云,朱一新,胡玉萍.大数据环境下高校财务管理创新探析 [J].江苏工程职业技术学院学报,2017,17（2）：83-86.

[33] 肖飞,栾岚,祝慧洁.信息化背景下的高校财务管理新模式研究 [J].价值工程,2017,36（31）：79-80.

[34] 吴振顺,任木荣.地方高校财务管理目标体系研究 [J].现代商贸工业,2017（33）：93-95.

[35] 朱淑华.新经济形势下的高校财务管理研究 [J].产业与科技论坛,2017,16（22）：232-233.

[36] 王凯.高校财务管理内部控制探究 [J].产业与科技论坛,2017,16（22）：245-246.

[37] 江小琴.高校财务管理信息化服务平台构建研究 [J].会计之友,2017（24）：94-96.

[38] 杨蓉.高校财务管理状况评价指标设计研究 [J].会计之友,2016（3）：96-100.

[39] 周萍,李继志.我国高校财务管理研究 [J].合作经济与科技,2016（4）：162-165.

[40] 朱殿宁,谢羿雯.内部控制视角下的高校财务管理探析 [J].中国总会计师,2016（2）：108-111.

[41] 袁晓.高校财务管理存在的问题及完善措施 [J].中国总

会计师,2016（2）:130-131.

[42] 王晓燕.高校财务管理问题及对策[J].财会通讯,2016（7）:125-126.

[43] 孙薇,郁钰.高校财务管理人才培养策略[J].黑龙江高教研究,2016（5）:139-141.

[44] 潘太雄.改革背景下我国高校财务管理问题研究[J].财经界(学术版),2016（8）:270.

[45] 王嫱凌.高校财务管理存在的问题与对策[J].吉林工商学院学报,2016,32（3）:50-52.

[46] 王晖.高校财务管理存在的问题与对策研究[J].中小企业管理与科技(上旬刊),2016（10）:59-60.

[47] 颜永明.高校财务管理存在的主要问题与治理对策[J].中国注册会计师,2016（10）:106-109.

[48] 盛兆碧.浅析当前高校财务管理存在的问题及对策[J].财会学习,2016（21）:51-52.